斯诺研究丛书（第二卷）

埃德加·斯诺研究

邵華澤题

Edgar Snow

孙华　王芳　著

湖南师范大学出版社

图书在版编目（CIP）数据

埃德加·斯诺研究 / 孙华，王芳著．—长沙：湖南师范大学出版社，2012.7

ISBN 978-7-5648-0547-0

Ⅰ．①埃…　Ⅱ．①孙…②王…　Ⅲ．①斯诺，E. P.（1905~1972）—人物研究　Ⅳ．①K837.125.42

中国版本图书馆 CIP 数据核字（2012）第 133257 号

埃德加·斯诺研究

孙　华　王　芳　著

◇策划组稿：陈宏平
◇责任编辑：陈宏平　蒋旭东
◇责任校对：艾霏霏
◇出版发行：湖南师范大学出版社
　　　　　　地址/长沙市岳麓山　邮编/410081
　　　　　　电话/0731.88853867　88872751　传真/0731.88872636
　　　　　　网址/http：//press.hunnu.edu.cn
◇经销：湖南省新华书店
◇印刷：国防科技大学印刷厂
◇开本：710 mm×1000 mm　1/16
◇印张：18.5
◇字数：350 千字
◇版次：2012 年 7 月第 1 版第 1 次印刷
◇书号：ISBN 978-7-5648-0547-0
◇定价：40.00 元

序

实现人类的和谐与共同繁荣，要从不同学科角度出发，重新审视传统，发现并尊重历史，加以理性的解读，只有不断地反思才能找到现代发展的最佳路径。2012 年是埃德加·斯诺逝世 40 周年，也是尼克松中美破冰之旅的 40 周年。几十年前，斯诺向世界报道了真实的中国，让世界把目光投向中国。他对新闻事件的理解在很大程度上得益于他对中国文化的深入了解。通过解读中国政治形势，斯诺用更准确更具包容性的观点来描述中国社会的前进方向，这使他能够较为准确地预见到其后中国历史上的许多重大事件。在中国，斯诺被视为中美沟通的桥梁；在美国，他的作品成为美国政府了解中国的重要资料。在中国和平崛起的今天，埃德加·斯诺的思想与作品重新焕发出持久的魅力，对于新时期推动中国与世界的对话具有重要的启示意义。

美国著名记者、中国人民的老朋友埃德加·斯诺生于 1905 年 7 月 19 日。从 1928 年到 1941 年间，他绝大部分时间都生活在中国。他是第一个去陕北苏区进行系统深入采访和第一个向世界全面报道中国共产党和工农红军的真实情况的外国记者，写出了《西行漫记》等许多产生重大历史作用的著作，让全世界人民了解了中国革命的真相，在国际上和中国国内产生了很大的影响，对在艰苦条件下从事革命斗争的中国军民发挥了有力的鼓舞作用。新中国成立后，斯诺 3 次访华，把西方不了解的新中国的真实情况以及决策者的思维传递给美国政府和人民，并最终帮助促成尼克松的破冰之旅，为中美建交做出了历史贡献。

斯诺先生的作品获得了超越时代的意义，使之成为中国人民永远记忆和怀念的国际友人。在革命年代，周恩来对斯诺先生曾有这样的评价：“对我们来说，斯诺是伟大的外国作家，是我们在国外的最好的朋友。”在 2009 年国庆 60 周年之际，他被评选为“为新中国成立作出突出贡献的英雄模范人物”和中国“十大国际友人”之一。这两项评选都有着很重的历史分量，因为它们代表着国人内心对斯诺的尊重与感激，也说明了斯诺的历史功绩将永垂青史。

2012年2月15日，是埃德加·斯诺先生逝世40周年纪念日。中国国际友人研究会和北京大学中国埃德加·斯诺研究中心在北京大学共同举办了“埃德加·斯诺逝世四十周年纪念大会”，缅怀他为增进中美两国的相互了解和建立联系所作出的卓越贡献。北京大学校长周其凤、中国国际友人研究会会长马灿荣、黄华同志夫人何理良及1972年赴瑞士救治斯诺的医生张贻芳到会讲话。原中共中央对外联络部部长朱良，原国务院外事办公室主任钱永年，原北京大学党委书记、中国埃德加·斯诺研究中心第一任主任王学珍，外交部部长助理张昆生，及50多名著名国际友人、学者、外交官和北大师生代表出席纪念大会。美国斯诺纪念基金会名誉主席戴蒙德、现任主席詹姆斯·希尔、斯诺的母校美国密苏里大学副校长汉迪·威廉姆逊和海伦·斯诺的侄女谢里尔·比绍夫为本次大会发来贺电。会议由北京大学副校长、中国埃德加·斯诺研究中心主任李岩松主持。会后，全体与会人员拜祭斯诺墓，并向斯诺墓敬献花束。北京大学的纪念大会上有四个来自中国的讲话，还宣读了四个来自美国的致电，这代表了中美两国人民共同感谢斯诺先生为增进中美两国的相互了解和建立联系所作出的卓越贡献。本书书末将附录美国的四封来信，以飨读者。

北京大学在斯诺曾经工作过的北京大学校园举行集会，隆重纪念斯诺先生逝世40周年，具有特殊的重要意义，这是因为斯诺的一生与传播中国文化、促进中美关系，与北京大学有着不解之缘。1934年初，斯诺以美国《纽约日报》驻华记者身份应邀兼任燕京大学新闻系讲师，讲授新闻学课程，深受同学们的欢迎和爱戴。到燕大后，他请在新闻系读书的萧乾等一起编译中国现代短篇小说集《活的中国》，通过小说来向西方揭示中国的现实。斯诺十分关心中国的命运，热情支持和保护学生的爱国热情，他家也是许多爱国进步学生常去的场所。斯诺还建议燕大学生自治会举行过一次外国记者招待会，学生们向西方展示了“一二·九”运动的伟大意义。1936年10月末，斯诺从陕甘宁边区回到北平之后热情地向北大、清华、燕大的青年学生介绍陕北见闻，在临湖轩放映他拍摄的反映苏区生活的影片、幻灯片，展示照片，让国统区青年看到了毛泽东、周恩来、彭德怀等红军领袖的形象，看到了“红旗下的中国”。在燕园，斯诺完成了《西行漫记》的写作。新中国成立后，斯诺于1960年6月来到北京，来到北京大学会见了师生和当年友人，访问进行了5个月。他在1963年出版的《大洋彼岸》一书中指出：“从前最重要的是国立北京大学，在那里，培养了共产党最重要的创造者，到如今，北大还是雄心勃勃的艺术和科学系学生以及毕业的研究人员向往的地方。”1964年，斯诺再次访问中国，重返燕园会见教授，访问北大学生。正是他与北京大学的这种特殊关系，使他与北大师生建立了深厚的友谊。1973年10月19日，斯诺的一部分骨灰安放在北大未名湖畔。正如他生前所愿：“我爱中国，我愿在死后把我的一部分留在那里，就像我活着时那样。”

斯诺逝世后，坐落在燕园的斯诺墓成为北大师生和国内外人士经常凭吊斯诺的处所，北大师生也不断有人撰写有关斯诺的学术论文。北京大学举办了多次全国性的斯诺纪念活动和学术活动，1982年斯诺逝世十周年纪念大会在北京大学举行，1988年以来，6届在中国举办的斯诺国际研讨会都是在北京大学举行的。2005年，北京大学还成功举办了“让世界了解中国——斯诺百年纪念”国际学术研讨会。1993年3月4日，中国埃德加·斯诺研究中心在北京大学成立，开始系统地组织研究和介绍斯诺及其他国际友人的研讨会、纪念会；发表和出版研究国际友人的论文和著作；开展同美国和其他国家有关机构、团体及人士的友好往来与交流活动。

斯诺传奇的人生，卓越的文学及新闻成就，以及他在中美交流史上所扮演的重要角色，使得斯诺像一个资源储存极为丰富的矿藏，吸引着后来的学者源源不断地加入进来，与他的生命展开对话，也使“斯诺研究”成为常说常新的话题。2011年建党90周年之际，北京大学出版了中国埃德加·斯诺研究中心“斯诺研究丛书”的第一本，《埃德加·斯诺：向世界见证中国》一书，总结了中心成立十几年来有关斯诺研究的多次国际学术会议的主要成果，体现了国内学术界对斯诺的研究不断向深度和广度发展：一是会议的主题不断深化；二是斯诺研究所涉及的学科日益多元，历史学、传播学、国际关系学、比较文学等研究角度交叉渗透的趋势令人欣喜。此外，研究队伍不断充实，年轻一代的学人也不断涌现，并有越来越多的硕士生、博士生选择斯诺作为论文题目，显示了斯诺历久弥新的思想价值。

在历史上，斯诺为促进中美关系的发展和中美人民的友好往来所做出的独特贡献，深刻表现在来源于实践的作品之中。中国的领导人和美国的领导人对斯诺作品的认识，对斯诺本人价值的认识是一个对斯诺解读的过程，这个解读对中美关系产生了影响。新中国成立以后，斯诺通过3次访问中国，把西方不了解的新中国的真实情况传递给美国政府和人民，并最终帮助中国成功地向美国传递了最关键的信息，促成了尼克松的破冰之旅，为中美建交做出了历史贡献。基辛格秘密访华时对周恩来谈话时一开头就说，尼克松总统仔细阅读了美国《生活》杂志刊载的毛主席与斯诺的谈话。2012 年正值美国总统尼克松首次访华 40 周年，习近平副主席对美国进行正式访问。随着合作的深入，中美两国的利益联系日益紧密，两国拥有的共同利益也越来越多。无论在促进本国经济发展和世界经济增长方面，还是在应对地区热点和全球性挑战方面，两国都需要而且可以更好地进行合作。关键是要相互尊重，特别是尊重彼此的核心利益和重大关切，同时要加强对话和沟通，增进互信，避免误判。今天的中国，应该以更加开放的胸怀，努力引导各方面客观理性地看待中国的发展和国际作用。

2012 年10 月，北京大学还将承办第15 届斯诺国际研讨会，在众多前辈、国际友人和国内同行的支持下，中国埃德加·斯诺研究中心将秉承“增进理解、友好交流”的使命，深化斯诺的精神内涵，并发展成为北京大学重要的国际学术交流平台。毛泽东同志曾经说过：“斯诺先生是中国人民的朋友，他一生为增进中美两国人民的友谊进行了不懈的努力，做出了重要的贡献，他将永远活在中国人民的心中。”当代的北大学人正沿着斯诺先生所开辟的道路，继续向世界宣传和展现中国的发展与进步，努力增进世界人民与中国人民的相互了解，为促进中外友谊和世界的持久和平不断做出新的贡献。

本书作为中国埃德加·斯诺研究中心“斯诺研究丛书”的第二本，通过挖掘斯诺书信等未被发表和引用过的第一手资料，考证现有研究中的空白和错误，整理历史事实，分三个时期来解读斯诺对中美关系的贡献。第一个时期是新中国成立以前，斯诺凭借《红星照耀中国》，向全世界介绍了中国共产党领导的革命根据地的真相，对中美关系产生了影响：一是将中国共产党的外交思想传递到美国；二是使罗斯福调整了对华政策。第二和第三个时期是新中国成立后，斯诺3 次访华，得到了毛泽东、周恩来对他更大的信任和期望，把西方不了解的新中国的真实情况以及决策者的思维传递给美国政府和人民，并最终帮助促成尼克松的破冰之旅，为中美建交做出了历史贡献。通过对斯诺作品和斯诺书信的深入研究，本书认为，斯诺通过不同时期新闻作品的传播，对中美关系的发展产生了重要影响。斯诺研究具有现实意义，在中国和平发展的今天，更加需要“用事实说话”的斯诺精神，以“和而不同”的理念，营造和谐的舆论环境。

书中还通过介绍海伦·斯诺对斯诺成就的影响和帮助，对比了两个斯诺在华新闻活动、作品的出版情况，以及《人民日报》对他们的相关报道等方面的数据分析，修正了长期以来对海伦·斯诺片面甚至错误的认识与评价。

目录

导 论

> 国家社会所受言论界之影响，其责任大半外交记者负之。不仅关于国内也，世界外交上之大问题，帝国主义者准备大战争之阴谋，每因新闻访员之一电，足以左右之，揭破之，使局势根本变化。直接间接影响于国势之盛衰，人类之幸福。故如世界各国历次之会议，各国新闻访员之活动，其势力每与代表公使不相上下。①
>
> ——邵飘萍

人们谈到中美打破坚冰，经常会追溯到1970年，当毛泽东邀请斯诺登上天安门城楼参加中国的国庆活动的照片刊登在《人民日报》上，这位外国记者在中国受到的最高礼遇，是中国传递给世界的信号，因此斯诺被认为是毛泽东试图改善中美关系的和平使者。作为一个美国记者，埃德加·斯诺为什么能够对中美关系产生影响？我认为这缘于斯诺及他的作品向全世界提供了独特的信息，从战地记者到和平使者，从《西行漫记》到《大河彼岸》，斯诺向世界展示了大量他人无法获得的第一手材料，通过采访和思考，坚持报道事实、披露真相，大量客观公正、有正义感的报道深刻影响了中美两国人民，以及中国和美国的政要。

本书把斯诺对中美关系的影响分为三个时期。第一个时期是新中国成立以前，斯诺凭借《西行漫记》（英文版名为《红星照耀中国》(*RED STAR OVER CHINA*)）使中国共产党和中国革命在世界上产生了重要的影响，特别是通过这部著作的广泛传播使中美关系产生了深刻变化。1937年10月，《红星照耀中国》英文本首先由伦敦维克多·戈兰

① 邵飘萍，《实际应用新闻学》，京报馆1923年版，北京大学新闻学研究会2008年翻印。

茨公司出版，从20世纪30年代后期开始，《红星照耀中国》已经陆续被译成中、法、德、俄、意、葡、日、朝鲜、蒙、荷、瑞典、印地、哈萨克、希伯来、塞尔维亚以及印第安方言等数十种文字出版。① 著名美国学者费正清认为，《西行漫记》的非凡之处在于，它不仅第一次呈现了关于毛泽东及其同志们的生平、他们的出身，而且描绘了这场鲜为人知的运动的前景，后来事实证明这是极具预言性的。由于埃德加·斯诺的努力，该书在以下两个方面都经受住了时间的考验——一是作为对历史的记录；二是作为对历史趋势的预见。② 该书对美国认识红色中国，特别是美国领导人了解中国共产党起到了重要作用。美国版1938年1月3日由兰登出版社发行，在美国民众中风行一时，也引起了时任美国总统的富兰克林·罗斯福的关注和兴趣。1941年、1943年、1944年，罗斯福在任期内3次召见斯诺，这是中国共产党对外传播最成功的案例。自1936年在陕北结识毛泽东、周恩来后，斯诺便成为中共领袖与美国联系的一条渠道，从而为后来中美关系的改善作出了特殊的贡献。

第二和第三个时期是新中国成立后，斯诺3次访华，得到了毛泽东、周恩来对他更大的信任和期望，为中美两国关系的恢复与改善进行不懈的努力。正如毛泽东接见斯诺时所说："35年前到现在，我们的基本关系没有变。我对你不讲假话，我看你对我也是不讲假话的。"③ 斯诺因为《西行漫记》等大量作品在中国产生了深远的历史影响，周恩来对斯诺的评价代表了中国政府和人民对他的看法："对我们来说，斯诺是伟大的外国作家，是我们在国外的最好的朋友。"④ 1970年10月1日，毛泽东邀请斯诺登上天安门城楼参加中国的国庆活动，这张照片后来刊登在《人民日报》上，这位外国记者在中国受到了最高的礼遇，这也是中国传递给世界的信号，斯诺是毛泽东试图改善中美关系的和平使者。笔者认为，这是对外传播对国际关系产生影响的重要案例。在第二个时期，1960年和1964年斯诺两次访问新中国，并没有给中美关系

① 张小鼎：《永恒的"红星"在世界闪耀——纪念斯诺百年华诞》，《鲁迅研究月刊》，2006年第11期。

② ［美］费正清：《序》，转引自埃德加·斯诺著、董乐山译：《西行漫记》，外语教学与研究出版社2005年7月第一版，第5页。

③ ［美］埃德加·斯诺：《漫长的革命》，新疆大学出版社1994年版，第271页。

④ ［美］约翰·马克斯韦尔·汉密尔顿：《埃德加·斯诺传》，辽宁大学出版社1990年版，第255页。

带来太多积极的影响，因为他的作品当时很难顺利在美国发表。第三个时期，也就是1970年，被病痛困扰的斯诺最后一次访问中国，基辛格对此的评价是："10月1日，中国国庆节那天，周恩来把美国作家埃德加·斯诺（中国共产党人的一个老朋友）和他的妻子领到天安门城楼上，站在毛旁边检阅一年一度的国庆游行队伍，而且照了相。这是史无前例的，哪一个美国人也没有享受过那么高的荣誉。这位高深莫测的主席是想传达点什么。斯诺自己后来谈论这一事件时指出，'凡是中国领导人公开做的事情都是有目的的'①。事情过后我才终于理解到，毛是想以此作为象征，表现在他亲自掌握对美关系。但是，这在当时真是一种远见卓识。我们在关键时刻理解不到他的真意。事情做得过分微妙反而达不到通信联络的目的。"② 这个对外传播的案例表明，斯诺再一次引起了美国政府的重视。时任美国总统的尼克松回忆说："美国作家埃德加·斯诺会见了他的老朋友毛泽东。毛告诉他，外交部正在考虑允许左、中、右各派政治色彩的美国人访问中国。斯诺问，会不会允许像尼克松这样一个代表'垄断资本家'的右派来？毛回答说，我将受到欢迎，因为我是总统，中美之间的问题毕竟还得同我解决。毛说他将乐于同总统谈话，不论作为旅游者或者总统来都好。毛的这些话，我们在几天后就知道了。"③

在历史上，斯诺为促进中美关系的发展和中美人民的友好往来所做出的独特贡献，深刻表现在来源于实践的作品之中。中美两国领导人对斯诺作品的认识，对斯诺本人价值的认识是一个对斯诺解读的过程，这个解读对中美关系产生了影响。龚文庠教授指出，解读指个人通过对现实的观察建立起自己"虚拟现实"的一部分。一个人通过各种渠道将自己建构的虚拟现实传递给别人，别人再解读这个虚拟现实，并对它进行加工。通过众人多次往复互动，建构出群体共享的虚拟现实，存入永久性记忆库，这就是"知识"，也就是一个群体对现实的解读。传播的过程就是"人们交换'解读'，经过积累而最终形成自己、他人和全社

---

① 原文为"Nothing the Chinese leaders publicly do is without purpose."引自 Edgar Snow, The Long Revolution, New York: Vintage Books. 1973, p3.

② ［美］亨利·基辛格著、杨静予等译：《白宫岁月》（第2册），世界知识出版社1980年版，第352页。

③ ［美］尼克松：《尼克松回忆录》（中册），商务印书馆1979年版，第323页。

会的知识库”①。斯诺对中美关系的影响，是中国对外传播最成功的案例，而建构主义理论为分析这一案例提供了最适合的理论依据。正如王缉思教授所说：如果用西方传统现实主义或者“文明冲突”范式来观察中美关系，中美政治冲突就难以避免。我国的分析家没有那么多兜圈子的概念，仅仅用“西化”、“分化”等寥寥数语就把中美政治问题点透了。那么，中美经济关系加强是否有利于消解政治对立？邓小平等中国领导人说过，中美之间应当“增加信任、减少麻烦、发展合作、不搞对抗”，说明通过相互沟通、相互理解，很多麻烦是可以避免的。这里面是不是包含着“建构主义”的思想呢？用新自由主义、传统现实主义、建构主义的框架来观察中美关系，能够得出非常不同的结论。②

今天，更多的外国记者来到中国，他们用蓝色的眼睛看着这个红色的国家。我们无法回避，不同的国家、不同的人们，在不同的时期对中国的看法都不相同。探求斯诺精神，并不是复制斯诺，而是发扬斯诺成功的经验。我认为，中国在和平发展时期应有的对外传播战略不是求同，而是求和，用平等和包容的精神谋求和谐相处、共同发展。温家宝总理在美国哈佛大学演讲时曾指出，“和而不同”③ 是中国古代思想家提出的一个伟大的思想，和谐而又不千篇一律，不同而又不彼此冲突，和谐以共生共长，不同以相辅相成。用“和而不同”的观点观察和处理问题，不仅有利于我们善待友邦，也有利于国际社会化解矛盾。④“和而不同”的理念，为中国接纳和造就更多的斯诺提供了可能。

一、斯诺研究的缘起和发展

30 年前，对埃德加·斯诺的研究大多是以宣传介绍和资料整理为主的纪念性文章。随着斯诺纪念活动的深入，特别是近几年来，对斯诺具有学术价值的研究才逐渐增加，分析的角度有斯诺与中国革命、斯诺与新闻教育、斯诺与新闻业务、斯诺与文化传播等。

20 世纪 80 年代以前，对斯诺的研究大多为回忆性的文章，停留在宣传介绍、收集资料的初级层次。对斯诺的研究真正转入学术界和规模

---

① 龚文库：《解读与真实：观察跨国传播的一个角度——斯诺百年纪念时的思考》，《百年斯诺》，北京大学出版社 2006 年 12 月第 1 版，第 378 页。

② 王缉思：《国际政治研究中的理论与政策》，《世界经济与政治》，2004 年第 1 期。

③ “和而不同”引自《论语·子路》：“子曰，君子和而不同，小人同而不和。”

④ 参见新华网：http：//news. xinhuanet. com/world/2003 - 12/11/content_ 1224824. htm.

化，还是近十几年的事情。这一转变是以埃德加·斯诺逝世10周年的纪念活动为契机的。1982年2月28日，由中国人民对外友协等单位组织的“纪念埃德加·斯诺逝世10周年大会”在北京大学举办。随后，武汉在全国率先举行“斯诺学术研讨会”，发起对斯诺与《西行漫记》的研究，对聚集国内的斯诺研究力量起到开创作用。斯诺研究的国内第一部论文集《纪念埃德加·斯诺》由新华出版社于1984年8月出版。这个文集所选文章主要包括：中央领导同志及斯诺亲友在北京大学纪念斯诺逝世十周年大会上的发言；全国主要报刊发表的有关纪念斯诺的文章；提交在武汉召开的我国首次纪念斯诺学术讨论会的部分论文；一些斯诺生前好友专为该纪念文集撰写的文章。这部文集的第四部分有14篇评论和论文，展示了国内外学者对斯诺和斯诺作品进行学术研究的最初成果。

1. 斯诺纪念活动推动了斯诺研究

关注斯诺研究在早期还是以斯诺的朋友或深受斯诺著作影响的读者为主，在斯诺纪念活动的推动下，斯诺研究对象逐步扩展到“中国的学者、记者、作家、报告文学工作者同外国同事们”。1984年，“中国三S研究会”（即中国史沫特莱、斯特朗、斯诺研究会）在北京成立，1991年随着形势和工作发展的需要更名为“中国国际友人研究会”，对更多的国际友人开展研究。中国埃德加·斯诺研究中心1993年3月4日在北京大学成立。在中国，北京、上海、陕西、湖北、云南、甘肃等省市及一些大学，陆续成立了纪念、研究斯诺等国际友人的民间团体，组织开展学术研究、文化交流和友好往来活动，促进中国人民与各国人民间的相互交往、了解与合作。在美国，斯诺的生前好友戴蒙德夫妇成立了埃德加·斯诺纪念基金会和斯诺阅览室，海伦·斯诺文学基金会、文学托管会等民间团体也相继成立，它们经常组织美国友人和学者到中国来进行参观访问和开展交流活动。在研究方面，中国国际友人研究会已组织翻译、编辑出版了包括斯诺在内的中文版“国际友人丛书”60多种书籍、画册，近千万字。2003年始，该会编辑出版总题为《中国之光》的英文版国际友人丛书，第一批共26部著作。该会同美国埃德加·斯诺纪念基金会交换斯诺访问学者，每两年在对方城市举办斯诺研讨会，迄今已举办了14届。

对斯诺的研究最为成熟的时期是2005年到2007年，以埃德加·斯诺百年诞辰和海伦·斯诺百年诞辰为契机，北京、上海、福州、西安等地举办了多次学术研讨会和纪念活动，对斯诺的研究向深度和广度发展，更加注重历史与现实的结合，对斯诺的研究达到了一个新的水平。这些斯诺纪念活动直接推动了国内外的斯诺研究。

2. 斯诺研究角度的扩展

随着更多高校和研究机构的学者对斯诺研究的关注，国内外的斯诺研究扩展到更为广泛的领域。1988 年 6 月 16 日至 18 日在北京大学举行的“纪念《西行漫记》发表 50 周年学术研讨会”是迄今为止最为隆重的斯诺纪念活动，全国人大、中央宣传部、新闻界以及中外知名学者 400 多人出席会议。该会的论文集展示了国内外斯诺研究角度的扩展，如：斯诺成功的内在因素和时代环境、中国文化对斯诺的影响、《西行漫记》在美国新闻史及中国新闻史上的地位、斯诺对推动“工合”运动的贡献、《西行漫记》写作的特点及其翻译出版的情况等。值得一提的是，在学术讨论会之前，中国建设杂志（现名今日中国）、人民日报、解放军报、中国青年报、光明日报、中国日报、文汇报和解放日报发起“《西行漫记》和我”的征文活动，从国外和国内 25 个省市寄来了大量文章，文章作者包括工人、教师、新闻记者、医务人员、作家、画家、家庭妇女、离退休干部、军人，特别是广大的青年学生。18 日下午，由美国、中国一些中学选出的四名中学生还进行以《西行漫记》为专题的演讲比赛，美国学生用中文演讲、中国学生用英文演讲。这次活动的意义相当深远，推动了更多的读者，特别是广大青年阅读《西行漫记》，增加对这部著作的重要性的认识，也吸引了年轻人来研究斯诺和斯诺的作品。

1997 年“纪念《西行漫记》发表 60 周年国际学术会议”提交的 30 余篇学术论文和研究成果，是 90 年代国内《西行漫记》与斯诺研究的代表作，标示着《西行漫记》与斯诺的探讨已由新闻和文学的传统研究层面，开始向历史学、社会学、心理学、人类学、文化学、版本学、比较文学及外交学的纵深及多学科交叉渗透的方向拓展；中青年研究群体的崛起和对斯诺与《西行漫记》研究的承接，也成为本次会议明显区别于以往历次学术会议的一大特点。从这个意义上说，“纪念《西行漫记》发表 60 周年国际学术会议”既是对十余年来斯诺研究的成果的回顾和检阅，也是斯诺研究的一个新的历史起点。

在 2005 年北京大学举办的“让世界了解中国——斯诺百年纪念”国际研讨会形成的《百年斯诺》学术论文集，是目前斯诺研究水平最高的论文集，几十位国内外学者对斯诺进行了多种解读和多元评价，从“斯诺与中国”、“斯诺与新闻教育和业务”、“斯诺与跨文化传播与国际传播”等角度纪念和缅怀斯诺。

二、埃德加·斯诺研究的现状

在20多年来斯诺纪念活动的推动下，斯诺研究也呈现出很多优秀的成果，斯诺研究的领域也不断扩展。

1. 斯诺研究的全新视角

随着近年来对斯诺研究不断深入，学者们从全新的视角来解读斯诺。在“斯诺与中国”的代表作品中，从斯诺对中国革命的历史与作用，到斯诺对中国现代历史进程的影响；从斯诺作品的人文关怀，到斯诺的燕园情怀，对斯诺的研究已经从新闻学和文学研究的角度延展历史学、国际关系、政治学等各个领域。有代表性的如蔡帼芬教授的《解读斯诺作品的人文关怀》、李云峰教授的《论述斯诺的新中国之行及其两难处境》、张注洪教授的《埃德加·斯诺在中国革命中的贡献与作用》、张昆教授的《〈西行漫记〉对中国现代历史进程的影响》等。有关斯诺与新闻教育和业务方面的研究，也扩展到新闻记者的职业精神、人文理想、国际主义等多个方面。如吴廷俊教授的《斯诺的新闻实践与新闻职业精神》、雷跃捷教授的《新闻记者的楷模——埃德加·斯诺》、马艺教授的《斯诺新闻作品人文精神的二维分析》、单波教授的《解读斯诺的跨文化意义与启示》、龚文庠教授的《解读与真实——观察跨文化传播的一个角度》，以及美国学者莫拉那教授的《媒体在当代国际关系中的角色：处于十字路口的文化与政治》①，这些论文对美国记者斯诺在中国进行交流、采访、报道的经验所提供的跨文化交流的意义与启示进行了深入探讨和梳理，为以后的研究者提供了很多有意义的启示。

近年来，有关斯诺研究也不断有新的发现。当代中国研究所的研究员程中原在《有关斯诺访问陕北的若干重要史实》一文中，对斯诺访问陕北的历史事实有重大发现。他通过阅读和翻检中共中央文件档案，对照分析考证《西行漫记》及发表在当年《密勒氏评论报》、《美亚》杂志上的原文，作者得出结论：斯诺访问陕北之前曾向党中央提交过一

① The Role of Media in Contemporary International Relations：Culture and Politics in the Crossroads. 中文为笔者所译。

份开列有十几个问题的采访提纲；中共中央专门就斯诺提出的问题召开过政治局常委会予以讨论，这是中共历史上第一次讨论国际关系的专门会议；毛泽东同斯诺的首次谈话是中国共产党第一次系统地讨论和阐述了国际统一战线策略和处理中外各国关系的方针。人民文学出版社编审张小鼎在题为《六十年来〈西行漫记〉在中国》的文章中，详尽搜求和梳理了64年来《西行漫记》中译本的种类和流变，对《西行漫记》的几个重要中译本的出现和影响作出了精辟的介绍和论述。作者经过周密考察与检索，整理出《西行漫记》半个多世纪以来所出现的雏形本、全译本、节译本、抽印本共计55种，为《西行漫记》中译本的对比分析提供了重要线索，也填补了《西行漫记》版本学研究的一项空白。中国人民大学新闻学院蓝鸿文教授无意中发现巴黎《救国时报》对斯诺的宣传在斯诺研究中和几本斯诺传记中从未提及。《救国时报》是20世纪30年代中期中国共产党在海外办的一张大型的有影响的中文报纸。于1936年11月10日推出来自天津的关于斯诺畅谈陕北之行观感的报道。在此后的一年多时间内，它又陆续推出斯诺陕北之行的各种材料。一时间，展示斯诺陕北之行成果成了《救国时报》宣传报道的一大亮点。

2. 斯诺对中美关系的影响研究分析

人们谈到中美打破坚冰，总会追溯到1970年，当毛泽东邀请斯诺登上天安门城楼参加中国的国庆活动的照片刊登在《人民日报》上，这位外国记者在中国受到的最高礼遇，是中国传递给世界的信号，斯诺被认为是毛泽东试图改善中美关系的和平使者。在目前对斯诺的研究中，关于斯诺对中美关系的影响，有关研究从数量和质量上与斯诺在中美关系上所做出的重要贡献不相称。新中国成立以前，斯诺凭借《西行漫记》（又名《红星照耀中国》，*RED STAR OVER CHINA*）使中国共产党和中国革命在世界上产生了重要的影响，特别是通过这部著作的广泛传播使中美关系产生了深刻变化。1937年10月，《红星照耀中国》英文本首先由伦敦维克多·戈兰茨公司出版，后来陆续被译成中、法、德、俄、西、意、葡、日、朝鲜、蒙、荷、瑞典、印地、哈萨克、希伯来、塞尔维亚以及印第安方言等数十种文字出版。美国版1938年1月3日由兰登出版社发行，在美国民众中风行一时，也引起了时任美国总统的富兰克林·罗斯福的关注和兴趣，使他很快成了“斯诺迷”。1941年、1943年、1944年，罗斯福在任期内3次召见斯诺，了解中国共产党的真实情况，一度调整了对华政策：由“扶蒋”改变为“扶蒋联共”。他对斯诺说：“我一直在同那里的两个政府合作。我打算继续这样做下去，直至我们能使他们联成一体。”

自1936年在陕北结识毛泽东、周恩来后，斯诺便成为中共领袖与美国联系的一条渠道，从而为后来中美关系的改善做出了特殊的贡献。新中国成立后，斯诺3次访华，得到了毛泽东、周恩来对他更大的信任和期望，为中美两国关系的恢复与改善进行不懈的努力。正如毛泽东接见斯诺时所说：“35年前到现在，我们的基本关系没有变。我对你不讲假话，我看你对我也是不讲假话的。”周恩来对斯诺的评价代表了中国政府和人民对他的看法：“对我们来说，斯诺是伟大的外国作家，是我们在国外的最好的朋友。”

可以说，斯诺对中美关系的影响，是有着深远的历史意义的。从目前的研究状况来看，虽然斯诺研究是老话题，但目前国内外研究斯诺的学位论文，特别是有关斯诺对中美关系的影响的学位论文，是斯诺研究中较为少见的。截至2008年，通过利用5个国内和1个国外的权威学位论文库进行搜索①，仅发现3篇国内有关斯诺研究的硕士学位论文：2004年湖北大学部严明新闻学硕士论文《范长江和埃德加·斯诺西北新闻活动的比较研究》，2001年华东师范大学毛新历史学硕士论文《美国中国学的里程碑著作：埃德加·斯诺〈西行漫记〉的史学价值和社会意义探要》，1994年北京大学赵文莉历史学硕士论文《埃德加·斯诺与中国抗战》。目前，有关斯诺研究的博士论文也发现有3篇：北京大学国际关系学院孙华的博士论文《斯诺对中美关系的影响》，台湾淡江大学文学院张其羽的博士论文《红星照耀斯诺——从新闻作家到天命信差的跨文化转变》，北京大学新闻与传播学院王芳的博士论文《海伦·斯诺研究》。

3. 国内外有关斯诺对中美关系影响的研究状况

（1）国外研究部分

在西方，研究斯诺及其作品的影响，特别是对中美关系所起的作用并不多见。费正清教授指出，斯诺给西方的中国问题研究者提供了更多

① 新版北京大学学位论文库、CALIS高校学位论文库、中国期刊网博士论文全文数据库、国家科技图书文献中心的中文学位论文查询、万方数据——中国学位论文文摘数据库、ProQuest Digital Dissertation（PQDD博硕士论文数据库）。

的素材："历史学家们只得较多地依赖旁观者写的报道，尤其是那些曾经在30年代中期特许从共产党领导者那里采集资料的新闻工作者所撰写的报道。在那个时代里的所有记者中，埃德加·斯诺是出类拔萃的。"《纽约时报》的中国问题专家、《长征——前所未闻的故事》一书的作者索尔兹伯里则称，《西行漫记》对30年代后期美国的国际报道在心理上和专业上有不可估量的影响。它使我们把注意力转向中国，转向远东。

在斯诺的研究方面，代表性的著作有三本，由法恩斯沃思撰述的《从流浪者到记者——斯诺在亚洲（1928—1941）》一书，以斯诺和他的第一任妻子海伦·福斯特·斯诺的私人信件、日记和手稿作为材料，书中法恩斯沃斯分析了斯诺对中美关系的影响，他认为斯诺凭借着与中国领导人之间的亲密关系，得以在冷战期间多次往返中国，在某种程度上保持了中美双方的沟通。该书以叙事为主，描述斯诺一生的经历，缺乏深入的分析和评价，学术性不强。汉密尔顿所著的《埃德加·斯诺传》主要描述斯诺的工作经历，资料主要来源于斯诺的第二任夫人洛伊斯·惠勒·斯诺。汉密尔顿认为斯诺一生的基本特色就是总在尽力理解其他国家，而不是简单地对它们做出判断。该书对斯诺的思想及其对中国的思考有较多描述，但文章为传记性质，对历史资料没有引文，这是该书最大的缺憾。在托马斯的《冒险的岁月：埃德加·斯诺在中国》一书中，作者认为斯诺对于中国共产党及其领导人的报道，填补了中国和西方之间的信任鸿沟，斯诺所取得的展现中国共产党优缺点的第一手资料，成了西方记者以第一人称访问中国西北部共产主义统治地区的典范。该书将更多的关注放在斯诺对中国以及中国对斯诺的影响上，对于斯诺对中美关系的影响方面涉及较少。

（2）国内研究部分

在目前收集到的资料来看，国内只有少量论文专门研究斯诺与中美关系：周洪钧在《〈西行漫记〉与中美关系》一文中，认为埃德加·斯诺是中美关系史上值得重视的一个人物，对他的代表作《西行漫记》在中美关系史上的历史地位应当做出正确的评价。文章认为，斯诺及其《西行漫记》在当时影响了美国政府的对华政策和美国官员对中国共产党人的态度。由于成文较早，所引用的资料目前来看大多是为人所熟知的。陈秀霞的《斯诺与中美关系》一文回忆了斯诺1928年来华生活和工作的13年、新中国成立后三次访华为增进中美间的了解和友谊做出了独特的贡献，这是发表在报纸上的纪念文章。张注洪在《斯诺访问新中国与中美关系的发展》一文中引用了大量的文献史料，认为斯诺为恢复和改善中美关系起了中介、沟通和促进的作用。这是一篇文风严谨，学术性强的文章，但文中没有涉及斯诺在中国活动最为重要的时期，仅限新中国成立后的情况。另外，文章主要是从史学的角度进行描述，没有从国际关系的角度分析。孔东梅在《斯诺中国报道对美国政要的影响》一文中论述了斯诺中国报道在美国刊登发表和出版发行经历了3个历史阶段，斯诺中国报道对美国政要的影响也经历了一个“肯定—否定—肯定”的过程，总的看来，斯诺对中国的报道是及时和准确的，对美国认识中国产生了重要的影响。这篇论文很有新意，但引用的史料有限，文章也过于简短。

在斯诺研究中，很多文章对文献史料进行的考证采取历史、辩证、阶级分析、比较研究的方法进行论述，有很大的价值，但是，有些文章考证显得论证不够充分，缺少学术性、科学性；有的是根据第一手材料，却未注明出处，使人感到可信度不够。这些国内外学者对斯诺的评价，以各种角度和观点论述斯诺对中美关系的影响，这些评价需要进行系统的整理和分析，来较为完整地论述斯诺在美国的影响，从目前来看，这个研究仍然是有很大的研究空间和很重要的研究价值。

三、海伦·斯诺研究的现状

对海伦的研究国内外都非常少，国外研究的学者目前只发现有杨伯翰大学和科罗拉多州立大学的三位学者。国内研究能够达到学术层面的也不多。目前有关海伦研究的论文中大多是材料重复引用，且少有注明出处，错误也较多。长期以来，国内对海伦·斯诺的研究成果大多是以宣传介绍和资料整理为主的纪念性文章。国外没有相关专著，国内目前也只有《伟大的女性——纪念海伦·福斯特·斯诺》这一本文集①。对海伦的研究真正转入学术界，还是在2007年，北京大学举办了“海伦·斯诺百年纪念国际学术研讨会”。会上，原社科院美国研究所所长资中筠、原轻工业部副部长余建亭、北京大学新闻与传播学院教授龚文庠、北京大学历史学系教授张注洪、美国杨伯翰大学中国史教授 Paul Hyer、中国国际友人研究会副会长陈秀霞、美国协进会常务董事 Sharon Crain（海伦的监护人）、中国国际友人研究会理事武际良、海伦·斯诺

---

① 该书包括生平经历、论文评述、采访报道、回忆怀念、讲话致词、序跋书评6部分。

侄女 Sheril Bischoff、中国军事科学院研究员鲍世修、原《北京周报》编辑汪健、华中师范大学文学院教授尹均生在会上进行了研讨和交流，从新闻学、文学、中美关系、国际文化交流等各方面提交了论文。这次纪念活动直接推动了国内外的海伦研究。

目前，国内重译和翻译介绍了海伦·斯诺的著作，如《续西行漫记》、《我在中国的岁月》、《阿里郎之歌——中国革命中的一个朝鲜共产党人》、《七十年代西行漫记》、《延安访谈录》、《毛泽东的故乡》等，同时还翻译了美国杨伯翰大学拍摄的纪录影片《革命的见证者——海伦·斯诺》中文版。但从目前现状来看，对于海伦·斯诺的研究和介绍还有许多空白点，尚待进一步发掘。海伦·斯诺一生著述颇丰，仅写作手稿就有40多部，现已出版著作14部，翻译成中文的只有六七部。在未出版的手稿中，有相当部分是写中国或和中国有关的，其中不乏当年访问红区的一些口述实录，是弥足珍贵的第一手史料。

海伦·斯诺的藏品目前收藏于两个地方：一是美国犹他州杨伯翰大学，L·汤姆·佩里特别珍藏收录了1998年捐赠的大批海伦的文献资料，美国杨伯翰大学享有海伦·福斯特·斯诺文学作品的版权；二是位于美国加利福尼亚州斯坦福大学胡佛研究院，珍藏着20世纪70年代早期捐赠的少量但极其珍贵的资料。①

1. 国内外海伦·斯诺研究的现状

在国外几位学者的研究中，主要从海伦早期生活和家庭教育的角度来解读海伦取得成就的原因。另外，还有从中美关系、创建“工合”、新闻记者的职业精神等角度来论述的。国外学者的研究大多是因为纪念海伦而写，虽有一定学术价值，但一般文章简短，提出的观点引证不够，而且论文形成时间较早，近年也没有什么新的论述。例如，美国杨伯翰大学历史学教授保罗·海尔1997年撰写的论文在当时很有影响，但2009年美国的研讨会上他宣读的仍然是这篇论文。

保罗·海尔认为：“具有讽刺意味的是，当海伦和她的丈夫埃德加·斯诺在中国闻名遐迩、受到高度赞赏的时候，海伦的著作在美国、在她的出生地犹他州却鲜为人知。同样，当中国人认为海伦是他们现代历史关键时期出现的一位重要人物时，也不了解她的摩门教（正式名称为耶

① Sheril Foster Bischoff, *Some Thoughts on Edgar and Helen Snow*, Communicating Across Cultures: Edgar Snow as an Example, Peking University Press, 2006. p30.

稣基督末世圣徒教会）祖辈对她早期生活的影响。"[①] 保罗·海尔坚决反对"海伦的思想来自马克思主义；有些麦卡锡之类的美国人，则企图把她描绘成一个左翼分子。"[②] 美国的学者认为，家庭的经历与童年时受到的摩门文化的影响，为海伦在中国面临的挑战，为她参与学生运动及在战时组织"工合"作了准备。海伦年轻时的大部分时间与南爱达荷的母亲戴维斯一家生活在一起。戴维斯一家是在爱达荷州萨玛丽亚首先定居的五个先驱家庭之一。海伦的外祖父是当地一个"联合体"的金融经理。以团结、服从、牺牲及忍耐的精神，这些家庭成功地建立起坚强的"联合体"。当海伦还是一个小姑娘时，她母亲就向她灌输家谱特别是家庭成员传记的兴趣。[③] 她母亲向她强调他们家庭"根"的重要性。海伦主要以写人物传记的方式，来研究与描述现代中国。当她在延安采访中国领导人的时候，就自然而然地信手使用了她从孩提时代就习以为常的传记法。她的末世圣徒之根，还促使她不仅注重撰写重要的领袖人物，也撰写普通民众和青年学生。这种行为，与当时一些外国记者通常的作法大相径庭。人们有理由认为，海伦在中国的岁月，也影响了她对家谱学的兴趣与研究，这是中国文化的重要特点。显而易见，家庭对海伦是重要的。她没有子女，于是就心向她的家族，她的祖先。

凯丽·安·朗恩是迄今唯一撰写了海伦传记的学者，她的研究资源是海伦在美国的300多箱各类资料，但目前形成的论文只有1992年"斯诺国际研讨会"提交的《一位孤独者的画像——海伦·斯诺对中美关系的贡献》和1993年"工合国际研讨会"提交的《当海伦·斯诺创建工合的时候》，论文都是在叙述海伦生平的细节，并没有清晰的观点。她认为海伦的成就主要是通过支持中国的学生运动、报道西安事变、延安采访、创办工合等，"最有意义的是她长期为之奋斗的构建跨文化的伟大友谊。通过她的不懈努力，她在美国人民中哺育了一种对中国和中国人民的友好情怀，美国把中国看成一个伟大的民族；在中国，她也努

---

① 保罗·海尔（Paul Hyer）：《中国与犹他：关于海伦·福斯特·斯诺》，"海伦·斯诺百年纪念国际学术研讨会"上的发言，2007年，北京大学。

② 保罗·海尔：《海伦·斯诺的童年时代》安危主编：《伟大的女性——纪念海伦·福斯特·斯诺》，陕西旅游出版社1997年10月第1版，第190页。

③ Karen E. Hyer, *Hannah Davis Foster*, *Cedar City's Pioneer Woman activist*; *Helen Foster Snow's Mother and Role model*, *Helen Foster Snow*: *an Introduction to Her Life and Legacy*, a Symposium, Charles Hunter Room, Hunter Conference Center, Southern Utah University, November 11, 2009.

力培植这样的观念——美国人民是友好的民族，真诚地乐于助人。”①美国著名哲学史家沃尔夫冈·萨克逊认为，在中国，人们铭记着她本世纪30年代在上海创建工业合作运动中所起到的重要作用。她最先提出这个想法，同她当时的丈夫埃德加·斯诺等人一起，把这个想法付诸实践，并远远地关注着这一计划，使其普及全国。②

新闻记者的职业精神，也是国外研究的一个方面。海伦的家人认为，斯诺夫妇的三大贡献是：鼎力支持1935年12月9日的学生运动；埃德加和海伦分路前往西北抗日革命根据地，埃德加·斯诺于1936年奔赴宝安，海伦于1937年到达延安；共同筹建中国工业合作社。③“真理高于一切。无论是埃德加·斯诺，还是海伦·斯诺，都是终身追求真理，为真理而斗争。他们所做的，就是把自己所看到的如实报道出去。他们是独立思考的、客观报道的新闻记者。为了保持自己的独立性，永远拥有自己的读者，在他们一生中，从来没有从任何一个政府领取过薪金或资助。”④ 苏珊·B·安东尼在1987年《海伦·斯诺在中国》图片实物展览开幕式上说：“我要把海伦称作她自己时代的预言家。她的见解，远远超出她自己所处的时代。在她光荣的一生中，她不仅亲眼见到、而且亲自建造美国与世界、美国与中华人民共和国相互了解的桥梁。今天，海伦可以像当年苏珊⑤那样说：失败是不可能的事。”

对海伦的研究，国内是从1997年她去世时才开始形成一定规模。随着近年来对斯诺研究不断深入，学者们也从全新的视角来解读海伦。在国内学者的代表作品中，从海伦对延安的采访、到工业合作化运动；从海伦的新闻修养、到对其作品的分析，从海伦与学生运动、到中美文

① Kelly Ann Long, *The Accomplishments of Helen foster Snow in China*, *Helen Foster Snow: an Introduction to Her Life and Legacy*, a Symposium, Charles Hunter Room, Hunter Conference Center, Southern Utah University, November 11, 2009.

② 沃尔夫冈·萨克逊：《中国工合的奠基人——89岁的海伦·福斯特·斯诺逝世》，安琳译自《纽约时报》，1997年1月14日。安危主编：《伟大的女性——纪念海伦·福斯特·斯诺》，陕西旅游出版社1997年10月第1版，第263页。

③ Sheril Foster Bischoff, Some Thoughts on Edgar and Helen Snow, Communicating Across Cultures: Edgar Snow as an Example, Peking University Press, 2006. p22.

④ 谢莉尔·福斯特·毕绍夫：《真理高于一切》，安危主编：《伟大的女性——纪念海伦·福斯特·斯诺》，陕西旅游出版社1997年10月第1版，第357页。

⑤ 苏珊·安东尼是美国女权运动的领袖，她是美元硬币上肖像中唯一的美国妇女，美国宪法第19号修正案以她的名字命名，也就是赋予美国妇女以选举权。苏珊·B·安东尼是她的后代。

化交流，对海伦的研究已经从新闻学和文学研究的角度延展历史学、国际关系、政治学等各个领域。

在国内海伦·斯诺研究的学者中，最重要的应该是陕西省翻译协会主席、西安斯诺研究中心主席安危。他翻译出版了海伦·斯诺的《七十年代西行漫记》、《延安采访录》、《我在中国的岁月》、《毛泽东的故乡》、《中国为民主奠基》等著作；撰写出版了《忘年之交》、《伟大的女性》、《架桥》等论著。80 年代中期，从美国带回的有关斯诺夫妇生平及中美友好史的文献、图片、书籍、实物 200 余件，举办了《海伦·斯诺在中国》展览，并应邀赴美展出。安危是海伦在中国的挚友，他们 20 年的 200 多封来往书信，被编成《忘年之交——海伦与安危两地书》，这对研究海伦晚年的活动与思想，具有重要的史料价值。关于海伦对中美文化交流的贡献，可以在学者们的研究中得到证实。毕业于燕京大学的萧乾和毕业于北京大学的丁玲都曾在上世纪 80 年代初先后采访过海伦。45 年后再次与海伦见面的萧乾说："我很重视对海伦的这次访问，因为外国人中，像她那么了解中国的，寥寥无几，像她那样从三十年代就对中国友好的就更少了。"① 萧乾的访问很客观，海伦的回答内容为理解斯诺夫妇和他们的事业提供了帮助。丁玲的访问非常感性，海伦谈论的也大多是关于文学，她们一致认同的是中国的作家写作的自由。"我以为我们大家都能在这一面海伦的镜子中照出我们的幸福，照出我们光明的祖国。"② 海伦始终坚信中国共产党领导中国人民所走的道路是正确的，"我认为无论是现在还是过去，在中国搞资本主义是不可能的。像中国这样的国家，除了社会主义，没有别的道路可走。"海伦把她的一生献给了加深中国人民之间的理解与友谊。她曾说：我写作不是为出版商，而是为了中美两国年轻的一代。③ 具有代表性的作品还有资中筠《海伦·斯诺——不寻常年代的一次不寻常访问》、爱泼斯坦《纪念海伦·斯诺》、魏龙泉《关于海伦·福斯特·斯诺》、马珂《海伦·斯诺：终身热爱中国》、穆雷《海伦·斯诺笔下的中国》《海伦·斯诺和中美文化交流》、凌扬《海伦·斯诺——人民友谊的忠实架桥人》、

① 萧乾：《斯诺夫人海伦访问记》，（加拿大）《中报》周刊，1980 年第 7 期。

② 丁玲：《海伦的镜子》，《人民日报》，1982 年 3 月 7 日。

③ 黄华：《在海伦·福斯特·斯诺荣获"理解与友谊国际文学奖"庆祝会上的讲话》，1991 年 9 月 20 日。

尹均生《中国情结书写传奇一生》、陈秀霞《我所知道的斯诺与海伦》、金坚范《听从心灵的召唤》等。

在海伦作品和成就的研究方面，国内学者的论述较多。关于海伦与学生运动，赵晓莉认为，“一二·九”运动对海伦思想的影响很大。在同爱国学生的交往中，海伦“第一次对全中国的政治局面，尤其对蒋介石和国民党有了清楚的认识。”① 关于海伦与西安事变，袁武振认为，美国女记者海伦·斯诺在事变前两个多月即通过采访张学良向外界最早报道西安事变的成因，从而为西安事变的爆发及其和平解决发挥了不可替代的特殊作用。② 关于海伦对延安的采访，孔东梅认为，是谁让毛泽东这个名字为世界所知？一般认为应归功于美国记者埃德加·斯诺，据笔者看来，这只是事实的一个部分；而长期被忽视的事实另一部分是：埃德加·斯诺的夫人——另一位美国记者海伦·斯诺为此所做出的巨大贡献。③ 鲍世修认为，海伦·斯诺女士对中国红军将领的采访报道及其所形成的精神文化成果，是具有三个方面的重要功能的，这就是舆论宣传功能、历史留存功能和思想品质教育功能。④ 关于海伦与工合运动，吕宛如认为，从工合运行以来，她就是为中国敌后的合作社筹募资金的最积极的美国人之一。在1938—1945年“工合”收到1.8亿元（法币）贷款和捐款中，三分之二来自美国，在这方面，海伦、埃德加和另一位坚定的美国工合支持者普爱达是功不可没的。⑤ 在海伦的新闻修养方面，张西望认为，她一生所表现出的那种无畏精神和非凡胆略，正是新闻工作者的要学习的精神和胆识。⑥ 对于海伦的文学成就，龚善举认为，《毛泽东故乡》的出版，实现了与《西行漫记》、《续西行漫记》的前位对接，实现了青年斯诺夫妇的夙愿，填补了域外作家有关毛泽东题材创作中的一项空白。海伦本人也因此成为第一个收到毛泽东亲笔信的外国女性，第一个访问韶山冲的美国记者，第一个深度报道毛泽东故乡

---

① 张晓莉：《海伦·斯诺与“一二·九运动”》，《文博》，1998年第4期。

② 袁武振：《预报西安事变的美国女记者——海伦·斯诺西安事变前对张学良的采访》，《新闻知识》，2001年第5期。

③ 孔东梅：《试述海伦·斯诺对毛泽东的采访报导活动》，参见龚文庠主编：《百年斯诺》，北京大学出版社2006年12月第1版，第169页。

④ 鲍世修：《海伦·斯诺女士对中国红军将领采访报道的重大时代影响和历史作用》，海伦·斯诺国际学术研讨会，2007年，北京。

⑤ 吕宛如：《海伦·福斯特·斯诺与“工合”》：《中国集体经济》，2000年第12期。

⑥ 张西望：《海伦·斯诺的新闻修养》，《报刊之友》，2001年第3期。

的外国作家……①

张注洪认为，海伦未出版的手稿43部，相当部分专写中国或与中国有关，对海伦生平和访华经历综合性和专题性的研究尚少见到，对海伦本人的著作、思想、贡献和精神的个案研究更是难以见到。建议：(1) 编译反映海伦著作、论述、书信的较全备的《海伦·斯诺文集》，包括有关中国革命史的专著和发表在诸多报刊上的大量文章；(2) 开展对海伦访华著作、关于中美关系、关于工合运动以及海伦精神（相对斯诺精神比较而言，海伦精神与斯诺精神有共性也有其个性）的进一步研究，希望利用现有史料编辑一本比较完整的海伦传记；(3) 编印一本《海伦·斯诺在中国》图文并茂的大型图集。这样做，对于我们研究海伦，了解海伦著作中反映的革命历史，促进中美文化交流，无疑是十分有益的。②

四、文献分析与深度访谈

用一个西方学者的话来说，斯诺对“红区”的解读“标志着西方了解中国的新纪元。”斯诺的解读对中美关系，对国际政治产生了不可估量的影响。30年前，中美建交启发了国际政治中意识形态体系的更新，推动了世界和平，推动了全球经济流通，我们这个世界由此建立起一个崭新的秩序。在新时期进行斯诺研究，特别是加强斯诺对中美关系影响的研究，唤醒时代对于埃德加·斯诺的记忆成为当代学者们重要的使命。

在写作过程中，本书采取文献分析和深度访谈的方法，对斯诺研究的文献进行梳理。在研究过程中本书发现和利用了埃德加·斯诺的322封书信和海伦·斯诺的5本笔记，这些书信和笔记是未被发表和引用过的第一手资料。同时，采取深度访谈的方法，由与斯诺关系密切的有关人士口述历史，对文献史料进一步挖掘，论述埃德加·斯诺对中美关系的影响，进而提出在新的历史时期，如何发扬斯诺精神，让世界更加真实地了解中国。

---

① 龚举善：《巾帼巨笔写春秋——海伦·斯诺及其〈毛泽东的故乡〉》，《郧阳师范高等专科学校学报》，1997年第4期。

② 访谈于2007年9月1日，在张注洪教授家中。

1. 文献分析

文献分析（document analysis）是一种定性研究的方法，可以了解事物，分析其中的意义①。白寿彝在《史学概论》中说："史学是通过史料研究历史发展过程本身的学科。如果说，客观的历史是一个有机的发展过程，史料只是历史过程留下的一些残骸或遗迹，那么，史学的任务却是要从历史的遗骸或残迹中去重认那曾经活生生的历史，并以文字为主要手段将它重现出来。"② 如何重现史料，就是要把庞杂的资料进行科学的整理，提取出有价值的数据。"无论选用哪种方法，你们都可能搜集到数量庞大的，且不能直接使用的观察资料。……搜集的资料可能包括许多官方文件、对政府官员和其他人员的访问记录等等。……最后，我们要依据所获得的资料得出结论以验证调查之初的兴趣、想法和理论。"③ 如何分析斯诺和海伦 100 多万字的资料，需要用系统分析的方法。"系统分析的方法要求人们不是孤立地、片面地看问题，而是将研究对象放到更大的环境系统中，分析它的来龙去脉，考察它与其他事物之间的联系，从事实的整体和相互联系中去把握事实。"④

本书尽可能利用了斯诺作品的第一手材料，并翻译斯诺的 322 封书信，考证现有研究中的空白和错误，以期使本著能够提供准确的信息和有引用价值的资料。特别是这些信件，为研究斯诺提供了很多证据，我们在信中找到斯诺对日本侵略中国进程的预测；他对中国学生运动的支持；推动美国参与二战；提前 10 年预测了苏联对日宣战的时间；"工合"组织在中国所起的作用；对美国封杀他的新闻而给总统写的信；提前 2 年预测了中国将于 1964 年试爆原子弹……过去的研究对此大多是推测或来源于文学色彩较浓且少有引注的斯诺传记，而现在这些书信为我们提供了更多的线索和证据。斯诺在信中有很多关于中国战局和国际形势的分析，特别是经常在信中与家人对政治问题进行讨论，这些都为了解斯诺的思想提供了最原汁原味的资料。

---

① ［美］迈克尔·辛格尔特里著，刘燕南等翻译：《大众传播研究》，华夏出版社 2000 年版，第 257 页。

② 丁贤勇：《笔谈抗日战争与控中国社会变迁》，《抗日战争研究》，2008 年第 2 期。

③ 艾尔·巴比著，邱泽奇译：《社会研究方法基础》，华夏出版社 2004 年 4 月第 1 版，第 86 页。

④ 程曼丽：《国际传播学教程》，北京大学出版社 2006 年 4 月第 1 版，第 14 页。

海伦·斯诺的五本笔记①共计800多页，约100多万字。这是没有公开发表，也没有被译为中文的第一手资料。

"中国左翼画家和中国艺术笔记"共有59页，记录了她对中国左翼画家的采访和她对中国现代艺术发展的理解，以及她第一次向西方展示中国左翼画家作品的情况。1935年3月14日至29日，海伦·斯诺在法国巴黎毕列美术馆举办了中国画展，全部是左翼画家的作品。1936年她和斯诺共同编译出版《活的中国》一书，首次用英语向西方世界介绍中国左翼作家的作品，其中有些作品是由她本人翻译的。② 她还在该书中写了《中国现代文学运动》的论文阐述中国新文学运动。③

"中国学生运动笔记，1935年至1936年"共有201页，记录了"一二·九运动"的发生和发展、海伦对学生领袖们的采访以及她对中国民主进程的认识。"一二·九运动"前夕，地下党员们在斯诺家里商量了游行活动的具体步骤，并把12月9日、16日两次大游行的路线、集合地点都告知斯诺夫妇。游行前夕，斯诺夫妇把《平津10校学生自治会为抗日救国争自由宣言》连夜译成英文，分送驻北平外国记者，请他们往国外发电讯，并联系驻平津的许多外国记者届时前往采访。黄华当时是燕京大学的学生领袖，他对斯诺的学生会议记忆犹新。他于1996年写信给海伦④，"他把我带回到了1935—1936年间北平东城盔甲厂胡同13号。我们那勇敢无畏的青春岁月。60年后的今天，回首艰险的历史时刻，我感到我们没有辜负人民的期望。……任何力量都无法改变中美两国人民根深蒂固的友谊与相互理解以及我们日益紧密的关系。"在这一瞬间，斯诺夫妇同中国的不解之缘就此结下。⑤

"西安事变笔记，1936年"共有201页，记录了她对东北军的采

---

① *Notes on the Left-wing Painters and Modern Art in China*; *Notes on the Chinese Student Movement*, 1935 – 1936; *Notes on the Sian Incident*, 1936; *Notes on the Beginnings of the Industrial Cooperatives in China*; *My Yenan Notebooks*.

② 冯至：《在海伦·F·斯诺荣获"理解与友谊国际文学奖"庆祝会上的发言》，安危主编：《伟大的女性——纪念海伦·福斯特·斯诺》，陕西旅游出版社1997年10月第1版，第334页。

③ 埃德加·斯诺编：《活的中国》，湖南人民出版社1983年4月第1版，第341页。

④ Sheril foster Bischoff, Bridging: *A Photo Essay on the Life of Helen Foster Snow*, Shumway Family History Services, p111.

⑤ 谢莉尔：《感谢您，理想和友谊的架桥人》，安危主编：《伟大的女性——纪念海伦·福斯特·斯诺》，陕西旅游出版社1997年版，第421页。

访，对张学良的采访以及对西安事变的追踪，第三部分对中国共产党和国民党进行了评论，其中还介绍了她和斯诺在燕京大学创办的《民主》杂志。10月8日，伦敦《每日先驱报》以“宁肯要红军，不要日本人，中国将军要团结”的标题发表采访内容，10月9日，英文《华北星报》（天津）转载了这条消息，10月20日，《密勒氏评论报》也以同样的方式刊登。海伦认为张学良是30年代新中国活的象征，那个时代所有的对立都集中在他一个人身上，他以真诚而高尚的方式扮演了这个适当的角色。“西安事变”是中国20世纪历史上的转折点。①

“我的延安笔记”共有270页，记录了她在1937年对毛泽东、朱德、周恩来、刘少奇、张闻天、林彪、彭德怀、徐向前、萧克、贺龙、罗炳辉、项英、王震、徐海东，以及李德、丁玲、康克清等人的采访。她采访过的人至少在65人以上，包括中国共产党领导人，陕甘宁边区的战士、工人、农民、文艺工作者、妇女和学生。毛泽东三次会见了海伦，对她提出的问题详细做了回答。毛泽东希望海伦把抗日救国十大纲领介绍给美国人民和世界人民。② 1939年先后在美国纽约和中国上海出版的英文和中文版本《续西行漫记》，使世界人民对中国共产党在抗日战争时期的政策、主张有了比较明确的了解。

“中国工业合作社的起源笔记”共有82页，记录了中国工业合作社的建立和发展。抗日战起，数以千计的熟练工人流离失所，沦为难民，也无人将他们组织起来安排工作。海伦提出“必须搞一个人民生产运动，而达到这个目标的唯一办法就是把人民组织起来，让他们自己管理自己，并把他们的生产单位联合起来。工业合作社就是答案。”③ 1937年底，海伦同路易·艾黎、埃德加·斯诺等发起了中国工业合作运动。海伦在印度还被称为“工合之母”。

2. 深度访谈

“访谈”（interview）是研究者“寻访”、“访问”被研究者并且与其进行“交谈”和“询问”的一种活动。其目的是通过口头谈话的方式从被研究者那里收集（或者说“建构”）与研究对象相关的第一手资

---

① 魏龙泉：《海伦·斯诺的两封信》，《出版史料》，2005年第3期。

② 余建亭：《继〈西行漫记〉之后——回顾海伦·斯诺访问延安》，《中共党史资料》，2005年第3期。

③ 路易·艾黎：《在北京纪念斯诺逝世十周年大会上的讲话》，刘力群主编：《纪念埃德加·斯诺》，新华出版社1984年8月第1版，第14页。

料。访谈法是社会科学定性研究中最重要的一种资料收集方式。[①] “深度访谈”作为定性研究中的方法，在目前的社会学领域中有着重要的地位。所谓深度访谈，学界所指的主要就是半结构式的访谈（semi - structured depth interview）。汤姆·文格拉夫提出了半结构式深度访谈的两个最重要的特征：第一，“它的问题是事先部分准备的（半结构的），要通过访谈员进行大量改进，但只是改进其中的大部分：作为整体的访谈是你和你的被访者的共同产物（joint production）”；它的第二个特征是要深入事实内部。

本书的访谈对象主要包括：

毕生研究斯诺的学者武际良研究员[②]，相关著作有《报春燕纪事——斯诺在中国的足迹》、《斯诺传奇》、《斯诺与中国》、《十个美国人的中国情缘》等。

原中国国际友人研究会秘书长刘力群研究员[③]，相关著作有《纪念埃德加·斯诺》、《斯诺在内蒙古》、《斯诺通讯特写选》等。

在斯诺研究方面有多篇论文的北京大学历史学系张注洪教授[④]，相关作品有《斯诺访问新中国与中美关系的发展》、《埃德加·斯诺在中国革命中的贡献与作用》等。

推动并参与斯诺纪念活动和学术活动的中国人民大学新闻学院方汉奇教授[⑤]，相关作品有《感谢斯诺——呼唤更多的“斯诺式”记者》、《美国记者的爱恨中国情结——对100年来美国记者有关中国报道的回顾与反思》等。

美国海伦·斯诺托管会执行人、海伦·斯诺的侄女谢里尔·比绍夫（Sheril Bischoff）。

美国研究海伦·斯诺的学者杨伯翰大学女性研究中心副教授凯伦·海尔博士（Karen E. Hyer）、杨伯翰大学中国历史名誉教授保罗·海尔博士（Paul V. Hyer）。

海伦·斯诺传记作者科罗拉多州立大学历史学系副教授凯丽·安·朗恩博士（Kelly Ann Long）。

海伦作品的主要译者、陕西翻译协会及斯诺研究中心主席安危。

---

① 陈向明：《质的研究方法与社会科学研究》，教育科学出版社2000年版，第165页。

② 访谈于2007年10月23日进行，在武际良研究员北京的家中。

③ 访谈于2009年2月9日进行，在刘力群研究员北京的家中。

④ 访谈于2008年10月7日进行，在张注洪教授北京的家中。

⑤ 访谈于2009年3月31日进行，在方汉奇教授北京的家中。

第一章　埃德加·斯诺来华后的思想变迁

23岁的斯诺来到中国，并没有想过会对中美关系产生影响，然而，随着他对中国的了解，斯诺不可避免地陷入中国的事务之中。最初，斯诺是带着一颗“冒险”的心来到中国，他计划在中国停留6个星期，而整个周游世界的旅行时间为9个月。斯诺曾说：“我早年的‘遨游’及其结果对我以后的生活的影响可能比我受过的全部正规教育还要大。”① 他来到上海后，成为《密勒氏评论报》的记者，沿着中国铁路线进行旅行采访。凭着他敏锐的观察，在为中国的广袤和美丽惊叹之余，他也为这个国家严重的问题而震惊——人口众多，灾难如此深重。他心中产生了强烈的感情和动力，他想他或许能够对中国的老百姓有所帮助。② 这样就导致了后来的结果，他原来预计为期9个月的环球旅行中只拿出一段时间在中国旅行，而这段时间却变成了13年。1934年，斯诺在写给父亲的信中曾提到因为要回国甚至拒绝了通讯社的工作，但最终因为事态的发展还是留在了中国。“我现在没有任何的固定收入。几天前，我被提供了一个到美联社当通讯员的职位，但我决定拒绝。如果同意，我就必须做出要在通讯社工作12个月的保证，如果那样做了，那将粉碎我的计划，至少是我已经决定要回家的计划。……不要对我在明年秋天回来抱太大希望，但如果事态有所发展，那我将尽快露面。”③ 而1938年，斯诺就决定留下来了，他在给父亲的信中说：“我现在不知道我什么时候能回家。不管怎样我很可能在整个战争时期都待在那儿，

---

① ［美］埃德加·斯诺著，宋久、柯楠、克雄译：《复始之旅》，《斯诺文集Ⅰ》，新华出版社1984年8月第1版，第35页。

② Mary Clark Dimond，Edgar snow 1905—1972，Edgar Snow Memorial Fund，1980.

③ Ed to Father，19340303.

生命将会越来越不安全。我依旧住在北平；我所拥有的一切都在那儿——不多——而且已经很可能继续留在那儿。"① 从这几封信中我们可以看出，随着时间的推移，他有了对中国更加深入了解的决心。

这段因思想变迁而留在中国的经历，使斯诺成为"中国人民的美国朋友"。在美国，斯诺的后人②认为他为中国人民做出了三大杰出贡献：一是鼎力支持中国学生的"一二·九运动"；二是宣传了红军和苏区的中国共产党③；三是创建了中国工业合作社。④ 斯诺对中美关系所产生的作用是被中美两国人民公认的。

多年之后，在他的自传中，斯诺再一次回想起这次经历，并认为，正是这次经历触发了他与导师华盛顿·吴（C. T. Washington Wu）之间的一次谈话。吴："我们必须，我们必须为拯救中国做些事，不能再等了。但是做什么呢？"斯诺："你坐在那，身后是拥有三千年历史的中国。作为一个美国人，我可以追溯几代，弄清自己的来历。我怎么能替中国回答这个问题呢！"吴："一定应该有新社会的到来。并且只能从我们自己的历史中产生。"⑤ 从这段谈话中，我们可以看到斯诺萌发了"拯救"中国的想法，而且认为这个举动已经刻不容缓了。

第一节　埃德加·斯诺来华的时代背景

作为一名新闻记者，斯诺在中国的成功，以及后来对中美关系的作用，从根源上讲受益于美国在华新闻事业的发展和势力的不断扩大。

美国的在华地位曾经是英国的小伙伴，美国在反对英帝国主义而进

---

① Ed to Dad, 19380116.

② Sheril Foster Bischoff, Some Thoughts on Edgar and Helen Snow, Communicating Across Cultures: Edgar Snow as an Example, Peking University Press, 2006. 作者是海伦·斯诺的侄女，近年来唯一来中国参加斯诺和海伦纪念活动的亲属。

③ Wan Xing editor, China Remembers Edgar Snow, Beijing Review, 1982, p77. 原文是 Ed's and Helen's individual trips to the Communist base camp in the Northwest; Edgar Snow's trip to Bao'an in 1936 and Helen's trip to Yan'an in 1937.

④ Indusco, The Chinese Industrial Cooperatives, Gung He or "Gung Ho" as the term was coined by Snows.

⑤ Edgar Snow, *Journey to the Beginning*, New York, 1958, p11.

行的独立战争后不久进入了中国，也就是摆脱殖民统治之后侵入了另一个殖民地。英法等老牌的资本主义国家是靠武力争取到了在中国的不平等条约，并且仍然靠武力来维持在中国的特殊地位。美国一方面抨击英国的坏处，一方面要求分享它的好处。① 在思想和文化的传播方面，美国采取的是利用商人、传教士、新闻记者的三个势力进入中国，这些主要由私人和私营机构进行，美国政府很少带头。1784 年，第一艘美国商船“中国皇后号”驶达中国的广州口岸，由此揭开了中国和美国这两个国家，和这两个民族之间相互交往的序幕。

美国在华新闻事业随着美国商业利益、宗教势力和军事政治势力的不断扩大，在华的新闻事业也逐渐超过英国占据了特殊地位。1827 年，美国商人威廉·伍德参与创办和主编的英文报纸《广州纪录报》是中国境内出版的第一家英文报纸，1831 年他独立创办的《中国差报与广州钞报》是中国第一家由美国人创办的英文报纸，这是美国在华新闻事业的开端。1832 年，美国来华的第一位新教传教士裨治文创办和主编了英文刊物《中国丛报》，在中国发行长达 20 年，成为鸦片战争前后影响最大的英文期刊。19 世纪 30 年代，美国教会在广州设立著名的眼科医院开始，在人数和财力上很快就同英国教会相匹敌。1863 年，美国人赫德接替英国人也任中国海关总税务司，他一边请哈佛校友杜维德全权管理，同时又招了 4 名哈佛大学 1874 年级学生进入中国海关，主管监督通商口岸的对外贸易。美国在中国的经济权力越来越大。与此同时，1868 年，美国传教士林乐知创办和主编的《中国教会新报》（后改名为《万国公报》），发行了 40 年近 1 000 期，这是由外国人主办的在中国影响最大的中文报刊。1872 年，美国传教士丁韪良创办和主编的《中西见闻录》是北京第一个中文报刊，外国人在华办报的最后一个禁区在中国的首都被打破。②

从上面我们可以看出，美国在华新闻事业是以商人起步办刊办报，由传教士达到在中国办报的成熟阶段。美国在华新闻事业随着美国在中国经济地位的确定而不断扩大，新闻记者则是在一百多年间见证了中国

---

① ［美］费正清著，张理京译：《美国与中国》，世界知识出版社 2002 年 1 月第 1 版。

② 邓绍根：《美国在华新闻事业的兴起（1831—1872）》，中国人民大学博士论文。

政治、经济和社会的变迁。美国媒体派遣记者到中国采访，起始于1894年中日战争期间。这一年，纽约《世界报》的记者启姆斯·克理尔曼（James Gralman）衔命来华，在中日交战的前线进行采访活动。此后不久，汤姆斯·密勒（Thomas P. Millard）又被《纽约先驱论坛报》以特派记者的名义，派遣到中国来采访有关义和团及八国联军的消息。这是最早的两个来中国采访的美国记者。[①] 一百年前，中国的精英阶层，与西方媒体也接触甚多。1896年，时值晚清帝国风雨飘摇之际，74岁的李鸿章访问美国。他接受了《纽约时报》的专访。这位老人抨击了当时美国的排华法案，称之为“世界上最不公平的法案”。《纽约时报》还采访过袁世凯，那个时候，他还在天津。[②] 这些来华的外国记者在中国的政要中活动越来越频繁，所起的作用和影响也越来越大。

20世纪的大部分时间内，中国的这块土地，始终是美国新闻记者关注的热点，和他们采访活动的重点。“二战”期间，是来华的美国记者最为活跃的时期，从1925年到1949年来华采访的美国记者至少有184人，除两名自由撰稿人外，其余均为各大报社及通讯社派驻记者。[③] 这些记者大都毕业于美国的著名大学，其中最著名的如鲍威尔、斯诺、史沫特莱、斯特朗等人，成为中国一些重大事件的亲历者和见证人。美国记者们的对华报道，向美国公众介绍了中国的历史、中国的文化和中国的政治经济社会发展情况，促进了中美两个伟大国家和人民之间的相互了解，特别是美国人民对中国和中国人民的了解，使美国公众甚至全世界开始关注中国的事情。

到中国来的美国记者们，几乎全部受过良好的高等教育，有很好的职业修养和很强的敬业精神。其中有相当大的一部分人毕业于密苏里大学新闻学院和哥伦比亚大学新闻学院等名牌的新闻院系，伯纳德·托马斯认为20世纪20—30年代在中国工作的密苏里大学校友有30到50

---

① 方汉奇：《美国记者的爱恨中国情结——对100年来美国记者有关中国报道的回顾与反思》，《国际新闻界》，2002年第2期。

② 郑焰：《在中国工作的西方记者们》，《南方周末》，2006年9月14日，http：//www. southcn. com/weekend/top/200609140024. htm.

③ Peter Rand, China Hands, The Adventures and Ordeals of the American Journalists Who Joined Forces with the Great Chinese Revolution. New York：Simon Schuster, 1995, p201.

人，埃德加·斯诺便是其中最出色的一位①。斯诺曾在世界上第一所新闻学院密苏里大学读书，现在他家乡的分校还有他的图书馆、纪念馆和纪念基金会。在中国采访的美国记者，很多成为中国问题专家，他们对中国形势的分析，深受美国当局的重视，成为美国政府制定对华政策的重要参考。例如：罗斯福总统曾经三次与斯诺见面并深入交谈，他在会见斯诺之后，决定和中国的“两个政府”进行交往。1957 年，斯诺还担任了哈佛大学中国政治经济研究会特别顾问。鲍大可是 1947 年至 1950 年期间《芝加哥每日新闻》的驻华记者，参加过国共内战的采访，目击了中华人民共和国的成立。回国后，从事中国问题研究，历任哥伦比亚、约翰霍浦金斯大学的教授，出版了十几本研究中国问题的专著，指导过 60 多位研究当代中国的博士和硕士生。自 50 年代末美国对华决策开始考虑松动以来，在每一个转折点的重要政策讨论过程中，几乎都能看到他的影响。②

斯诺与“二战”前后来中国采访的美国记者一样，通过第一线的采访，通过对中国历史文化的了解，通过战争期间与中国人民的生死与共，他们对中国产生了特殊的情感，把中国作为第二故乡，甚至长眠于此。他们中的很多人，像斯诺一样，为中美关系的发展倾注了一生的心血。

埃德加·斯诺之所以能够在中美两国关系中充当此种角色并具有相当的影响力，在很大程度上是得益于他作为新闻媒体一分子的身份。新闻媒体不仅传播信息和新闻，还对消息进行组织和解说，像其他社会参与者一样，在共同的文化背景下运转。尽管新闻媒体在冲突解决中所能起到的作用却是微乎其微的，然而，分析斯诺和他的作品对中美关系所起的作用时，关键的问题并不在于斯诺能够或应该做了什么，而是斯诺在特定的结构性条件下如何应对特别的环境因素。

埃德加·斯诺在中美关系方面一直致力于利用自身的影响力调整权力的平衡关系，加强中美两国之间的相互理解并朝着更加健康更加现实的方向发展。进入中国以后，斯诺深切关注中国人民反抗国内外压迫的

---

① Thomas, S. Bernard “Season of High Adventure: Edgar Snow in China”, University of California Press, 1996. p48.

② 方汉奇：《美国记者的爱恨中国情结——对 100 年来美国记者有关中国报道的回顾与反思》，《国际新闻界》，2002 年第 2 期。

斗争，他利用其记者的身份为中美关系的发展做着贡献并从中不断调整和发现自我，成为国际交流的重要角色来影响其所处时代的权力结构。由于他和中美两国政要的特殊关系，他的作品成为研究中国共产主义的最具权威性的材料，他深感责任的重大。他的著作得到罗斯福总统和美国驻华大使的高度重视。罗斯福总统的内政部长哈罗德·伊克斯彻夜不眠阅读《红星照耀中国》，还把这本书推荐给罗斯福总统。“二战”后，斯诺成为美国的名人，他结交电影明星和政治人物来宣传自己的想法，以促成切实可行的美国对亚洲政策，这些人物包括富兰克林·罗斯福和埃莉诺·罗斯福。越南战争期间，多位美国参议员及其他的政府官员都要求接见斯诺，向他咨询对远东关系的相关问题。① 斯诺成为那个时期来华的美国记者中最为成功的一个。

第二节　埃德加·斯诺的思想变迁

埃德加·斯诺是一个有政治抱负的记者，他的个性注定他会与中国结缘，也注定他终其一生为中美关系的建立、发展与恢复奔走呼号。他曾说：“假如一部作品能为人类知识作出即使很有限的贡献，这作品自身也会受到公正的判断。我相信要作出即使很微小的贡献也离不开为世界穷苦人和受压迫者的利益服务，因为他们是人类的大多数，这就是我的观点。”②“在这个星球上生活的人类之间，不是有大海，而只存在河流。”③ 洛伊斯·惠勒在谈到她的丈夫时也说：“他发现他的写作已具有政治行动的性质，而作为一个作家，他必须为自己所写的一切负责。”④ 斯诺是密苏里人，他从不为片面的虚假宣传所迷惑而要亲自调查反复印

① Hamid Mowlana, The Role of Media in Contemporary International Relations: Culture and Politics in the Crossroads, Communicating Across Cultures: Edgar Snow as an Example, Peking University Press, 2006.

② ［美］约翰·马克斯韦尔·汉密尔顿著，沈蓁等译：《埃德加·斯诺传》，学苑出版社 1990 年版，第 272 页。

③ ［美］埃德加·斯诺著，新民译：《大河彼岸》（又名《今日的红色中国》），《斯诺文集Ⅳ》，新华出版社 1984 年 8 月第 1 版，第 480 页。

④ ［美］洛伊斯·惠勒·斯诺：《在北京纪念斯诺逝世十周年大会上的讲话》，刘力群编，《纪念埃德加·斯诺》，新华出版社 1984 年出版，第 23 页。

证。因此他的报告被人认为是“全面的证据”,[①] 具有重要的“可靠性”。[②] 斯诺传记的作者也认为,“斯诺是个复杂、迷人、有很大影响的人物……他的个人经历，他在职业方面的成长和成就，他内心的冲突，他所怀抱的灿烂希望和所面对的灰暗现实”，都为我们“讲述了在使人气馁的障碍、破灭的希望和有缺陷的救星面前，为了改善这个世界，一个单独的个人所进行的值得注意的非凡努力。它也传达了一个必要的信息：永远不要放弃尝试和努力”[③]。从对斯诺的评价我们可以看出，斯诺对中国从悲悯之心到热爱之切，是对他眼中真相的坚持。一个资本主义社会的新闻记者，跨越了民族、文化、国度和意识形态，最终促进了美国和社会主义中国的历史性和解，正是文如其人，文如其心的体现。

面对旧中国普通百姓所遭受的悲惨境遇和社会不公正待遇，斯诺早在1929年写给父亲的信中就说道；“中国目前处境悲凉。……中国急需一名改革领袖，一名极具卓越力量的支柱人物，一名实事求是的理想家。他必须有能力领导中国人民摆脱一切腐朽桎梏，摆脱贫穷困苦，摆脱民族伤痛……”[④] 之后，他在给哥哥的信中写道：“中国正在革命。革命从来就不是一件令人高兴的事，但有时却是拯救万民苍生的唯一途径……这场革命完全是历史需求的体现。中国人民长期以来一直被压迫，被欺侮，现在终于到了火山爆发，群起反抗的时刻了……”，“记住，和世界上任何国家一样，中国这场真实革命的爆发源于别无他法可以挽救民不聊生的现状。”[⑤] 斯诺对中国人民的悲悯之心，使他在以后的作品中对中国的革命充满感情和信心。从他给家人的信中我们可以看出，斯诺在期待中国通过革命来拯救人民，但这种革命是来源于人民的反抗，这种信念加强了他对苏区的兴趣，虽然这时他对苏区和中国共产党的信息来源很少，认识也并不准确。

一、斯诺眼中的中国

斯诺思想的变迁是随着他眼中的中国而发生的。他游历了中国的许

---

① ［美］苏尔塞：《最了解中国和毛泽东的美国人》，《洛桑日报》，1972年2月6日。

② ［美］C·H·彼克：《〈红星照耀中国〉书评》，《美国评论》，1938年6月。

③ ［美］伯纳德·托马斯著，吴乃华等译：《冒险的岁月——埃德加·斯诺在中国》，世界知识出版社1999年版，第19页。

④ Ed to Father, 19290526.

⑤ Ed to Howard, 19350720

多地方，研究和学习汉语。他亲眼目睹了巨大的旱灾、吞噬一切的洪水、众多而绝望的人民，所有这些都是超出他想象之外的，而且压倒其他一切事务，持续不断地冲击着他。1928 年 7 月，斯诺来到中国，在上海美国人办的《密勒氏评论报》任助理编辑、代理编辑，兼任美国《芝加哥论坛报》驻远东记者。斯诺在领略过夏威夷的美丽和日本的妩媚之后，再看被称为“冒险家的乐园”的上海感到了困惑：“十分新的事物和十分旧的事物形成鲜明对照，环境丑恶不堪，各国来投机的人吵吵嚷嚷地操着不同的语言，人们直言不讳地宣称金钱就是一切，这种俗不可耐的现象使我感到迷惑诧异。”① 斯诺决定去在上海的欧洲人所说的中国西北的“所谓的饥荒”地区去看一看。

1929 年 6 月，他在交通部的所谓技术专家 S. Y. 利文斯顿·胡的陪同下，经平绥铁路到达张家口，开始他的考察内蒙古萨拉齐灾区之行。斯诺在萨拉齐看到：街道两旁挤满了快要饿死的男女老幼，他们有的坐在房屋的门口，有的坐在街边上，有的坐在残垣断壁上，有的无力地躺在小沟里。② 他们已无力乞讨。他们身上的几乎每一块骨头和每一根青筋都明显突起，可以用肉眼看得清清楚楚。一个人只有这么一点肉贴在骨架上而居然还能活下来，这简直难以令人置信。③ 斯诺所见触目惊心，他后来写道：“我目睹了成千上万儿童死于饥荒，那场饥荒最终夺去了五百多万人的生命。这是我一生中一个觉醒的起点。”④ “在很长的时间内，我见识过多种战争、贫困、暴力和革命的惨相，这一情景是最令我震惊的一幕。”⑤ 他对陪同他的华洋义赈会的奥·托德多次发出愤慨：瞧眼前这幅饥荒的情景，“但是在上海的一些外国人居然说这是

---

① ［美］埃德加·斯诺著，宋久、柯楠、克雄译：《复始之旅》，《斯诺文集 I》，新华出版社 1984 年 8 月第 1 版，第 17 页。

② ［美］埃德加·斯诺译著，刘力群选编，洪允息等译：《斯诺通讯特写选》，新华出版社 1985 年 12 月第 1 版，第 18 页。

③ ［美］埃德加·斯诺译著，刘力群选编，洪允息等译：《斯诺通讯特写选》，新华出版社 1985 年 12 月第 1 版，第 19 页。

④ ［美］埃德加·斯诺著，宋久、柯楠、克雄译：《复始之旅》，《斯诺文集 I》，新华出版社 1984 年 8 月第 1 版，第 2 页。

⑤ ［美］埃德加·斯诺著，宋久、柯楠、克雄译：《复始之旅》，《斯诺文集 I》，新华出版社 1984 年 8 月第 1 版，第 2 页。

‘所谓的饥荒’!”① 托德问他：“为什么说‘所谓的’饥荒?”他回答说：“因为他们听了那么多有关饥荒的报道，现在有点儿司空见惯了。饥荒给他们的印象，同上海人行道上乞求施舍的乞丐差不多，因为一些对事物总是怀疑的人告诉他们说：他们的捐助，最后都落到了省里军阀的腰包里，而军阀们则把这些钱用来互相交战，把国家弄得更穷了；还因为在这些人中间，没有一位亲自来这里看一看我们面前这些灾民的赤穷状况，因为我是一个密苏里人，所以才来到这里。”② 斯诺把他在萨拉齐的见闻写成《拯救25万生灵》的长文，他这样写道：“如果我有很多钱就好了。这也许是我生平第一次产生这种念头。在这个以追求物质利益为最高生活目标的世界上，金钱本是谋取权力的手段，可是它对我一向没有很大的吸引力。然而在这里，眼看金钱使用得当便能起很大的作用，我就渴望有钱帮助聚集在我周围的人们，洗去他们灼热目光中绝望的神情。”③

斯诺在《中国的五大害》中报道了1928年北方干旱的情况：今年，在遥远荒漠的陕西省发生了严重的旱灾，紧接着传来了骇人听闻的大饥荒的消息。许多人活活饿死，数以千计的人正陷于绝境……河南和甘肃的情况也相差无几，深受其害的难民估计达五千万左右。但愿世界各地的人们在听到这些灾情后，能立即进行捐献，以缓解可怕的苦难。④后来，斯诺和一些有着同样良知的外国人，在中国创办了“中国工业合作社”，联合中美两国政府，和苏区的中国共产党，共同为中国人民的利益和需求服务。

斯诺这一时期的作品，充满悲悯之心，他看到的都是中国人民深重的灾难。1931年长江发生历史上特大水灾，200万人死亡，2 500万人流离失所，斯诺在《中国洪水纪实》一文中描述：“在华中青翠富饶而又变幻莫测的江河流域，已经有大约90万人死于类似的痛苦之中，这是世界大战以来死人最多的一场自然灾害”。“发生在中国落后地区的

① 斯诺所记他与托德的谈话，见《拯救25万生灵》，《密勒氏评论报》，1929年8月3日。

② 斯诺所记他与托德的谈话，见《拯救25万生灵》，《密勒氏评论报》，1929年8月3日。

③ 斯诺所记他与托德的谈话，见《拯救25万生灵》，《密勒氏评论报》，1929年8月3日。

④ 《斯诺通讯特写选》，新华出版社1985年版，第1页。

饥荒曾夺取更多人的生命，但那是持续多年的饥荒。但这次水灾却在不到两星期的时间里，创造了死亡人数的空前纪录。”① 他从个体农民角度，表现了农民的全部痛苦、挣扎、绝望以及内心的愤怒：对农民来说洪水只是“很长时间以来一连串灾难与不幸的顶点”。②

这两篇报道均曾发表于《密勒氏评论报》（1929 年 8 月 3 日，1932 年 1 月 23 日）和《纽约先驱论坛报》（1931 年 12 月 6 日），对于让国内外了解中国灾区的真相，对推动募捐活动的有效进行起了相当的作用。斯诺在《中国洪水纪实》，结尾处说：“我到中国已经好几个月了，我爱她，同时也深深地为她感到悲哀。我在中国看到如此深重的苦难，其中有许多渗透到我的血液里了。”③ 其实，从这时开始，斯诺已经决心留下来，为中国，为中国人民做一些事了。

二、斯诺对中国学生运动的支持

斯诺对中国革命的了解，还是从支持学生运动开始的。斯诺在北平的 5 年生活中，非常关心和支持燕大学生的进步事业，并坚持参加燕大新闻学会的活动。1934 年 1 月，斯诺应燕京大学之邀兼任新闻系讲师。据《燕京大学校刊》报道：2 月 9 日，燕大教职员交际委员会在临湖轩设茗招待新闻系和社会系新到教员。其中有美国《纽约时报》驻华记者“雪·思诺”。斯诺曾自称“施乐”，取意“好施乐善”。1938 年《西行漫记》中文版译作“斯诺”二字，并一直沿用下来。在燕京大学教书期间，斯诺注意与学生互动交流。斯诺在上第一节课的时候就告诉他的学生，他“到中国来不是为了教书，而是为了学习”④。斯诺在 1934 年 5 月写给哥哥的信中对燕京大学的工作非常珍惜：“我继续努力在燕京大学做一个中国青年记者班的老师，每周教两个小时。这对我来说是一个很有益的体验，我正在寻找各种新的观察中国人生活的视角以

---

① 斯诺所记他与托德的谈话，见《拯救 25 万生灵》，《密勒氏评论报》，1929 年 8 月 3 日。

② 《中国洪水纪实》，美国《纽约先驱论坛报》，1931 年 12 月 6 日。

③ ［美］斯诺：《中国洪水纪实》，《斯诺通讯特写选》，新华出版社 1985 年 12 月版，第 101 页。

④ ［美］约翰·马克斯韦尔·汉密尔顿：《埃德加·斯诺传》，学苑出版社 1990 年 6 月，第 58 页。

及在中国生活的外国人的视角。我认为燕京大学在世界上是独一无二的。”①

燕京大学新闻系教员中有一半是英、德、美各国的通讯社驻华记者兼任的。斯诺在燕大开设了新闻特写、新闻撰述和旅行通讯等课程。1935 年 6 月，斯诺又被聘为英国《每日先驱报》的特派记者，为了兼顾教学和工作，他不久即搬回东城盔甲厂 13 号居住。“一二·九”运动前夕，地下党员们在斯诺家里商量了游行活动的具体步骤，并把 12 月 9 日、16 日两次大游行的路线、集合地点都告知斯诺夫妇。游行前夕，斯诺夫妇把《平津 10 校学生自治会为抗日救国争自由宣言》连夜译成英文，分送驻北平外国记者，请他们往国外发电讯，并联系驻平津的许多外国记者届时前往采访。当晚，斯诺就给伦敦《每日先驱报》发出电讯：“此一大规模的学生游行示威，起因是抗议日本强占北方领土的阴谋。学生运动常改变中国历史，它是革命的。”② 在给纽约《太阳报》发去专电中称，这是北平学生的又一次五四运动。③ 斯诺在《复始之旅》中写道：“一九三五年底，燕京大学的学生自发在北京街头举行了游行示威，从而触发了全国性的抗议浪潮，也许正是它使华北免于陷入日本之手。这次爱国示威就是在我们的起居室里酝酿和筹划的。”④陈翰伯在《在斯诺的小客厅里》一文中写道：“斯诺夫妇积极支持中国青年的抗日活动，而且坚决相信中国共产党是中华民族解放的希望。他给我们提供了方便。我们在他的小客厅里结识了我们党在北平地下和已经在党的外围组织肩负重责的领导人 David 俞，就是后来的黄敬，原名俞启威，天津解放后的市委书记和市长，后来的第一机械工业部部长。可惜，他正当壮年，就在一九五八年被疾病夺去了生命。Yorker 就是现在的姚依林同志。斯诺把我们看作普通大学生，这是很自然的。谁是党员，谁不是党员，他当然不知道。然而，地下党和我们几个人却借用了斯诺的小客厅。可以这么说，我们已经是在党的领导下进行革命活动了。”黄华当时是燕京大学的学生领袖，他对斯诺的学生会议记忆犹新。

---

① Ed to Howard, 19340508.

② 陈翰伯：《在斯诺的小客厅里》，载《斯诺在中国》，三联书店 1982 年版，第 402 页。

③ ［美］约翰·马克斯韦尔·汉密尔顿著，沈蓁、沈永华、许文霞译：《埃德加·斯诺传》，学苑出版社 1990 年 6 月第 1 版，第 60 页。

④ ［美］埃德加·斯诺著，宋久、柯楠、克雄译：《复始之旅》，新华出版社 1984 年版，第 166 页。

他于1996年写信给海伦[①]，"他把我带回到了1935—1936年间北平东城盔甲厂胡同13号。我们那勇敢无畏的青春岁月。60年后的今天，回首艰险的历史时刻，我感到我们没有辜负人民的期望。……任何力量都无法改变中美两国人民根深蒂固的友谊与相互理解以及我们日益紧密的关系。"

在1935年12月9日的游行中，新闻系学生陈翰伯是燕京大学队伍的总领队，他带领的队伍在西直门受阻，无法进城前往集合地点新华门。队伍一直呼叫口号到傍晚才返校。当天斯诺夫妇在北京内城的街头为另一批学生拍照。[②] 当学生为华北即将落入日本军国主义之手而哭泣时，斯诺脱口而出："哭有什么用，我们得行动！"[③] 在这一瞬间，斯诺夫妇同中国的不解之缘就此结下。[④] 当时与斯诺联系的中共党员黄敬就是北京地下党的负责人，斯诺并不知晓；误认为"一二·九"爱国示威"就是在我们的居室内酝酿和筹划的"。[⑤] 60年代知道详情后，他订正地写道，游行是"党员"策划的，"外国人的参加只是偶然的，新闻记者的参加也不例外，即使他们曾起到了保护作用；而我的建议、意见和鼓动也是偶然的，即使它们促成了那次游行"。[⑥] 斯诺也因此得到了中共组织为其去陕北采访开出的介绍信[⑦]。

斯诺的思想在这里发生了转变，他是一个政治独立的人，但再不是一个政治中立的人。斯诺曾在给哥哥的信中说："现在趁我还没忘，我来谈谈在你信中某处你对于我的政治倾向的看法。我记得你说你间接地听到一些传言，说我正在向'左翼分子'或者说是'共产主义者'转变。我倒很想知道这些流言是从何处流传开来的。你不要隐瞒造谣者的名字。你一定很清楚这些谣言对我的工作有着很恶劣的影响。如果他们

---

① Sheril foster Bischoff, Bridging: A Photo Essay on the Life of Helen Foster Snow, Shumway Family History Services, p111.

② ［美］海伦·斯诺著，华谊译：《旅华岁月——海伦·斯诺回忆录》，世界知识出版社1985年版，第152页。

③ Peter Rand, *China Hands*, *Simon and Schuster*, 1995, pp148－149.

④ ［美］谢莉尔：《感谢您，理想和友谊的架桥人》，《伟大的女性——纪念海伦·福斯特·斯诺》，陕西旅游出版社1997年10月版，第421页。

⑤ ［美］埃德加·斯诺著，宋久、柯楠、克雄译：《复始之旅》，《斯诺文集Ⅰ》，新华出版社1984年8月第1版，第66页。

⑥ Red star over China, New York: Grove Press, 1968.

⑦ 蒋建农、曹志为：《走近毛泽东》，团结出版社1990年1月，第20页。

认为我是一个共产主义者的话，全美国不会有一个编辑愿意发表我的文字。答案会让你满意——我不是，我不属于任何政治组织。我并不想用已有的经济或政治理论去解释当今的局势变化，不管这些理论是马克思的、列宁的、墨索里尼的或罗斯福的，我的观点是我坚信：人有权获得均等机会，言论自由、出版自由、集会自由。”① 在这封信中，斯诺还第一次阐述了他对当时中国政府和工农红军的看法：“你必须理解，在中国，情况完全不同。这里，官员的任命不靠选举，没有任何事务靠选举。掌握最大的财势和军势的人拥有所有的选票。推翻他的唯一方法就是获得更大的财势和军势。这种情形已经持续了很久很久以至于现在上百万饥饿的工农已民怨沸腾，他们试图建立自己的军队以取得政权。他们正在革命。虽然革命从来不是什么令人快乐的事，但有时候它是拯救人民的唯一途径。记住，和其他地方的革命一样，中国的革命也是因为其他各种解决途径都已穷尽才爆发的。如果你想理解在今日之中国红军意味着什么，用容易想到的最简单的措辞来讲，它是创造着这个异常动荡国家全部财富的工人与农民投出他们意愿之票的工具。如果你来到这里，你一时不会看到红军和美国选举之间的相似之处，至少在表面上它们之间没有。但是当你在这里待得和我一样久，你会发现这场革命确实是人民大众历史意愿的表现，它被抑制太久，被拒绝太久，现在在变得火山爆发般剧烈。是人民自己在反对现在的当权者。1937 年“卢沟桥事变”爆发以后，北平沦陷。斯诺掩护很多学生离开北平，奔赴革命圣地延安。他还同意一些东北的流亡革命者在他的住所安放收发报机，斯诺为此说：“我的住所很快成了某种地下工作部了，我肯定不再是一个‘中立者’了。”②

三、斯诺对中国文化的理解

斯诺学习了中国普通话和深入了解中国文化，不仅能帮助他们了解另一种文化，而且有利于他的避免因为文化差异而影响报道。方汉奇先生认为从 1894 年第一个美国记者到中国采访到现在，来中国采访过的美国记者已经数以千百计，斯诺是他们当中最杰出几个人当中的代表：

---

① Ed to Howard, 19350720.

② 肖东发、杨虎：《埃德加·斯诺先生的燕园情怀》，《百年斯诺》，北京大学出版社 2006 年 12 月第 1 版，第 35 页。

“他认识大概1500个汉字，中国人民对斯诺也怀有同样深厚的感情。”①斯诺在写给哥哥的信中曾经提起对中国文化的学习：“我自己的汉语学习经过几年的学习在断断续续地进步，而在北平这个所有人都在说标准官话的地方，进步得更加迅速了。我现在可以断断续续地和人交谈，但是只能写出几百个汉字。汉语确实是一种灵活的语言，通过汉字的运用可以有如此多的变化，不过即使只靠我现在掌握的词汇，我已经可以在大多数情况下表达自己的意思——尽管对中国人来说实在很难听。Peg（海伦·斯诺）学得也很努力，而且在词源方面比我懂得更多。她弄来一大堆中国书籍，在几个月时间里学习了本地人十年都不会研究的东西，更重要的是看来她掌握了大部分汉学家所不了解的‘中国灵感’。她很高兴，而我也一样，只要我们现在还可以靠我们奇妙的厨艺填饱肚子。”②

斯诺思想的变迁，很大程度是来源与对中国文化越来越深入的了解。斯诺超越了一般意义上的中国通，他一生所写的11本著作中有9本是关于中国的，他被称为“中国问题的权威解释者”，“中国实际上已成为他垄断的专利品了”③从一定意义上来讲，也是中国影响了斯诺，是鲁迅、宋庆龄等人促成了斯诺的思想变迁，是中国文化鼓舞了他去发现“中国的红星”。黄华回忆说，1935年我们认识了，我们经常在他家里讨论中国，包括他所知道的中国的情况。他曾以反法西斯的角度，看到中国的法西斯所做的一切。他在上海的时候接触了鲁迅先生和其他一些进步的文化记者，使他的思想有了一些改变。到陕北的红军地区采访，更使他看到决定中国未来的希望所在，这样的领导、这样的政策、这样的人，独立自主不是按照苏联的模式、不是照抄其他的模式，而是根据中国的情况制定自己的政策，开拓中国人自己的革命模式。这样他下定决心，他的后半生为此做出自己的一番努力。④

斯诺凭着自己的正义、诚恳，对中国人民的深情，成了中国一代伟人鲁迅和宋庆龄的挚友。他说：“鲁迅是教我懂得中国的一把钥匙。”

---

① 方汉奇：《感谢斯诺》，龚文庠主编：《百年斯诺》，北京大学出版社2006年12月第1版。

② Ed to Howard，19330906.

③ 谭外元、郭六云：《斯诺》，辽海出版社1998年版，“引言”。

④ 黄华：《我与斯诺的交往》，《百年斯诺》，北京大学出版社2006年12月第1版，第11页。

他多次访问鲁迅。有一次他就文学界的现状访问鲁迅，竟带有 5000 多字的 23 个问题。在鲁迅的帮助支持下他把左翼作家的小说翻译成《活的中国》出版，此书收录了鲁迅、柔石、茅盾、巴金、沈从文、萧乾、郁达夫、张天翼、郭沫若、沙汀等人的作品，这是向英语国家介绍中国新文化的最早选集之一。通过翻译这本书，他深刻地领悟了中国知识分子对社会现状的不满，《活的中国》因此成为《西行漫记》的前奏。斯诺对鲁迅的人格和作品极为推崇，除了和姚莘农翻译鲁迅的《阿 Q 正传》之外，还撰写了《鲁迅——白话大师》一文，向世界读者介绍鲁迅，认为“几乎所有的人，甚至他的敌人，都承认他是当代的伟人。在刚刚拉开序幕的现代中国，非凡的天才迄今还极为罕见，唯有鲁迅作为当代文学上最重要的人物屹立着”。① 这种文化根源上的差别，决定了彼此之间的文化读解需要付出加倍的努力，正如斯诺自己所说，“作为一个年轻的美国人，我很难立即理解”。② 到北京后，斯诺聘请了老师指导自己学汉语，学到了“足够应用的‘国语’”，使他“能够与人进行简单的交谈”，“能够阅读一些‘白话’文章了”。③ 斯诺对中国文化的痴迷与掌握使他在文章中能够娴熟地加以运用，如在《复始之旅》的扉页引用庄子《秋水》作题解的点睛之笔：“知天地之为稊米也，知毫末之为丘山也，则差数睹矣……消息盈虚，终则有始。”④ 所以，这本书也就有了“复始”这个名字。

最初，斯诺撰写了《鲁迅——白话大师》。后来，在鲁迅的帮助支持下他把左翼作家的小说翻译成《活的中国》出版。斯诺说“《活的中国》是中国文学中现代反抗精神和同情心的最初证据，也是最广泛的社会公平的证据，这是中国历史上第一次确认‘平民百姓’的重要性。它使我深刻地领悟了知识分子的不满。它使我从各方面了解了与我年纪相仿的中国人的思想。”⑤《活的中国》一书，共收集了中国 15 篇优秀的现代文学作品。此书在 1936 年 8 月由英国伦敦乔治·C·哈拉普公司出版，在国外产生很大影响，为斯诺以后采写《西行漫记》打下了基

---

① 刘力群编：《斯诺通讯特写选》，新华出版社 1985 年版，第 126 页。

② 《斯诺文集》（一），新华出版社 1984 年版，第 18 页。

③ 《斯诺文集》（一），新华出版社 1984 年版，第 152 页。

④ 《斯诺文集》（一），新华出版社 1984 年版，“扉页”。

⑤ ［美］埃德加·斯诺著，宋久、柯楠、克雄译：《复始之旅》，《斯诺文集Ⅰ》，新华出版社 1984 年 8 月第 1 版，第 479 页。

础。在《活的中国》的编者序言中，斯诺写道：“读者可以有把握地相信，通过阅读这些故事，即便欣赏不到原作的文采，至少也可以了解到这个居住着五分之一人类的幅员辽阔而奇妙的国家，经过几千年漫长的历史进程而达到一个崭新的文化时期的人们，具有怎样崭新而真实的思想感情。这里，犹如以巨眼俯瞰它的平原河流，峻岭幽谷，可以看到活的中国的心脏和头脑，偶尔甚至能够窥见它的灵魂。”“在我看来，中国人民的品德是如此美好，性格是如此坚强，我们应尽一切所能来恢复他们对生活的希望和信心”①。

凭着斯诺对中国文化的理解与热爱，他也因此受到中国文人的最高评价，特别是与鲁迅的惺惺相惜。鲁迅在与友人的通信中曾这样赞誉斯诺：“S 君是明白的。有几个外国人之爱中国，远胜于有些同胞自己……”② 鲁迅告诉斯诺：“没有疑问。我们应该向苏联学习，也可向美国学习。但是，对中国说来，只能够有一种革命——中国的革命，我们也要向我们的历史学习。”③ 斯诺认为“鲁迅是教我懂得中国的一把钥匙。”④ 他认为：“中国的小说和哲学比外国人几千页的歪曲报道更有价值。”⑤“我在我的私人教师和几位中国学生的帮助下继续研究白话文小说。从文学的角度来看，这样做并不十分值得，但它使我深刻地领悟了知识分子的不满。它使我从多方面了解了与我年纪相仿的中国人的思想，也使我知道了作家们是在什么样的情况下进行写作的。——经常担惊受怕，失望与希望交织，过着半饥半饱的生活。”⑥

斯诺将编译的中国小说选集命名为《活的中国》，并将它献给了敬爱的宋庆龄。在书的卷首，斯诺写着：

献给 S. C. L. （宋庆龄）

她的坚贞不屈，勇敢忠诚和她的精神美，是活的中国最卓越的象征。

宋庆龄评价斯诺的《活的中国》时指出：“他翻译的一些当代短篇

---

① 刘立群主编：《纪念埃德加·斯诺》，新华出版社 1984 年版，第 426 页。

② 鲁迅：《1936 年 1 月 8 日致郑振铎信》，《鲁迅全集》，1981 年版，第 13 卷。

③ 安危译：《鲁迅同斯诺谈话整理稿》，《新闻学史料》，1987 年第 3 期。

④ 萧乾：《斯诺与中国新文艺运动》，《新文学史科》，1978 年第 1 期。

⑤ ［美］约翰·马克斯韦尔·汉密尔顿：《埃德加·斯诺传》，学苑出版社 1990 年 6 月，第 24 页。

⑥ ［美］埃德加·斯诺：《斯诺文集·复始之旅》，新华出版社 1984 年 8 月，第 159 页。

小说，生动地反映了中国人民的生活，使长期以来被人冷漠地称为‘神秘不可测’的中国人民能为外界所了解。”① 当美国大使赞扬这本书的时候，斯诺回答说他从翻译中学到了很多。“也许是太多了，在某些方面不能再认为我是温和的，因为在你深入进行翻译作品的同时，不能不受作品内容的影响而与其共鸣，也许这是一条改变一个‘外国记者’对一个国家和她的人民的观点的正确道路。”② 宋庆龄对斯诺的影响很大，他说：“宋庆龄通过言传身教消除我的一些蒙昧无知。通过她，我体验到了中国的最美好的思想和感情。在那些年月里，她经常介绍我认识一些未来的历史创造者——年青的作家、艺术家和战士。后来，我和她一起把数以千计的难民组织起来，成立了合作社，收养战争和饥荒中失掉父母的孤儿，开办医院，协助年青人学会用有效的新方法为古老的祖国服务。宋庆龄帮助我认识了国民党的情况，了解了孙中山的为人及其未竟的抱负。她还帮助我了解她的家庭情况，了解她为什么拒绝与宋氏家庭一起和蒋介石政府合作以及其他许多我从书本上无法了解到的事实”，“及时地认识了宋庆龄，使我能够领悟到中国人民能够彻底变革自己的国家，并且能够迅速地提高他们的国家在世界上的地位。”斯诺写道，“美国部分有影响力的人士中曾流行这样一种看法：无论在国外生活多久，都要坚持认为美国利益，即陈腐的新闻中所称的‘硬利益’，是对世界上任何地方的人来说都至高无上的利益。与此相反，斯诺认为必须要做的事情是了解其他民族的软利益、了解他们遇到的问题及他们对其在世界上所处地位的感受和想法。”他提到，“早期结识宋庆龄使我明白了中国人能够从根本上改变他们的国家，并迅速从最底层跃至其历史和民众在世界上应得的地位。”③

由于宋庆龄的帮助和联系，斯诺成为第一个进入陕北的外国记者。而当斯诺被迫要离开中国向宋庆龄告别时，也是宋庆龄劝斯诺不要离开中国。宋庆龄说：“斯诺你算是弟弟，你在美国并不会幸福的，你是属于中国的。”④ 在这种精神的鼓励下，斯诺离开中国之后也保持了这种

---

① 武际良：《良师益友四十年：斯诺与宋庆龄》，《人物》，2003 年第 9 期。

② ［美］约翰·马克斯韦尔·汉密尔顿：《埃德加·斯诺传》，学苑出版社 1990 年 6 月，第 55 页。

③ Snow, E. *Journey to the beginning*. New York: Random House, p84.

④ ［美］埃德加·斯诺著，宋久、柯楠、克雄译：《复始之旅》，《斯诺文集Ⅰ》，新华出版社 1984 年 8 月第 1 版，第 98－99 页。

超越国界、地域和意识形态的价值观："我将仍然支持中国的事业；中国的事业基本上是在真理、公道和正义的一边。凡是有助于中国人民自救的措施我都支持，因为只有这样才能使中国人民看到自己的力量。"①斯诺说，"我不是共产党。我达观地感到自己是一个世界公民。"②

在中国生活的岁月里，通过采访和游历，斯诺深深体会到中国的残酷现实以及中国人民的悲惨境遇，这些都深深触动了斯诺的心灵。"我回到中国已经有好几个月了，我爱她，同时也深深地为她感到悲哀。我在中国看到如此深重的苦难，其中有许多渗透到我的血液里了。……在我看来，具有这种美好品德和坚强性格的人，理应从大自然和社会得到更好的待遇。我认为，我们应该尽一切努力，使他们恢复生存的希望。"③"现在中国的事业也就是我的事业了，我把这份感情同反对世界上的法西斯主义、纳粹主义和帝国主义的责任联系起来了"。④ 他回答一位中国朋友的提问时说："假如一部作品能为人类知识作出即使很有限的贡献，这作品自身也会受到公正的判断。我相信要作出即使很微小的贡献也离不开为世界穷苦人和受压迫者的利益服务，因为他们是人类的大多数。这就是我的观点。"⑤

斯诺通过对中国的观察，参与学生运动，了解中国文化，思想发生了巨大变迁，开始把建立和发展中美关系作为一生的追求。他说，"我的一部分应该始终留在中国黄褐色山岭上，留在她绿色梯田上，留在她晨雾中依稀可见的岛上寺庙中，留给不少相信我或喜欢我的中华儿女，留给那些虽然破产但却彬彬有礼、使人愉快、给我吃住的中国农民，留给我所认识的那些皮肤黝黑、衣衫褴褛、眼睛闪亮的中国儿童和那些地位平等的人和恋人们，首先，应该留给所有那些满身长虱、不领薪酬、忍饥挨饿、受人鄙视的农民出身的步兵，他们献出自己的生命，赋予生命本身以新的价值，为一个伟大民族的生存和继续前进的战斗加盖了崇

---

① ［美］埃德加·斯诺著，宋久等译：《复始之旅》，新华出版社 1984 年 8 月第 1 版，第 292 页。

② ［美］汉密尔顿著，沈蓁等译：《埃德加·斯诺传》，学苑出版社 1990 年 6 月第 1 版，第 199 页。

③ ［美］埃德加·斯诺：《中国洪水纪实》，《纽约先驱论坛杂志》，1931 年 12 月 6 日。

④ ［美］埃德加·斯诺著，宋久等译：《复始之旅》，新华出版社 1984 年 8 月第 1 版，第 231 页。

⑤ ［美］汉密尔顿著，沈蓁等译：《埃德加·斯诺传》，学苑出版社 1990 年 6 月第 1 版，第 272 页。

高的标志。"[①] 斯诺来华后的思想变迁，使他对神秘的苏区充满向往，他希望自己能够为中国人民的幸福做出自己的努力，希望自己能够加入到这场伟大的革命之中。成功地进入苏区以后，斯诺就开始了一生为之努力的工作：向西方说明真实的中国。

① 楚宏伟：《埃德加·斯诺与红色中国》，《中华读书报》，2001 年 6 月 29 日。

第二章　来自海伦·斯诺的影响

斯诺的早期成就，离不开他第一任妻子海伦·斯诺的支持和影响。海伦·福斯特·斯诺[①]（1907—1997）是美国记者、作家。她于1931年至1939年旅居中国，亲历了中国历史上这一转折时期的一系列重大事件。她撰写了《续西行漫记》等报道，和埃德加·斯诺等人一起，首先向西方读者介绍了中国红军和中国革命，并在中国发起了“工业合作运动”以帮助中国人民进行抗日战争。海伦·斯诺是一位未被充分关注的伟大女性，她对中国革命做出了很多贡献，她是架设中美人民友谊桥梁的先驱。然而，她的成就与事迹鲜为人知，对海伦·斯诺的研究，相对埃德加·斯诺研究要薄弱和逊色得多，在以往研究中还存在很多误读甚至错讹。海伦·斯诺是第一个把中国左翼画家和现代中国文学运动介绍到西方的外国记者；支持和传播了“一二·九”运动；向世界预报了西安事变；向全中国和西方世界宣传毛泽东和抗日救国十大纲领；创办中国“工合”并促成罗斯福、蒋介石和毛泽东共同支持这一事业来振兴遭受战争破坏的中国经济…… 海伦·斯诺在中国抗日战争前后向世界说明真实的中国而做出了重要贡献。

海伦·斯诺1907年出生于美国犹他州普洛沃一个富裕家庭，1931年8月来到上海，并与埃德加·斯诺相识、相恋，1932年结婚。1933年春，斯诺夫妇到达北平，1935年积极支持和报道北平学生的“一二·九”反日运动。1936年，埃德加·斯诺访问了陕北红区，回北平后，海伦·斯诺帮助丈夫整理大量文字和照片资料，协助他出版了著名的

---

① 海伦·福斯特·斯诺英文名字为Helen Foster Snow，原名Helen Foster。笔名Nny Walse，多种中文译名中，本人认为尼姆·威尔斯比较准确。昵称Peg，译为佩格。

《红星照耀中国》（即《西行漫记》）。1937 年 4 月，海伦·斯诺冒险访问陕北，在延安采访毛泽东、朱德和许多中共领导人，写成《红色中国内幕》①（即中译本《续西行漫记》）和《红尘：中国共产党人的自传》（即《西行访问记》）两本书。1937 年 11 月，海伦·斯诺到上海，与新西兰进步人士路易·艾黎等一批中外人士发起成立“美国工业合作委员会”（简称“工合”组织），继续支持中国抗战，产生了广泛影响。

1949 年 5 月，海伦与斯诺离婚，此后没有再婚，并一直保持了“斯诺”这个姓氏。作为海伦·斯诺的丈夫，埃德加·斯诺应该是最了解海伦的人了。即使在 1949 年埃德加与海伦离婚，并与路易斯·惠勒结婚后，埃德加还写了一篇关于“尼姆”② 的文章。在他 1958 年的著作《复始之旅》中，他这样写海伦：“至少，我应该谈谈我跟这位很不寻常的女人共同生活的一些情况。在我此后在亚洲生活的 8 年间，她是我忠诚的合作者、伴侣和评论者。她常常给我带来苦恼，却又常常激励我。她始终精力旺盛而且富于创造性。”③ 他还将此书的副本赠送给海伦，“赠尼姆。友谊地久天长。埃德④。”⑤ 1960 年埃德加·斯诺首次访问新中国，埃德加写信给海伦，谈到了他们的老朋友，他说：“我们认识的中国人都怀着极大的兴趣和热忱谈论着你。我肯定如果你来的话，他们会非常欢迎你。”海伦在《我的延安笔记》中引用了 1961 年 1 月 17 日埃德加信件全文，题为埃德加·斯诺的新消息：“提到你的老朋友中有：龚普生、龚澎、陈翰伯、黄华、邓颖超、路易·艾黎、路易斯·斯特朗、爱泼斯坦。黄敬卒于突发性心脏病。我们认识的中国人都怀着极大的兴趣和热忱谈论着你。我肯定如果你来的话，他们会非常欢迎你。”⑥ 20 世纪 70 年代，她又两次重返中国，再度以其敏锐观察和真实记录，热情赞颂了中国人民正在进行的伟大变革。1971 年，中国恢复

---

① 英文原名为 *Inside Red China*. 海伦·斯诺作品名称的中英文对照请参看本书附录。

② 尼姆是海伦·斯诺的笔名。

③ 埃德加·斯诺著，宋久、柯楠、克雄译：《复始之旅》，《斯诺文集 I》，新华出版社 1984 年 8 月第 1 版，第 122 页。

④ 埃德加·斯诺在书信中经常使用“Ed”，所以他的朋友叫他埃德。

⑤ Sheril Foster Bischoff, *Some Thoughts on Edgar and Helen Snow*, Communicating Across Cultures: Edgar Snow as an Example, Peking University Press, 2006. p28.

⑥ Nym Wales (Helen Foster Snow), *My Yenan Notebooks*: “News from Edgar Snow”, p178.

了在联合国的席位，海伦·斯诺专程去纽约欢迎中国驻联合国首席代表黄华，并在《纽约时报》上发表了祝贺文章。1973年和1978年，海伦·斯诺两次踏上访问中国之旅，重返延安、西安、北京、上海等地，走访了许多人物，拍摄了大量图片，并连续出版了《重返中国》、《毛泽东的故乡》两本书。1991年9月，中国作家协会和中华文学基金会授予海伦·斯诺“理解与友谊国际文学奖”。1996年6月，中国人民对外友好协会授予她“人民友好使者”的荣誉称号，海伦·斯诺还两次获得了诺贝尔奖提名。1997年海伦·斯诺在美国康涅狄格州逝世。

相对埃德加·斯诺的研究和评价来说，有关海伦·斯诺的研究，则要薄弱和逊色得多，其在中国革命和中美关系发展史上的地位，也未得到应有的评价和赞誉。① 海伦的成就长期被斯诺“占有”着，甚至在新闻传播核心期刊《新闻记者》上，近期仍然还出现“当时在中国采访的记者至少有20多人，其中很多人都想去延安采访，但为什么成功者是斯诺?”② 这样的错讹。正如《外国文学研究》杂志主编、欧美文学评论家王忠祥教授所说：海伦·斯诺女士确实是“一位未被颂扬的伟大女性”。③

第一节 笼罩在埃德加·斯诺光环下的海伦·斯诺

海伦·斯诺作为埃德加·斯诺的夫人，在华期间默默地支持着丈夫的事业，协助完成了《西行漫记》，以致没有精力去出版自己的著作。我们看到的这五本笔记，都是她在华期间进行的采访成果。1949年她与埃德加·斯诺离婚后，才开始自己的事业。然而，海伦·斯诺无法像埃德加·斯诺那样在中国家喻户晓，她抗战前后对中国的贡献直到40年后才得到了中美两国的认同。从两个斯诺在华新闻活动、作品的出版

① 梁志群：《海伦·斯诺女士纪念座谈会综述》，《外国文学研究》，1997年第1期。

② 张威：《1936：斯诺赴延安采访的台前幕后》，《新闻记者》，2005年第10期。

③ 王忠祥在“海伦·斯诺女士纪念座谈会”上的讲话，1997年1月24日，湖北省国际友人研究会和（武汉）斯诺研究中心主办。梁志群：《海伦·斯诺女士纪念座谈会综述》，《外国文学研究》，1997年第1期。

来看，海伦·斯诺的成就足以与埃德加·斯诺相媲美。①但从以《人民日报》为代表的主流媒体的报道来看，海伦·斯诺的社会影响远不及埃德加·斯诺。

《人民日报》是中国共产党中央委员会的机关报，也是中国最大的、最有权威的报刊。《人民日报》的政治性新闻和报道，遵循“人民日报是党的报纸（中国共产党），也是人民的报纸”办报宗旨，在中国公众中具有极强的政治权威。因此，选取《人民日报》对两个斯诺的报道，分析其中对两个斯诺形象的建构，基本上可以反映出这一问题的轮廓，看到两个斯诺的不同形象。

《人民日报》对埃德加·斯诺的报道总共有20篇，对海伦·斯诺的报道总共有10篇。1965年埃德加·斯诺访问新中国到1972年埃德加·斯诺去世前《人民日报》共报道13条，其中10条在第1版，2条在第2版，1条在第4版。1972年海伦·斯诺访问新中国到1997年海伦·斯诺去世期间《人民日报》共报道9条，其中1条在第3版，3条在第4版，2条在第6版，5、7、8版各1条。埃德加·斯诺去世后，《人民日报》的报道有7条，其中2001年的3条是因为有关埃德加·斯诺的书籍和电影出版，2005年的4条都是围绕纪念埃德加·斯诺诞辰100周年。海伦·斯诺去世后《人民日报》的报道只有一篇，是为2007年纪念海伦·斯诺诞辰100周年而做，其他只在《人民日报》（海外版）上有两条相关新闻。

在《人民日报》的报道中，10条位于头版的关于埃德加·斯诺的新闻都与毛泽东有关，这些新闻大都发生在文化大革命期间，埃德加·斯诺因此在中国可谓家喻户晓。而《人民日报》关于海伦·斯诺的只有5篇新闻。1972年和1978年的新闻中出现的名字是威尔斯女士，1982年丁玲的纪念文章用的是威尔士女士，1988年余建亭的纪念文章才开始用海伦·斯诺这个名字。1997年海伦·斯诺去世时《人民日报》在很不显眼的位置发表了2条仅有一、两百字的小消息。而1972年埃德加·斯诺去世时，《人民日报》有7条第1版的大标题的长篇新闻，并配发了长幅的照片。

① 详见本书表1。

表 1 埃德加·斯诺和海伦·斯诺在华新闻活动的对比（1931—1940）

时间	埃德加·斯诺	海伦·斯诺
1931 年	在《当代历史》杂志上，发表了第一篇关于中国红军的文章《新型盗贼》。文章使用了大量来自上海的第二手资料，不甚准确。 《中国洪水纪实》发表于美国《纽约先驱论坛报》上。	司克里普斯·坎菲尔德报业联盟特约驻外记者。
1932 年	“一·二八”发出了第一篇关于这场战争的目击报道，在美国一些大报和英国《每日先驱报》头版刊出。 翻译《阿 Q 正传》，与鲁迅多次会面于上海。	上海华埠，爆发“一·二八”随斯诺一起作战地采访。这一年里，她和斯诺结识了宋庆龄并和斯诺、姚克一起初次拜访鲁迅。
1933 年	《她为中国民众而战一记中国自由运动著名领袖的遗孀孙逸仙夫人》，发表《纽约先驱论坛》上。 美国统一新闻协会驻北平代表，为美国《星期六晚邮报》、美国《纽约太阳报》、英国《每日先驱报》撰稿。 为《星期六晚邮报》撰写《西方国家威信的衰落》一文。 《密勒氏评论报》发表斯诺的《五十年对中国的肢解》。 美国《星期六晚邮报》发表了他的《西方国家威信的衰落》。 在《密勒氏评论报》发表《农业中国是如何重建的》。	开始中国现代小说选《活的中国》一书的选编和翻译。
1934 年	在美国《当代历史》杂志上发表《孱弱的中国强人》。在《星期六晚邮报》上发表《日本建立一个新殖民地》一文。 就聘于燕京大学新闻系，任讲师，讲授“新闻特写”、“旅游通讯”等课程。 任英国《每日先驱报》记者采访了蒋介石。	参加燕京大学 1934—1935 年学年的学习。

时间	埃德加·斯诺	海伦·斯诺
1935 年	在美国《亚细亚》杂志当年第 1 期上发表《鲁迅——白话大师》一文。 美国《当代历史》月刊，发表斯诺的《中国书报检查官的处事之道》一文。 斯诺夫妇把学生送给他们的《平津十校学生自治会为抗日救国争自由宣言》连夜译成英文，交由合众社向国际上报道，并在上海英文报纸《密勒氏评论报》上发表。	在法国巴黎毕列美术馆举办了中国画展，全部是左翼画家的作品。 帮助王钧初等 4 名中国青年画家搜集作品，选送到纽约《今日中国》杂志展览，后送巴黎。 海伦与王钧初合作撰写了《中国新艺术》的论文，发表在《亚洲》杂志上。 12 月 9 日，北平爆发抗日救亡爱国学生运动，她和斯诺到学生集会、游行的现场采访，并向世界作了报道。 她写出《北平学生运动的进一步发展》的现场报道，发表在 12 月 18 日的《密勒氏评论报》上。
1936 年	在美国《亚细亚》杂志发表《论鲁迅》一文。 斯诺与鲁迅再度见面，鲁迅对尼姆·韦尔斯书面提出关于中国现代文学的 23 个问题逐一作了回答。 在《星期六晚邮报》上登载《东方即将来临的冲突》一文。 斯诺到达中共中央所在地陕西省安塞县的保安对毛泽东首次正式采访。 以《毛泽东访问记》为题，在《密勒氏评论报》上首先发表了毛泽东关于个人经历的谈话，并配发了他拍摄的毛泽东头戴红军帽的大幅照片。在国内外引起巨大的反响。	美国诗歌年鉴收录了海伦的《老北京》一诗。 为撰写《现代中国文学运动》论文，她委托斯诺携带她提出的 23 个问题的单子，去上海向鲁迅请教，鲁迅把问题逐个作了回答。 去日本占领下的东北和朝鲜旅行采访。 她写的赞美“一二·九”运动的长诗《青春和那古老的中国》，发表在美国《亚洲》杂志 1936 年 8 月号上。她还在该杂志上发表了关于“一二·九”运动的详尽报道文章。 在西安采访了统帅东北军的张学良将军。她写出《宁可要红军，不要日本人，中国将军要团结》谈话纪要。10 月 8 日，伦敦《每日先驱报》发表了这条独家新闻。10 月 9 日，英文《华北明星报》转发了消息；10 月 20 日，上海《密勒氏评论》周刊，全文发表了她的采访记。

时间	埃德加·斯诺	海伦·斯诺
		10月5日，从西安返回北平途中，在火车上邂逅了东北军团长万毅并采访了他。她写出《东北军想打回老家去》的长文，由上海出版的英文《中国呼声》半月刊发表。 《中国现代文学运动》的长篇论文，发表在伦敦的《今日生活与文学》杂志上，并作为附录收入《活的中国》一书。
1937 年	斯诺夫妇与燕京大学进步教授梁士纯、夏仁德、张东荪、姚莘农、贝特兰等办了英文杂志《民主》。《红党与西北》、《大美晚报》发表介绍苏区情况的报告，2月5日巴黎《救国时报》和北平英文《北京纪事报》均予以报道。 在《亚细亚》杂志发表《来自红色中国的报告》。在美国《生活》画报上发表了在陕北革命根据地拍摄的大量照片。 在《民主》杂志上发表《苏维埃强人》一文。 在《民主》杂志上发表《向鲁迅致敬》一文。 在美国《新共和》杂志发表了《毛泽东自传》（7—10月号），《苏维埃中国》（8月号），在《美亚》杂志发表《与毛泽东的一次谈话》（8月号），在《星期六晚邮报》发表《我访问了红色中国》（11月号），在《亚洲》杂志发表了《长征》（11月号），伦敦《每日先驱报》在第一版上刊登斯诺关于红区采访的一组文章的同时，提升斯诺为该报驻远东首席记者。	斯诺夫妇创办英文杂志《民主》，共出版5期。 从北平经西安去延安。采访毛泽东。毛泽东的这个谈话，原载北平出版的《人民之友》，题为《抗日民主与北方青年》，后转载于1937年8月20日出版的《救国时报》。 海伦陪同毛泽东会见美国记者拉铁摩尔、比森、杰菲等。6月，海伦托从延安返回北平的王福时，给斯诺捎回她在延安采访朱德等人的材料和拍摄的14盒胶卷，为斯诺正在写作的《红星照耀中国》一书补充了大量内容和照片。 提出组织建立工业合作社，得到斯诺、路易·艾黎的赞同和宋庆龄的支持。
1938 年	在《亚洲》杂志发表《中国新四军》。 在《亚洲》杂志发表《中国的日本人联盟》一文。 文章《富有斗争精神的中国委员长》，发表在美国《外交》季刊上。 在爱泼斯坦协助下，把《论持久战》译成英文发表。	“中国工业合作促进委员会”在上海锦江饭店成立。由11位中外人士组成，海伦和斯诺参加了宣传委员会。 在《密勒氏评论报》上发表《中国后方的工业防卫线》一文，介绍工业合作社运动情况。

时间	埃德加·斯诺	海伦·斯诺
		中国工业合作社协会在武汉正式成立，宋美龄任名誉理事长，国民政府财政部长孔祥熙任理事长，路易·艾黎任技术顾问，海伦·斯诺担任副理事长。 在《中国周报》上发表《日本的吸血政策》一文，美国纽约《读者文摘》转载。 在菲律宾《先驱中国杂志》上，发表图文并茂的长篇报道《通过合作搞工业》。 她在《密勒氏评论报》上发表《工业合作社必需加强中国的国力》一文。 海伦在《福建日报》上多次发表文章。
1939 年	斯诺在延安采访毛泽东。	菲律宾中国“工合”协会正式成立，海伦和斯诺任名誉理事 在《密勒氏评论报》上发表《菲律宾支持中国工业合作社》一文。 在《太平洋事务》季刊上发表《中国工业防卫的新战线》一文。
1940 年	在美国《新共和》发表《斯大林愿意叛卖中国吗?》，并在中国采访华北游击战争和游击队。 在《星期六晚邮报》发表《蛟龙舐吮自己的创伤》一文。 在《亚洲》杂志发表《中国的分裂潮流》一文。	在马尼拉出版的《福建时报》上发表《中国的培黎少年》一文。 在美国纽约《民族》周刊发表《中国如何自立自助》一文； 在《时代》周刊上发表《崭新的工业》一文。 在《密勒氏评论报》上以驻马尼拉记者身份发表《菲律宾人民支持中国工业合作社》一文 菲律宾《碧瑶纪事报》发表该报主编的署名文章，称“凡关注中国工业合作社的人们，都盛赞菲律宾的“工合”组织。正在本市访问、创作的著名作家埃德加·斯诺先生和夫人，就是工业合作思想的创始人……”

表2 埃德加·斯诺和海伦·斯诺作品出版情况的对比

时间	埃德加·斯诺	海伦·斯诺
1933年	《远东前线》	
1936年	《活的中国——现代中国短篇小说选》	
1937年	《西行漫记》	
1939年		《红色中国内幕》
1940年		《中国为民主奠基》
1941年	《为亚洲而战》	《阿里郎之歌——一个朝鲜造反者的生平》
1944年	《人民在我们一边》	
1945年	《苏联力量的格局》	
1947年	《斯大林必须要和平》	
1952年		《红尘》
1957年	《红色中国杂记》	
1958年	《复始之旅》	
1962年	《大河彼岸：今日红色中国》	
1971年	《漫长的革命》	
1981年		《七十年代西行漫记》
1984年		《我在中国的岁月》
1985年		《中国新女性》
1989年		《红色女战士——康克清》
1991年		《重返中国》
1993年		《毛泽东的故乡》

第二节 海伦·斯诺对斯诺作品的贡献

实际上，《西行漫记》的完成是与海伦·斯诺的努力分不开的。在中国，埃德加·斯诺的名字以及他的《西行漫记》（即《红星照耀中国》）可以说是家喻户晓，然而该书的合作者——埃德加的前妻海伦·

斯诺的名字却鲜为人知。在写作过程中，斯诺曾打算去除一些与毛泽东自传重复的内容，但海伦劝阻了他，保留了完整的毛泽东自述。① 斯诺夫妇紧密合作，他们获得的准确的第一手资料不仅对他们自己非常重要，对西方及整个世界了解红色中国都意义不凡。②

一、海伦·斯诺对《西行漫记》的贡献

为抢时间把埃德加从陕北带回的信息公诸于世，海伦编写了《外国记者西北印象记》，翻译成中文后先于《西行漫记》出版。当时国际局势千变万化，要不是海伦的鼓励与帮助，《西行漫记》就不能及时问世，也不一定会取得巨大的成功。《西行漫记》被誉为研究中国革命的“经典的百科全书”，它史料丰富、详尽可靠，具有重要的史料价值和文学价值，但我们不应当忘记该书的合作者海伦。③ 1937 年 5 月 6 日，毛泽东和朱德在延安拜望海伦。海伦告诉毛泽东：“我丈夫一回到北京，我就立即把你的自传打印出来。这是一个巨大的经典著作。它将影响每一个阅读的人。于是我决定将不惜任何代价来访问你的地区。我丈夫让我从你这里获得最后一章。”毛泽东收到了海伦一行带来的《外国记者西北印象记》和自己头戴八角帽的照片。《外国记者西北印象记》中毛泽东与斯诺预测中日战争的对话段落，后来被收入毛泽东最重要的著作之一——《论持久战》中。④ 海伦后来写道：“我已经为我的书、特别是《中国共产党人》搜集了 34 份简要的传记，还进行了其他一些采访——所有这一切，都是因为有毛树立了榜样，毛泽东是从礼仪到外交政策的每一件事的主宰。”⑤“毛泽东是一切事物的关键。他不仅赞扬埃德加·斯诺打破了历时九年的新闻封锁，而且他个人也很喜欢斯诺。他树

---

① Helen foster Snow, *My China Years*, William Morrow and Company, 1984, pp202 - 203.

② 1937 年夏天海伦在延安期间与斯诺的 20 封往来信件中，海伦针对《红星照耀中国》的修订向斯诺提出建议。(1937 年 5 月 21 日、6 月 18 日致埃德) 斯诺采纳了海伦的一些建议。(1937 年 7 月 26 日) 斯诺还就在延安采访的内容和方式向海伦提出建议 (1937 年 5 月 3 日；1957 年 5 月 22 日；1937 年 7 月 26 日) 海伦在从延安返回北京后送给斯诺 13 本笔记、七卷胶卷以及其他资料。

③ 刘祎、穆雷：《斯诺婚姻与海伦·斯诺的文学创作》，《海南大学学报（社会科学版）》，1997 年第 1 期。

④ 毛泽东：《毛泽东选集》（第二卷），人民出版社 1968 年 1 月版，第 411 页。

⑤ 海伦·斯诺著，华谊译：《旅华岁月——海伦·斯诺回忆录》，世界知识出版社 1985 年 10 月第 1 版，第 257 页。

立了先例。一旦他对埃德加·斯诺敞开心扉，别人也就纷纷效法。”[①]

斯诺曾由衷地对妻子说过，“海伦，若不是为了你，我1932年就离开中国了，是你使我在中国得到了一个彻底的富有希望的新生。”在斯诺写作《西行漫记》中，海伦一面帮助丈夫整理文字和图片资料，一面从精神上给他很大鼓励。斯诺当时曾送给海伦一张照片，照片上写着“献给指挥棒，我是你的傀儡。”可见海伦对斯诺写作这本书是尽了“指挥”（督促）之力的。[②]

随着岁月的流逝，更彰显出海伦当年的睿智和长远目光。自埃德加·斯诺以后，毛泽东再也没有向任何人如此详细讲述自己的生平历史。《西行漫记》给后人留下了如此丰厚的历史遗产，这是斯诺夫妇卓有成效合作完成的一部有关中国革命的经典之作。埃德加·斯诺在《复始之旅》[③] 中如此评价她：“海伦是美貌和智慧两者罕见的结晶，她既是我的伴侣，又是我的批评家。”[④] 为了感谢妻子对自己的全力支持以及所付出的巨大心血，埃德加·斯诺后将《西行漫记》的手稿送给了海伦。[⑤]

几乎无人不知，埃德加·斯诺写了著名的《西行漫记》。但很少有人知道，在写这本书的过程中，埃德加·斯诺其实从未到过延安，他到的是保安（今志丹县），距延安尚有几小时的车程。[⑥]《西行漫记》出版后埃德加·斯诺才访问过延安。在很多斯诺研究中，我们都会发现研究者大多认为斯诺是首先在延安访问毛泽东的，“当时在中国采访的记者至少有20多人，其中很多人都想去延安采访，但为什么成功者是斯诺?”[⑦] 新中国成立60周年之际，埃德加·斯诺当选“新中国成立作出

---

① 尼姆·威尔斯（海伦·斯诺）、［朝］金山合著，赵仲强译：《阿里郎之歌——中国革命中的一个朝鲜共产党人》，新华出版社1993年6月第1版，第7页。

② 东平：《“她对中国人民有深厚的爱”——纪念国际友人海伦·斯诺》，《国际人才交流》，2007年第10期。

③ 据谢莉尔·福斯特·毕绍夫讲，埃德把一本《复始之旅》的副本送给海伦，上面写着：“赠尼姆。友谊地久天长。埃德。”访谈于2009年11月11日，美国犹他州锡达城。

④ 故垒：《海伦·斯诺：记者生涯因中国而灿烂》，《中华新闻报》2005年10月26日第F03版副刊·旧新闻。

⑤ 见《人民日报》2007年11月21日第16版。

⑥ 侯健美：《海伦·斯诺：真正到达并记录了延安的人》，《党史文苑》，2007年第12期。

⑦ 张威：《1936：斯诺赴延安采访的台前幕后》，《新闻记者》，2005年第10期。

突出贡献的英雄模范人物”① 和“十大国际友人”②。在国内各大媒体公布的斯诺简介中这样写道：

埃德加·斯诺（1905—1972），男，美国密苏里州堪萨斯市人，美国著名作家和新闻记者。1936年6月，在宋庆龄的联系与帮助下，斯诺经西安前往陕北苏区访问。他和毛泽东等同志进行长谈，到边区各地采访，搜集关于二万五千里长征的第一手资料，次年写成驰名全球的杰作《红星照耀中国》（中译本名为《西行漫记》）。斯诺是在红色区域进行采访的第一个西方记者。他热诚支持中国人民解放事业，长期向全世界宣传和介绍中国人民的革命和建设事业，增进西方各国人民对中国的了解。抗日战争爆发后，斯诺担任英美报纸的驻华战场记者。1939年，他再次到延安，对毛泽东进行了访谈，并详细了解根据地的政权建设等方面情况，又一次向全世界作了报道。斯诺在旧中国度过了整整13年，做了许多有益于中国革命和中国人民的事情。

这里面的错误是我们在很多文献中常见的，实际上，埃德加·斯诺1936年没有去过延安，他是在保安与毛泽东会面，而先在延安采访的是海伦·斯诺。1939年，埃德加·斯诺才第一次到达延安。埃德加·斯诺本人在《西行漫记》中“关于朱德”这一章，证实了两个问题：一是埃德加·斯诺1936年没有去过延安；二是《西行漫记》中有相当

① 为推动群众性爱国主义教育活动深入开展，迎接新中国成立60周年，经中央批准，中央宣传部、中央组织部、中央统战部、中央文献研究室、中央党史研究室、民政部、人力资源社会保障部、全国总工会、共青团中央、全国妇联、解放军总政治部等11个部门联合组织开展评选“100位为新中国成立作出突出贡献的英雄模范人物和100位新中国成立以来感动中国人物”活动。活动自5月中旬启动以来，广大干部群众积极响应、广泛参与，纷纷通过各种形式提名推荐候选人。7月20日至8月10日，根据提名情况确定的150位为新中国成立作出突出贡献的英雄模范人物候选人和150位新中国成立以来感动中国人物候选人，向社会公布并群众接受投票。20天时间内，群众参与投票总数近1亿。在投票评选的基础上，经过有关部门审核、组委会评审组专家投票等程序，最终评选出100位为新中国成立作出突出贡献的英雄模范人物和100位新中国成立以来感动中国人物。

② 人民网10月12日讯，历时四十天的“中国缘·十大国际友人”网络评选今天揭晓，经广大网友投票和评选活动指导委员会确认，在投票中排位前十的候选人当选“中国缘·十大国际友人”。当选者名单：白求恩（加拿大）、拉贝（德国）、萨马兰奇（西班牙）、斯诺（美国）、李约瑟（英国）、爱泼斯坦（波兰，后入中国籍）、路易·艾黎（新西兰）、柯棣华（印度）、诗琳通（泰国）和平松守彦（日本）。本次评选活动由中国国际广播电台发起并联合中国人民对外友好协会和国家外国专家局共同主办、由国际在线网站承办，评选对象为百年来对中国作出过贡献或与中国有缘分的外国人。

的比例为海伦·斯诺在延安采访时的收获。

> 我没有会见朱德的好运气，因为当他到达陕北的时候，我已经离开了。幸运的是朱德马上就被世界作家所注意，我现在竟有机缘得到一些最近的材料。“西安事变”以后，就有人到苏区去访问，威尔斯女士是第二个会见中国红军领袖的外国人，康克清上面这番话就是对她说的。下面简述的朱德自传，是朱德亲口对威尔斯女士说的，这改正了过去许多不确的记载。它里边没有富有戏剧性的叙述，这对于朱德是不公平的。正如威尔斯女士所说，“朱德决不会写出一部自传，因为他以为自己个人不能离开他的工作而存在。”但作为他的生涯的真实记载，下面的自传仍有无限的价值。①

埃德加·斯诺在1938年复社出版中译本时，根据海伦·斯诺在1937年去延安访问的记录对这个章节重新做了改写。埃德加·斯诺在改写后说：本书第一版中关于朱德的一章，虽然根据我在西北时搜集的资料，而且是朱德的同伴们所供给的，可是其中仍然有许多错误和不确之处。幸蒙威尔斯女士给予合作，使我得在中译本里纠正这些错误，不胜欣幸。单从这一个经验，更可证明，写作关于中国革命的复杂情况，除了第一手材料外，都不可靠，这一个规则，始终是对的。② 海伦·斯诺延安采访的第一手资料，修正了埃德加·斯诺在保安采访中的错误。

二、海伦·斯诺对《活的中国》的贡献

或许有人知道《续西行漫记》（即《红色中国内幕》）的作者是尼姆·威尔斯，但很少有人知道尼姆·威尔斯就是海伦·斯诺的笔名。③在谢莉尔·福斯特·毕绍夫编撰的《架桥——海伦·福斯特·斯诺生平图集》中，海伦·斯诺最为经典的那张照片下有这个笔名的由来：埃德给她起的笔名，尼姆是英文“笔名”的缩写，威尔斯是来自于她祖先

---

① 埃德加·斯诺著，董乐山译：《西行漫记》，外语教学与研究出版社2005年7月第1版，第746页。

② 埃德加·斯诺著，董乐山译：《西行漫记》，外语教学与研究出版社2005年7月第1版，第746页。

③ 刘祎、穆雷：《斯诺婚姻与海伦·斯诺的文学创作》，《海南大学学报（社会科学版）》，1997年第1期。

的家乡威尔士。① 美国作家、哈佛大学费正清研究中心研究员彼得·兰德也认为，埃德加·斯诺给海伦起的笔名，但他的解释是“他叫她尼姆·威尔斯（Nym Wales）——尼姆取自莎士比亚，威尔斯取自她的家族”。② 在1972年和1978年《人民日报》上关于海伦·斯诺访问新中国仅有的2篇新闻报道都是用了威尔斯女士这个称呼：

> 朱德委员长、邓颖超、康克清会见美国友好人士威尔斯女士③
>
> 邓颖超、康克清会见尼姆·威尔斯女士④

在埃德加·斯诺的早期作品中，也没有出现海伦·斯诺这个名字，使用的都是她的笔名：

> 在《活的中国》一书中写道，书后特地附了一篇尼姆·威尔斯所写的现代中国文艺发展概况……⑤
>
> 在《西行漫记》一书中写道，威尔斯女士是第二个会见中国红军领袖的外国人……⑥

埃德加·斯诺与鲁迅在1932年会面时，围绕着新文学运动向鲁迅提出了23个问题，进行了一次极为重要的谈话。鲁迅既从广阔的视野，又从思想、理论的高度，论述了中国文化、文学与社会历史进程和革命进程的关系，同时，还谈到了对作家作品、思潮、流派的评价。埃德加·斯诺这次采访，被认为“使鲁迅广泛地、系统地，也是最后一次畅谈了他对新文学运动中许多问题的看法，这对于我们进一步研究鲁迅有着重要的价值。”⑦ 埃德加·斯诺被认为是扩大了鲁迅在欧美世界的影响，他对鲁迅精典的评价也常为研究者所引用：“鲁迅去世后，斯诺的《中国的伏尔泰——一个异邦人的赞辞》在《大公报》上发表，文章指出，鲁迅是现代中国文坛一个重要的人物，他是可以比拟于苏俄的高尔基，法国革命时的伏尔泰，罗曼·罗兰，今日之A·纪德等几个仅有的，在

---

① 笔者译。图片说明为：Helen Foster Snow, Ed gave her the Pen - name（pseudo - nym）and Wales for the country of her ancestors.

② 彼得·兰德著，李辉、应红译：《走进中国——美国记者的冒险与磨难》，文化艺术出版社，2001年1月第1版，第149页。

③ 见《人民日报》1972年12月15日第3版。

④ 见《人民日报》1978年10月6日第4版。

⑤ 埃德加·斯诺编：《活的中国》，湖南人民出版社1983年4月第1版，第7页。

⑥ 埃德加·斯诺著，董乐山译：《红星照耀中国》（又名《西行漫记》），《斯诺文集Ⅱ》，新华出版社1984年8月第1版，第752页。

⑦ 赵德教：《鲁迅与斯诺的交往》，《殷都学刊》，1995年第4期。

民族史上占有光荣一页的伟大作家。”① 在鲁迅的帮助下，埃德加·斯诺编译的《活的中国》，是向西方读者介绍现代中国短篇小说及其作者的最著名的作品。

研究者普遍认为，埃德加·斯诺就文学界的现状访问鲁迅时所带的5000字的23个问题②是由其本人提出的，但从多方面的考证来看，这些问题是由海伦·斯诺开列的撰写《现代中国文学运动》的提纲，为了完成这篇向西方介绍中国文化的论文，埃德加·斯诺代她请鲁迅解答的。另外，《中国的伏尔泰——一个异邦人的赞辞》执笔者也是海伦·斯诺。

首先，在中国语言和中国文化的了解和掌握方面，海伦·斯诺明显强于埃德加·斯诺。1933年3月，埃德加·斯诺与海伦·斯诺安家于北平，在中国满族老师指导下学习中国语言，他们“给精细巧妙的中文迷住了”，学到了“足够应用的‘国语’”，“能够与人进行简单的交谈”，“能够阅读一些‘白话’文章了”。但埃德加·斯诺只是掌握了足够应用的普通话。1934年3月，埃德加·斯诺就聘于燕京大学新闻系，任讲师，讲授“新闻特写”、“旅游通讯”等课程，海伦也选修了一些课程。他和海伦搬到海淀军机处8号（燕京大学南门外）居住。斯诺夫妇在北平的5年生活中，学习了中国普通话和深入了解中国文化，不仅能帮助他们了解另一种文化，而且有利于他们避免因为文化差异而影响报道。方汉奇先生认为，从1894年第一个美国记者到中国采访到现在，来中国采访过的美国记者已经数以千百计，斯诺夫妇是他们当中最杰出几个人当中的代表：“他认识大概1500个汉字，中国人民对斯诺也怀有同样深厚的感情。”③ 斯诺在写给哥哥的信中提起海伦·斯诺在中国语言和中国文化方面的学习情况：“我自己的汉语学习经过几年的学习在断断续续地进步，而在北京这个所有人都在说标准官话的地方，进步得更加迅速了。我现在可以断断续续地和人交谈，但是只能写出几百个汉字。汉语确实是一种灵活的语言，通过汉字的运用可以有如此多的变化，不过即使只靠我现在掌握的词汇，我已经可以在大多数情况下表

---

① 王家平：《20世纪前期欧美的鲁迅翻译和研究》，《鲁迅研究月刊》，2005年第4期。

② 乔云霞：《埃德加·斯诺对中国文化的接受与传播》，《河北大学学报（哲学社会科学版）》，2003年第4期。

③ 方汉奇：《感谢斯诺》，龚文庠主编：《百年斯诺》，北京大学出版社，2006年12月第1版。

达自己的意思——尽管对中国人来说实在很难听。佩格[①]学得也很努力，而且在词源方面比我懂得更多。她弄来一大堆中国书籍，在几个月时间里学习了本地人十年都不会研究的东西，更重要的是看来她掌握了大部分汉学家所不了解的‘中国灵感’。她很高兴，而我也一样，只要我们现在还可以靠我们奇妙的厨艺填饱肚子。”[②]

斯诺夫妇对中国正义事业的同情与支持，很大程度是来源于对中国文化越来越深入的了解。斯诺夫妇超越了一般意义上的中国通，埃德加·斯诺一生所写的 11 本著作中有 9 本是关于中国的，海伦·斯诺已经出版的 14 部著作中有 10 部是关于中国的。他们被称为“中国问题的权威解释者”，“中国实际上已成为他垄断的专利品了。”[③] 从一定意义上来讲，也是中国影响了斯诺夫妇，在鲁迅、宋庆龄等人的引导下，是中国文化鼓舞了他们去发现“中国的红星”。黄华回忆说，1935 年我们认识了，我们经常在他家里讨论中国，包括他所知道的中国的情况。他曾以反法西斯的角度，看到中国的法西斯所做的一切。他在上海的时候接触了鲁迅先生和其他一些进步的文化记者，使他的思想有了一些改变。到陕北的红军地区采访，更使他看到决定中国未来的希望所在，这样的领导、这样的政策、这样的人，独立自主不是按照苏联的模式、不是照抄其他的模式，而是根据中国的情况制定自己的政策，开拓中国人自己的革命模式。这样他下定决心，他的后半生为此做出自己的一番努力。[④] 斯诺夫妇凭着自己的正义、诚恳，对中国人民的深情，成了中国一代伟人鲁迅和宋庆龄的挚友。在鲁迅的帮助支持下，他们把左翼作家的小说翻译成《活的中国》出版，此书收录了鲁迅、柔石、茅盾、巴金、沈从文、萧乾、郁达夫、张天翼、郭沫若、沙汀等人的作品，这是向英语国家介绍中国新文化的最早选集之一。埃德加·斯诺在序言中对海伦·斯诺对这本书的贡献给予了高度评价：

> 倘要阅读此书并能引起共鸣，就必须预先多少了解这一历史进程，以及本集所收和未收的作家所处的地位。为此，书后特地附了

---

① 佩格（Peg）是海伦·斯诺的昵称。

② Peg 是海伦的昵称。见埃德加·斯诺 1933 年 9 月 6 日给哥哥霍华德的信。Ed to Howard, 19330906。

③ 谭外元、郭六云：《斯诺》，辽海出版社 1998 年版，“引言”。

④ 黄华：《我与斯诺的交往》，《百年斯诺》，北京大学出版社 2006 年 12 月第 1 版，第 11 页。

一篇尼姆·威尔斯所写的现代中国文艺发展概况——作者是研究现代中国文学艺术的权威。此文是在对原著作了广泛而深入的调查研究的基础上写的，执笔之前又曾同中国几位最出色的文学评论家商榷过。我相信这是第一次用英文写成的全面分析的探讨。①

埃德加·斯诺在采访鲁迅的问题单上说道，“新现实主义一词，在中国鲜为人知，极少为人们应用。佩格当作新现实主义派开列出来的那些作家，绝大部分是左翼或具有左翼倾向的作家。”他在谈话纪要第15个问题之后，为海伦作了一个说明：“你问题单子上开列的其他作家，鲁迅不认识，或无足轻重，他们的文学倾向鲜为人知。”② 这证明问题单是海伦·斯诺提出的。在她《现代中国文学运动》论文里援引鲁迅对斯诺的一段重要谈话中也可得到证明，鲁迅的这段谈话不但勾画了新文学运动的概貌，称赞了小说、散文等方面所取得的成就，预言了它的发展前景，而且对许多卓具才华的作家、诗人、戏剧家作了精辟的分析和高度的评价。③

实际上，《活的中国》一书在整个编译过程中海伦·斯诺都是积极的参与者，埃德加·斯诺在他的回忆录中说，“在编辑翻译这本书的过程中，尼姆和我发现俄罗斯文学大师们已在中国产生了大多数西方观察家所料想不到的巨大影响。……”④ 海伦·斯诺因为参与编写工作也与鲁迅保持着友好的联系，鲁迅在1934年2月11日给《活的中国》另一译者姚克的信中说，“S夫人（指斯诺夫人）既爱艺术，我想送她一部，但因所得之书有限，不能也送S君（指斯诺）了。这在礼仪上，不知可否？倘无碍，则请先生用英文写给我应该写上之文字，以便照抄，邮寄。”⑤ 在燕京大学周刊丛书之一《纪念中国文化巨人——鲁迅》上，海伦·斯诺发表了一篇题为《中国的伏尔泰——一个异邦人的赞辞》的悼文，后来此文又以埃德加·斯诺之名转载于天津《大公报》上，

---

① 埃德加·斯诺编：《活的中国》，湖南人民出版社1983年4月第1版，编者序言。

② 安危主编：《伟大的女性——纪念海伦·福斯特·斯诺》，陕西旅游出版社1997年10月第1版，第53页。

③ 刘力群主编：《纪念埃德加·斯诺》，新华出版社1984年8月第1版，第323页。

④ 埃德加·斯诺著，宋久、柯楠、克雄译：《复始之旅》，《斯诺文集Ⅰ》，新华出版社1984年8月第1版，第159页。

⑤ 刘力群主编：《纪念埃德加·斯诺》，新华出版社1984年8月第1版，第328页。

因而多年来，鲁迅研究者也据此以为该文系埃德加·斯诺所作了。[1] 海伦·斯诺就是这样为埃德加·斯诺的成就与成名而默默地奉献着，正如她后来所回忆的那样：海伦·福斯特·斯诺在四处奔走，给世界上各种各样的人写着无穷无尽的长信，在搞所谓"宣传"。她为埃德加·斯诺收集了全部的情况、资料、照片……[2]虽然在《活的中国》一书的编者中仍然没有海伦·斯诺的名字，但她为这本书所做出的贡献是我们应该知道的。谢莉尔·福斯特·毕绍夫回忆说，1941 年埃德和海伦参观亚里桑那州的一个农场时，埃德曾向这位农场主说，"从现在起，我将在我所有的著作中注明我们两个人的名字。从我的第一本书起，我就应该这么做了。"[3] 虽然他仍然没有这么做，但也说明了海伦在他的作品中所起过的重要作用。

海伦·斯诺是一位高产的作家，但是著作的出版却很艰难。1940 年她离开中国之前，几乎全部时间都是在帮助埃德加·斯诺来完成他的事业，搁置了自己作品的发表。海伦·斯诺在她的回忆录中写道，"我仰慕埃德[4]……因为他不惧怕孤军奋战。如果没有我的丈夫，我自己绝没有那种宽广的胸怀、强壮的体魄或足够的才智与资源去从事我们之后在中国完成的事业。"[5] 海伦·斯诺心甘情愿为埃德加·斯诺牺牲了自己的事业，"我全部的、最好的创作能力，我早晨的精力，全用于为别人做好事去了。我不怕浪费我的精力，我认为还有将来呢。然而，根本不是那回事。'将来'永远来不了，假如'将来'来到了，那时候，你的心理已经改变了，从而你再也不能像早些时候那样做你自己的工作了。1949 年以前，我为做别的事情花费了过多的时间，接着又是麦卡锡时期，又是离婚，而主要工作仍然没有完成。"海伦始终精力旺盛，富于创造性，没完没了地鞭策丈夫，要他马不停蹄地写，写出最好的、一流的作品来。婚后不到一年，斯诺给海伦写了一封九页的长信。信中他谈到他们婚姻中出现的问题，对海伦无休止的盘问做了答复。"埃德加·斯诺，我发现无论我做什么事都要受到非议。几乎所有我喜欢的东

---

① 刘力群主编：《纪念埃德加·斯诺》，新华出版社 1984 年 8 月第 1 版，第 332 页。

② 埃德加·斯诺译著，刘力群选编，洪允息等译：《斯诺通讯特写选》，新华出版社 1985 年 12 月第 1 版，第 11 页。

③ 访谈于 2009 年 11 月 11 日，美国犹他州锡达城。

④ 埃德是海伦·斯诺对埃德加·斯诺的昵称。

⑤ Helen Foster Snow, *My china Years*, William Morrow and Company, 1984, p12.

西都遭到禁止。不管是什么原因出的错，受指责的永远是我。”① 海伦时时刻刻都在督促斯诺完成写作。她尽了最大的努力使斯诺免受外界的干扰。这段时间可以说是斯诺最多产的时期。但是海伦却不得不把很多精力用到他们家的各种事务中。

回到美国之后，埃德加的人生观发生了很大的变化，跟海伦产生了巨大的分歧。海伦却依然被那些一直想写而无法完成的写作计划所困扰。在这种情况下，分道扬镳对于双方来说都是一种解脱。因此，离婚之后，海伦感到自己完全自由了。她独居小农舍，开始从事她一直想去做而无法做到的研究和创作。她把他们旅华期间带回的全部笔记（装满40个大盒子）用打字机整理打印出来，用油印机印出来；把收集到的所有材料分门别类地整理出来；把所有的文件、资料、信件统统归拢起来，形成一个庞大的“尼姆·威尔斯资料总汇”，送到斯坦福大学胡佛研究所永久保存。她在极端艰苦的条件下，专心致志地写作，辛勤笔耕40多年，写出了50多部书稿，用事实证明了自己的文学才能。

离开中国后的40多年，海伦的作品难以在美国出版，是因为冷战的影响，而在中国没有出版，是与当时中国政府与埃德加·斯诺联系密切的时代背景有关。这是值得探讨的一个话题。从1941年《阿里郎之歌——一个朝鲜造反者的生平》英文版在美国纽约约翰·戴公司出版，到1981年《七十年代西行漫记》在陕西人民出版社出版，这其间有40年的空白。当埃德加·斯诺带着他第二任夫人洛伊斯·斯诺访问新中国时，很难想象海伦·斯诺会同时被中国政府邀请。直到1972年埃德加·斯诺去世后，海伦·斯诺才受邀请访问新中国。在这期间，埃德加·斯诺三次访问新中国的成果《复始之旅》、《大河彼岸：今日红色中国》、《漫长的革命》相继出版，而海伦·斯诺的著作没有一本能够在中国或美国出版。虽然她写了50多部书稿，有43本书已经登记了版权等待出版②，但那段时间难以在中国或美国出版，这形成了一个了解和研究海伦·斯诺的断层。

海伦·斯诺的作品只有3本出版在她离开中国之前，其他的作品全

① 休·伯金著，赵文滨、蔡颖颖、林京京译：《目击中国革命——海伦·斯诺在华岁月和情感历程》，《百年潮》，2001年第8期。

② 刘祎、穆雷：《斯诺婚姻与海伦·斯诺的文学创作》，《海南大学学报（社会科学版）》，1997年第1期。

部都是出版在中美建交之后的20世纪80年代和90年代。索尔兹伯里生前说："海伦是幸福的，她的书在美国未能出版，在中国却一本接一本地出版，这对海伦晚年那孤寂的心，是多么大的安慰啊！"① 1991年秋，当海伦·斯诺了解到中国重版了她的名著《续西行漫记》时，曾对一位中国朋友说："我唯一的希望，是把我写的书出版给中、美青年一代人读，使他们不忘历史。"②

第三节 海伦·斯诺对中国民主运动的宣传

透过海伦·斯诺"中国学生运动笔记：1935—1936年"，我们可以看到她真实地记录了"一二·九运动"的发生和发展。海伦通过对学生领袖们的采访，以及她的亲身参与，对中国民主进程进行了深刻的解读。她是在中国最活跃的西方记者之一，不但写了《1935—1936年的中国学生运动》的长篇新闻，还满怀激情地写下歌颂"一二·九"运动的长诗《青春和那古老的中国》，赞美中国青年的爱国精神，发表在美国《亚洲》杂志上，使世人听到中国青年的抗日救国呼声。③ 后来，她和斯诺在燕京大学创办了一本名为《民主》的刊物，专门介绍中国的民主运动和民主思想。"1937年，英文月刊《民主》在北京创办。海伦·斯诺是主要创办人之一。同年7月，刊物因日本侵略中国，被迫停刊。在它发行的短短几个月里，它大声疾呼停止内战，广泛团结起来抵抗日本大举入侵，还呼吁国际方面从国际反法西斯统一战线的角度来支持这种团结。"④

在燕京大学生活期间，海伦开始和其他一些愿意到她家做客的美国人和关心时局的中国学生、知识分子交往。海伦的家成了一种沙龙。海伦家的常客有法国耶稣会传教士查尔丁、作家赛珍珠和研究中国的美国学者。"1935年1月，我开始写反法西斯的文章。我成了中国反法西斯

① 尹均生：《海伦·斯诺与〈毛泽东的故乡〉》，《党史天地》，1994年第2期。

② 尼姆·威尔斯著，华侃译：《西行访问记：红都延安秘录》，中国青年出版社1994年9月第1版，第7页。

③ 访谈于2007年10月23日，武际良研究员家中。

④ 见爱泼斯坦在海伦·福斯特·斯诺荣获"理解与友谊"国际文学奖庆祝会上的发言，1991年9月。

文章的总收发人。我把文章收集起来，打印或重新编排，然后用大皮箱运到大学里交给学生们。学生运动可以触动整个国家，对我来说是个崭新的想法。”①

海伦个性很强，并且非常自信。她喜欢辩论。有什么观点，她一定要明白地说出来。凯利·朗因认为，她对她所做的任何事都有强烈的感情，因此，她并不去努力做到不偏不倚的报道。她用鲜明的语言明确地表达她对学生们的支持。② 当年的学生陆璀回忆，她常常参加游行，和中国学生一起高呼“打倒日本帝国主义!”她是真正的学生运动参与者。我亲眼看到他们是怎样大无畏地支持中国的学生运动。他们竟然把我这个被警察追捕的学生藏在家里，保护我，这就是他们支持学生运动的生动实例。这给我留下了很深的印象。③

一、支持和参与学生发动的“一二·九”运动

海伦·斯诺对中国革命的了解，是从支持学生运动开始的。1935年秋天，海伦在家中接待了燕京大学新选的学生会主席张兆麟。

> 他说他来北平是要看看抗战军队是否知道满洲的事情。人们肯定蒋介石不会为华北而战，也不会为中国任何地方作战，他会像出卖东北诸省一样出卖全中国。中国报上登的消息都靠不住，倒是外国人知道哪个地方发生了什么事。他说镇压抗日运动就够可恶的了，封锁自发的运动的一切消息就更为可恨。他是新闻系的学生，不但沮丧，简直是绝望了。
>
> 无论怎样，张兆麟的来访标志着中国的法西斯走上了灭亡的道路。1934年，中国濒临灭亡的边缘，而1935年的学生运动改变了这一切，掀起了革命的高潮。张兆麟和他的朋友们点燃了这个导火索，代表着中国由法西斯主义转向左翼浪潮。当然，当时我并没有意识到这一点，因为在我的脑海里，无论如何都无法将张与法西斯主义联系起来，看起来、听起来他都不像。

---

① 休·伯金著，赵文滨、蔡颖颖、林京京译：《目击中国革命——海伦·斯诺在华岁月和情感历程》，《百年潮》，2001年第8期。

② 访谈于2009年11月11日，美国犹他州锡达城。

③ 休·伯金著，赵文滨、蔡颖颖、林京京译：《目击中国革命——海伦·斯诺在华岁月和情感历程》，《百年潮》，2001年第8期。

张兆麟同别的学生领袖一样，1936年2月参加了中国共产党。①

1935年秋，斯诺夫妇从燕大附近的海淀军机处8号迁往城内盔甲厂13号，学生们的来访使他们应接不暇。燕京大学的张兆麟、黄华、龚澎、龚普生、李敏、陈翰伯，清华大学的姚依林，东北大学的宋黎，都是13号的常客。后来，黄敬也加入了这个行列，在这里躲避追踪，而关于游行的想法就是产生在这里。

> 游行的想法源于陈翰伯到盔甲厂13号的一次来访。他也来自东北，是张兆麟的朋友，也是新闻系的学生，是燕京学报的编辑。他戴着眼镜，沉着冷静，极富批判精神，不像张兆麟那么外向。他拿着笔和本，就“法西斯主义”对我进行采访。当时，在燕京大学有很多关于法西斯主义的讨论，张兆麟叮嘱他，一定要采访到一些有价值的信息。我已经整理了许多相关的资料，也不介意借给他们传阅，但我确实想不出一个合适的词来描述中国的情况。我想用“殖民化的次法西斯主义”来形容中国试图与轴心国联盟，但问题是，法西斯主义运动怎么可能不是民族主义运动呢？很显然，中国的抗日运动应该是反法西斯的，至少在我看来是这样的。同学们也很快同意了我的观点，但我的想法本身是自相矛盾的，是说不通的。
>
> 讨论到最后，陈一言不发，用怀疑的目光盯着我，觉得我的滔滔不绝对他的采访没有带来任何有价值的信息。我当时产生一个想法，通过上街游行的方式，让报纸和广播传播关于人民抗日救国的心情。当时政府禁止一切公众活动，否则将会判处死刑，形同自杀。陈说，他愿意为此自杀，但问题是没有人会响应上街游行。于是我建议他们游行用稻草扎个假人，在它身上写上“华北”二字，把它放在棺材里抬去埋葬，反正当局不会禁止葬礼，但这样会引起报纸广播的关注。②

海伦献出的妙计被学生们加以拒绝，他们认定这个办法不行。这惹得海伦大发脾气，陈翰伯描述说，“斯诺夫人大声抗辩，脸上泛起充血的红晕”。这就是关于“一二·九”学生运动的最初的想法，是海伦·斯诺为此次学生运动提供了最初的思想火花，并在给学生们提供反法西

---

① 本书作者译自：*Notes on the Chinese Student Movement*，第1页。

② 本书作者译自：*Notes on the Chinese Student Movement*，第4页。

斯主义资料的同时，积极向大家倡导民主，反对独裁。

> 我进一步阐述，19世纪的民主运动失败了，那为何中国选择了一个陈旧过时的政府，而没有紧随时代潮流而走上法西斯主义或者共产主义的道路呢？其实，失败的不是19世纪的民主运动，是20世纪的民主运动。19世纪的民主运动发生在人类发展史上最辉煌的时期，赋予了人类自从希腊和罗马民主时代以来最可贵的尊严。如果要今天的中国实行法西斯专制，那将把中国带入又一个政治发展的漩涡中。自由和法制是民主社会的根本。中国这样的国家，其力量的源泉在于人民大众，而不在于少数雇佣军。①

"一二·九"运动前夕，地下党员们在斯诺家里商量了游行活动的具体步骤，并把12月9日、16日两次大游行的路线、集合地点都告知斯诺夫妇。斯诺在《复始之旅》中写道："一九三五年底，燕京大学的学生自发在北京街头举行了游行示威，从而触发了全国性的抗议浪潮，也许正是它使华北免于陷入日本之手。这次爱国示威就是在我们的起居室里酝酿和筹划的。"② 陈翰伯在《在斯诺的小客厅里》一文中写道："斯诺夫妇积极支持中国青年的抗日活动，而且坚决相信中国共产党是中华民族解放的希望。他给我们提供了方便。我们在他的小客厅里结识了我们党在北平地下和已经在党的外围组织肩负重责的领导人David俞，就是后来的黄敬，原名俞启威，天津解放后的市委书记和市长，后来的第一机械工业部部长。可惜，他正当壮年，就在一九五八年被疾病夺去了生命。Yorker就是现在的姚依林同志。斯诺把我们看作普通大学生，这是很自然的。谁是党员，谁不是党员，他当然不知道。然而，地下党和我们几个人却借用了斯诺的小客厅。可以这么说，我们已经是在党的领导下进行革命活动了。"黄华当时是燕京大学的学生领袖，他对斯诺的学生会议记忆犹新。他于1996年写信给海伦③，"它把我带回到了1935—1936年间北平东城盔甲厂胡同13号。我们那勇敢无畏的青春岁月。60年后的今天，回首艰险的历史时刻，我感到我们没有辜负人民的期望。……任何力量都无法改变中美两国人民根深蒂固的友谊与相

---

① 本书作者译自：*Notes on the Chinese Student Movement*，第11页。

② 埃德加·斯诺著，宋久、柯楠、克雄译：《复始之旅》，新华出版社1984年，第166页。

③ Sheril foster Bischoff，*Bridging：A Photo Essay on the Life of Helen Foster Snow*，Shumway Family History Services，p111.

互理解以及我们日益紧密的关系。”在1935年12月9日的游行中，新闻系学生陈翰伯是燕京大学队伍的总领队，他带领的队伍在西直门受阻，无法进城前往集合地点新华门。队伍一直呼叫口号到傍晚才返校。当天斯诺夫妇在北京内城的街头为另一批学生拍照。[①] 当学生为华北即将落入日本军国主义之手而哭泣时，斯诺脱口而出：“哭有什么用，我们得行动！”[②] 在这一瞬间，斯诺夫妇同中国的不解之缘就此结下。[③] 当时与斯诺联系的中共党员黄敬就是北京地下党的负责人，斯诺并不知晓，误认为“一二·九”爱国示威“就是在我们的居室内酝酿和筹划的”。[④] 60年代知道详情后，他订正地写道，游行是“党员”策划的，“外国人的参加只是偶然的，新闻记者的参加也不例外，即使他们曾起到了保护作用；而我的建议、意见和鼓动也是偶然的，即使它们促成了那次游行”。[⑤] 但海伦的确是这场学生运动得以成功的很重要的外部因素之一。

二、对“一二·九”运动的传播

海伦是当年全面地持续地向英语世界报道“一二·九”学生运动的外国记者。事实上，海伦在言行中比斯诺激进得多。他们当年的学生张兆麟、陈翰伯、李敏、马汝邻回忆说，对于中国的抗日运动和苏维埃红军的斗争，斯诺夫妇都很关切，“不过斯诺持的是审慎客观的记者态度”，而海伦对这些话题则表现了极大的热情乃至急躁。她曾同马汝邻争论说：“朱德不是红色的道德吗？毛泽东不是羽翼泽被东方的意思吗？周恩来不是普遍的恩惠来了吗？”和埃德加·斯诺不一样，海伦从一开始就以为蒋介石无可救药，没有前途可言。因而，她的目光停留在朱德、毛泽东和周恩来的名字上面，认为他们代表着中国的前途和希望。在日本加快侵略中国的步伐面前，国民党奉行追剿红军的卖国政策和法

---

① 海伦·斯诺著，华谊译：《旅华岁月——海伦·斯诺回忆录》，世界知识出版社1985年10月第1版，第152页。

② Peter Rand, *China Hands*, Simon and Schuster, 1995, pp148－149.

③ 谢莉尔：《感谢您，理想和友谊的架桥人》，安危主编：《伟大的女性——纪念海伦·福斯特·斯诺》，陕西旅游出版社1997年10月第1版，第421页。

④ 埃德加·斯诺著，宋久、柯楠、克雄译：《复始之旅》，《斯诺文集Ⅰ》，新华出版社1984年8月第1版，第66页。

⑤ 埃德加·斯诺著，董乐山译：《红星照耀中国》（又名：《西行漫记》），《斯诺文集Ⅱ》，新华出版社1984年8月第1版，第71页。

西斯高压统治，斯诺夫妇看法一致，只是海伦“言词更加激烈罢了。只要一提起国民党，她就深恶痛绝。”在崇尚尊师的中国，无疑，这些看法使她的学生们深以为然，和他们内心的失国忧虑产生共鸣。

> “鬼叫的沉默……心里冰冷，四肢也冰冷……就算没有高墙，铁门、箭楼、城堡……至少应该有夜风悲叹着被忘却的光荣的鬼魂。”
>
> 这就是我写的一首题为《古老的北京》的长诗的基调。这首诗在《亚细亚》杂志上刊登，后来收在当年的诗集里①。（像许多文艺青年那样，我也是以做诗开始的。）1935年12月的《亚细亚》主要是我的作品，有上述的一首诗，有一篇与王钧初合写《中国的四大画家》的文章。②

游行前夕，斯诺夫妇把《平津10校学生自治会为抗日救国争自由宣言》连夜译成英文，分送驻北平外国记者，请他们往国外发电讯，并联系驻平津的许多外国记者届时前往采访。当晚，斯诺就给伦敦《每日先驱报》发出电讯：“此一大规模的学生游行示威，起因是抗议日本强占北方领土的阴谋。学生运动常改变中国历史，它是革命的。”③ 在给纽约《太阳报》发去专电中称，这是北平学生的又一次五四运动。④

> 1935年1月，我开始写反法西斯的文章，尽管我对法西斯主义的究竟所知不多。我任命自己为我所能找到的反法西斯材料在华北（也许是全中国）的主要散发人，材料全部由我自己打字，每一种要打好几次。我把它装在文件包里，一包一包地送给大学生。
>
> 我那时正在收集中国学生运动的材料，打算写一部学生运动史。那时候中国的学生比任何别的地方的学生都重要——他们代表着国家的精华。学生能够“危害”国家，对我倒是个没听说过的观点。⑤

---

① 阿伦·佩特编：1935年期刊诗选信与美国诗歌年鉴（纽约：诗歌文摘学会，1936年）。——作者注。

② 本书作者译自：*Notes on the Left - wing Painters and Modern Art in China*，第42页。

③ 陈翰伯：《在斯诺的小客厅里》，裘克安编集：《斯诺在中国》，生活·读书·新知三联书店1982年3月第1版，第402页。

④ 约翰·马克斯韦尔·汉密尔顿著，沈蓁、沈永华、许文霞译：《埃德加·斯诺传》，学苑出版社1990年6月第1版，第60页。

⑤ 本书作者译自：*Notes on the Chinese Student Movement*，第9页。

燕京大学的学生领袖们回到学校后立即行动起来，宋庆龄的回信在学生们中间秘密传递。学生会主席张兆麟在《燕大周刊》第6卷第3期上，发表了《学生运动——燕大学生会的使命》一文，说出了学生会和领袖们的打算："因法西斯特务的破坏，北平各国立大学的学生会都遭破坏或被特务分子控制，只有燕京学生会掌握在进步爱国学生的手里，我们应当活动起来。"

1935年10月22日，燕京学生会召开全体学生大会并通过一项提案，向在南京召开的国民党六次全会通电，请求开放言论集会自由，禁止非法逮捕学生。学生会并且根据此提案，委托哲学系研究生高名凯起草一个要求民主和自由的宣言。海伦拿着译稿立即打字，然后骑车去找驻北平的外国新闻机构。她首先找了路透社，被弗兰克·奥利弗以"纯粹是宣传"为理由拒绝披露，这样，在这场重要的新闻竞赛中路透社输给了美联社：F·麦克拉肯·费希尔和厄尔·利夫两位美联社记者接受海伦的建议，立刻把这条新闻拍发出去。这份宣言于12月9日以前出现在平津的英文报刊上及美联社发往世界各地的电讯中。

黄华和他的同学们撰写了1935年11月1日发表的著名的《平津十校学生自治会为抗日救国争自由宣言》，有一份油印稿拿到我们家里由他们中的一人译成英文。言词十分激烈，可能遭到危险。我对他们说未免太激烈了一点。宣言里说道：

"奠都以来，青年之遭杀戮者，报纸记载至三十万人之多，而失踪监禁者更不可胜计。杀之不快，更施以活埋，禁之不足，复加以毒刑。地狱现形，人间何世？"

宣言抨击南京不抗日，"以'赤化'为口实，今复可以'妨碍邦交'为罪名，而吾民则举动均有犯罪之机会矣。杀身之祸，人人不敢必免……刊物之被禁，作家之被逮，更不可胜计。"宣言还提到清华大学冯友兰博士及其他人被捕。

签名的首先是"燕京大学学生自治会"，共十所学校，其中有清华大学，还有六所中学。寄出去给全国各地学校的约有两千份。

我想让外国报纸刊登这份宣言。我拿了一份给路透社的弗兰克·奥利弗。

弗兰克说，"我们怎么能发这种东西，全是宣传。"

我告诉他，中国学生们冒着生命危险进行抗议游行，对我来说就是信心，而弗兰克竟然觉得这是一个很愚蠢的玩笑。我真的很生气，决定以后再也不去他家喝茶了。如果不是美联社对学生运动在全国的报道，恐怕就没有后来的运动了，因为在当时不可能再有其他渠道让中国民众了解这件事了。

我一直很忙，直到11月7日才得以将新闻发给《密勒氏评论报》的主编J·B·鲍威尔。自从他支持南京政府抨击美国媒体对中国法西斯发展趋势进行报道，我和他就疏远了。这次学生运动使J·B·鲍威尔又“站到了我们这边”。①

12月9日请愿游行的前夜，黄华等人把游行路线、集合地点和宣传口号等计划通知了斯诺夫妇，海伦和斯诺差不多整夜不眠，赶抄北平学生向何应钦提出的条件和各种传单的译文。第2天的游行，斯诺夫妇随着队伍采访，这肯定使学生们的胆子更大。斯诺后来写道：“尼姆和我不是一般的旁观者，我们自豪地在这个队伍的领导者旁边，和他们并排走着。”在12月9日的游行之后，燕京大学学生会为了让外国记者了解学生们罢课以后的情形和意见，12月12日在燕园临湖轩召开外国记者招待会，由龚普生和龚澎主持。这俩姐妹从未有过这样的经验，因而欢迎别人的帮助。龚普生回忆说：“斯诺夫妇那天非常活跃，不但介绍这些外国记者和我们认识，还在会上帮忙招待。”海伦上大学时曾当过学生会副主席，她的经验派上了用场。她对龚普生说：“你们亲口对他们讲，胜过我们代讲一百句。”这个招待会获得成功。龚普生说：“这是中国学生的第一次外国记者招待会，打开了国际宣传的局面”。

在12月16日的大游行之前，黄敬和清华的姚依林、燕京的黄华、东北大学的宋黎等数所大学的学生会联络员在盔甲厂13号秘密碰头，商谈行动安排。海伦坐在窗前，为他们的密谈把风。16日一大早，斯诺夫妇坐上出租车，接了美联社记者F·麦克拉肯·费希尔一起上街，和许多记者一道采访这次大游行。回家后，海伦赶写了《北平学生运动的进一步发展》一文，向社会报道12月16日的游行过程，十分精彩地描绘了学生们英勇地同军警斗争的场面。

她写道：“声势浩大的示威游行——这是北平曾举行过最庞大的和最使人难忘的示威游行中的一次——看上去他们的机智处处都胜过了警察们。”她赞扬了学生领袖：“对那些在游行队伍中带领各分队的突击队的领袖们的真正惊人的英勇气概，无论怎样高的赞颂都不会是过分

---

① 本书作者译自：*Notes on the Chinese Student Movement*，第14－15页。

的。”在这篇文章里，海伦记载了学生们的口号共计22条，使舆论了解学生们的正当要求。海伦这篇题为《北平学生运动的进一步发展》的现场采访报道，发表在1935年12月28日的《密勒氏评论报》。

12月9日在北平大街上游行示威只有约八百人，但是正是这处在政治与军事前线的孤注一掷激励了全中国的学生。这一发生在正确的时刻的大无畏的行动，引发了12月16日有一万学生参加的大规模的游行示威。这次是戴维·俞，一个职业革命家参加计划的，其他人则是没有经验的新手。

12月9日游行示威之后不久，黄华带了一个青年到我们家里来，介绍此人名叫戴维。几分钟后，又来了三个学生。①

海伦在给《密勒氏评论报》的报道写道：

我们坐了汽车到达，正赶上看到一个大刀队，没给任何警告，举刀直冲学生领袖……游行队伍到达前门的广场上停了下来。警察没有上级军官，似乎毫无组织，衣帽不整，神情紧张，发疯似的冲击，直对学生胸部发射了三排齐发子弹……游行队伍立刻不见了，但是很快又聚集了向前冲去……一个车站上头脑清醒的苦力，就充当了群众与警察交涉的中间人。

那天夜里，我们接到一个电话报告说，某一条死胡同里有三百名学生围在里面，遭到大刀队的毒打，不能走动了。

12月16日，北京所有的新闻记者都上了大街，就连J·B·鲍威尔也从上海赶来为《芝加哥论坛报》进行采访。②

12月16日游行示威，据估计有6 500到10 000人参加。12月16日路透社报道：“今天北平发生了规模空前巨大的学生游行示威……警察十分的残酷，但是带摄影机的外国记者在场帮了学生不少忙……照相机对准了的时候，警察就不打学生……据说在混乱中有10个到15个学生被大刀砍伤……也有日本人在观看，对他们并无暴力行为。

12月12日的《密勒氏评论报》说：“上海的东洋人指责是美国影响中国的学生运动……幕后有人操纵……学生中多数是教会学

---

① 本书作者译自：*Notes on the Chinese Student Movement*，第46页。
② 本书作者译自：*Notes on the Chinese Student Movement*，第51页。

校的……学生运动的领导是美国大学毕业的教授。”①

从这个新闻中我们可以看出，日本人已经注意到美国人在“一二·九”运动中所起的作用。海伦·斯诺用她的行动和她的文章，直接推动了1935年的学生运动，她还利用国外的新闻媒体对此进行报道，从而有效地传播了中国学生运动以及中国人民的抗日主张。

三、斯诺夫妇创办《民主》杂志

在参与中国民主运动的同时，斯诺夫妇还与燕京大学的教授一起，创办了《民主》杂志，来传播中国民主人士的声音。海伦·斯诺在笔记中阐述了为什么给这本杂志起名为《民主》。

> 什么是民主？1937年春天是中国历史上的重要时期，在北平一群中国人和外国人迫切需要在远东地区做一本刊物，向公众传播中国面对的一切现实问题，并展开深入讨论，找到解决问题的良方。这群人就是《民主》杂志的编委会。
>
> 他们决定给杂志起名“民主”是有一定原因的。在他们看来，在中国传播民主是拯救中国、实现孙中山先生的三民主义、继而实现民族主义、解决人民生存问题的重要手段。从政治的现实角度上说，实现民主的第一步是停止内战，联合多方力量，将中国从日本帝国主义的控制中解放出来；但仅仅停止内战，实现国共军事合作是不够的。中国必须联合人民群众的力量，赋予人民群众最基本的民主权利和自由，方能将日本帝国主义赶出中国。
>
> 《民主》杂志就是要倡导民主，把民主作为解放中国的前提条件，实现真正的自由民主，坚决打击法西斯帝国主义的反动势力。②

在传播中国社会民主进程的同时，海伦·斯诺迫切需要一个自己的载体。这个机会竟然自己出现了——美国的传教士们决定在中国创办一份新的杂志，他们找到了斯诺。

> 1937年1月J·斯潘塞·肯纳德先生来到我家，告诉我教友会服务委员会给了他一千美元来创办一本关于应用基督教伦理的刊物，并且要通过它来吸引中国的青年读者。他听说我和埃德与其他

---

① 本书作者译自：*Notes on the Chinese Student Movement*，第51–52页。

② 本书作者译自：*The Beginning of the Industrial Cooperatives in China*，第9页。

外国人相比，在中国的年轻人中有更深入的影响，因此找到了我们。我先生很忙，基本无暇顾及课外的事情，可以想象他是怎样在这样的一个时期艰难完成了《西行漫记》。但我听到这个消息非常高兴，坚持要在几个月内完成这个事情。我决定我自己来策划这件事，而埃德也同意，只要不让他做更多的事情，他可以每期写些稿件。①

海伦·斯诺在小学当过校报的编辑，在中学也曾是学校年鉴的编辑之一。她很难过地想到那部“伟大的书”又得推迟了，但她懂得创办这份杂志是绝对没错的。海伦·斯诺认为，揭示真理的时刻就在眼前，她也要为自己的文章在当地找一条出路。她不仅召集相关人员组成了编委会，初期就杂志的内容和定位进行了大量的讨论，而且为了杂志的正常运作，还积极联系其他杂志进行广告资源互换，表现出了卓越的媒体管理能力。

本来不让埃德在这件事上浪费时间，但他却坚持要参加那些冗长的有争论的会议，不过这些会议也确实取得了新的一致意见。

首先，我们给燕京大学的梁士纯打了个电话。他将成为我们编委会会议的主席。托德是一位美国工程师，在这里管财务，但他与梁不合，不久就辞职而去。肯纳德找来一位姓肖的传教士。但当他发现我们都不懂编辑业务，标题上全不用大写字母时，也告辞而去了。

我们又从燕京动员了其他一些同情“一二·九”运动的人：哈里·普赖斯、兰·塞勒以及张东荪。后来，吉姆·伯特伦从西安回来后也加入了，并带来艾达·普鲁伊特。她是在中国出生的传教士，也是第一位社会福利工作者。吉姆就住在她那有三个院落的宫殿里，住在那里的还有许多小狮子狗和两个养女。我们每人都为这本杂志捐了150元中国币，基督教青年会总干事爱德华兹先生还答应替我们找一位“保人”。②

《民主》杂志的诞生，为海伦·斯诺传播中国的民主思想和向西方介绍中国民主运动提供了一个重要的渠道。

作为编辑，海伦·斯诺为第一期《民主》杂志写了一篇题为《中

---

① 本书作者译自：*Notes on Sian Incident*，第171页。

② 本书作者译自：*Notes on the Chinese Student Movement*，第162页。

国与民主》的阐述刊物的方针的文章。她在文章中写道："由于认识到所有过去被民主打败了的暴政和专制的势力又一时卷土重来，给文明带来巨大的威胁，因而我们聚集在民主的大撩之下……民主之吸引我们的特殊之处就是……它发现和传播反动势力的死敌和自由的不可战胜的同盟者——真理。"

> 我们认为，民主是推动社会进步的根本，而不是一种政府形式，是人民通过言行自由表达意愿的一种权利。我们必须保护今天世界各国人民争取得到神圣的民主权利，而不是压制，这将是促进法治、推动社会进步、维护世界和平的最好手段。
>
> 我们必须认真思索。在人类历史上民主有过各种面孔，也曾有过多种形体，重要的是要有向上的运动的机会，有发展和进步的权利。在当时的中国，民主就意味着动员民众或允许民众动员起来抗日。但蒋介石过于软弱和惊恐，他不会答应这样做的。他当然知道这样会使事情失去控制，威胁到他的统治。①
>
> 4月1日我就做好发表这份双月刊的第一、第二期的准备工作，但杂志直到5月份才印出来。除了梁士纯之外，我是唯一的真正热爱这一新生儿的人。3月份我开始做去红区旅行的准备工作，不得不把这个娇弱的幼儿交给一位对中国完全陌生的人。没有别人愿意干这没有报酬而又危险的工作，我也是费了好大劲才找到这个人的。②

1937年7月7日日本人进攻北平。最后一期《民主》被他们从印刷机上夺走了。《民主》是黑暗地平线上的一次短暂的闪电。这本杂志停刊后六个月，上海的英国领事就设法要海伦等重新复刊。1939年，肯纳德从四川写信来说，弗兰克·普赖斯将同梁士纯和我一起来恢复这本杂志。弗兰克是哈里的兄弟，是和蒋介石夫人关系最为密切的传教士。自"一二·九"运动以来，我们走了一条漫长的道路。

梁士纯对民主杂志深感自豪："我们的《民主》杂志在第一期上，首次刊登了毛泽东的自传——世界上有危险的事情，几个星期以后，日

---

① 本书作者译自：*Notes on the Chinese Student Movement*，第176页。

② 本书作者译自：*Notes on the Chinese Student Movement*，第78页。

本人就接管了印刷机。"[①] 1974年，他在给海伦的信中写道：

> 正是盔甲厂13号孕育了《民主》，从时代背景和历史条件来说，它可能是在中国出版的最重要的英文期刊。它一举成功，名噪一时，震动了中国的知识界……它的许多文章都被译成中文在中国刊物上发表……引起了国民党的注意，对它支持共产党的倾向提出抗议……甚至连中国的头号敌人，日本委任的南满铁路总督松冈也购买了400本第一期《民主》，并把它们寄回了日本，至于为什么，只有他自己最清楚。

正如海伦·斯诺所说，《民主》是黑暗的地平线上倏忽一闪的雷电。[②] 虽然《民主》杂志在很短的时间内夭折了，但从这本杂志的创立，到日本人把正在印刷的最后一期《民主》杂志夺走，每一期杂志，都是对斯诺夫妇这两位美国人了解中国民主运动、传播中国民主思想的见证。

---

① 海伦·福斯特·斯诺著，仲伦、剑华、安危译：《中国为民主奠基》，陕西旅游出版社2007年8月第1版，第350页。

② 海伦·斯诺著，安危、杜夏译：《我在中国的岁月》，中国新闻出版社1986年9月第1版，第247页。

第三章　罗斯福时期斯诺对中美关系的影响

罗斯福时期，是斯诺对中美关系影响最为深刻的时期，《西行漫记》客观上宣传了中国共产党的外交思想，也使美国政府开始关注另外一个中国政权，并影响了中美两国的青年和专家前往延安，投入中国人民的反抗斗争。

在上海时，偏见、腐化、对革命力量的谣言包围着斯诺，使他不得其解。在北平，特别是在燕京大学任教期间，他不仅与当地的外国人有所接触，也与许多中国人建立了友谊，特别是与学生们的交往，使他对于聚集在中国西北的革命武装力量的了解越来越多，并最终在 1936 年到达保安，在红区采访了 5 个月。《西行漫记》的问世，向成千上万的中国人报告了他们自己的国家正在发生的真实的事情，同时也向全世界报告了一个真实的中国。斯诺这个时期的作品，对中美关系产生了深刻的影响。斯诺与毛泽东的初次相遇是由于中国的革命者们找到了他，相信其独立报道的公正性，信任他的人品，相信他的独立报道能够为他的文章赢得众多的读者。斯诺对报道的认真还可由其作品极低的错误率加以佐证，这也是对他的判断力和谨慎的记者直觉以及独立性的明证。他相信，当“作品为人类增添了哪怕是极少量的知识”时，作品的价值即不证自明，而这一切，如果不能“为世界上‘绝大多数人’即穷人与被压迫人民谋利”也是不能实现的。他从中国人民需求的角度来理解中国革命，认为这是一种历史需求的表达，是长期受到压制与剥削后要求摆脱压迫的需求。

第一节 斯诺对中国共产党外交政策的影响

抗日战争开始后，中国共产党非常重视国际宣传和外交工作，积极促成国际统一战线，特别是对美外交方面。曾经在1919年参加北京大学新闻学研究会学习①的毛泽东非常重视斯诺这次来访，美国学者也认为，世界上一些革命领导人最初都是从事记者职业的，毛泽东就十分了解大众传媒在促进革命方面的作用的。② 1936年，斯诺是“世纪独家新闻”的记者，他在中国采访了毛泽东和其他领导人，算是选对了地方。同样也选对了时间，此时欧洲正步入国际战争，而中国正饱受内战和日本入侵的煎熬。③ 毛泽东1938年接受一名德国记者采访时表达了对斯诺的评价和感激：“当我们被整个世界遗忘的时候，只有斯诺来到这里来认识我们，并把这儿的事情告诉外面的世界。所以我们将永远记住斯诺对中国的巨大帮助。”④

对于中美关系，1936年，毛泽东在与斯诺的谈话中指出：“我们认为美国人民和美国政府对中国是有远见的，形势注定美国政府要对中国和日本的未来起非常积极的作用。我们希望并且相信，他们将同中国结成统一战线，以反对日本帝国主义。”⑤ 毛泽东非常重视通过他来开展国际宣传和外交工作，除了斯诺7月下旬至9月中旬去前线采访外，毛泽东几乎每天与他会面，他们共谈了六组问题：7月15日谈外交问题；16日谈反对日本帝国主义；18～19日谈内政问题；23日谈中共与共产国际和苏联的关系；9月23日谈联合战线问题；9月底至10月初谈个人生平和红军长征史。⑥

在与斯诺的谈话之后，毛泽东更加系统地阐述了中国共产党的外交

---

① 《新闻研究会之改组纪事》中说明毛泽东在1919年2月19日已经参加了北京大学新闻学研究会。《北京大学日刊》第313号，1919年2月20日。

② StephenR. Mackinnon, Press Freedom and the Chinese Revolution in the 1930s, Media & Revolution, Comparative Perspectives, 1995, pp174－188.

③ EdwardL. Farmer, “From Admiration to Confrontation,” *Media Studies Journal*13: 1Winter 1999, 136.

④ 《毛泽东和斯诺之间的真诚友谊》，《人民日报》，1982年2月15日。

⑤ 《毛泽东1936年同斯诺的谈话》，人民出版社1979年版，第130页。

⑥ 赵佳楹编著：《中国现代外交史》，世界知识出版社2005年5月第1版，第709页。

思想，1937 年 7 月 23 日所写《反对日本进攻的方针、办法和前途》一文中，提出抗日外交：“抗日的外交，不能给日本帝国主义者以任何利益和便利……争取英、美、法同情我们抗日，在不丧失领土主权的条件下争取他们的援助。战胜日寇主要依靠自己的力量；但外援是不可少的，孤立政策是有利于敌人的。”[①] 在《论持久战》一文中，国际抗日统一战线的完成是中国战胜日本帝国主义的三个条件之一，特别收复失地的反攻阶段，“单只自己的力量还是不够的，还须依靠国际力量和敌国内部变化的援助，否则是不能胜利的，因此加重了中国的国际宣传和外交工作的任务”。[②] 为了更广泛地开展外交工作，中国共产党 1937 年在长江局下设国际宣传组，1939 年在南方局下设对外宣传组，其任务是：对外宣传党的路线、方针、政策；同时广交国际朋友，了解世界，尤其是了解美国。[③] 除了斯诺，与中国共产党领导人密切接触的美国友人还有斯特朗、史沫特莱、爱泼斯坦、海明威、费正清、海伦·斯诺、卡尔逊等人。

在这样的宣传战略作用下，毛泽东和中国共产党的外交思想很快通过斯诺传到了全世界。《每日先驱报》、《纽约太阳报》、《太美晚报》、《生活画报》等英美报刊相继刊载了斯诺的一系列通讯报道和采访照，1937 年和 1938 年英美两国相继出版斯诺的《红星照耀中国》一书，后来被译成十几种文字，在世界各地产生巨大影响，为世界人民打开了了解中国革命和中国共产党真实情况的窗口。1939 年 6 月，斯诺访问延安，与毛泽东做了多次谈话，他在《密勒氏评论报》上发表了对话全文。毛泽东讲到统一战线和政策问题，还讲了当时重要的国际问题。这对于国外人士了解共产党对外政策都是很有帮助的。[④] 在斯诺的引领下，毛泽东和中国共产党的外交思想，也通过其他更多的国际友人在世界传播，如斯特朗的《人类的五分之一》、史沫特莱的《中国在反击》、海伦·斯诺的《续西行漫记》、卡尔逊的《中国的双星》、贝特兰的《华北前线》、斯坦因的《红色中国的挑战》等。

---

① 《毛泽东选集》（第 2 卷），人民出版社，1952 年版，第 333 页。

② 《毛泽东选集》（第 2 卷），人民出版社 1952 年版，第 503 页。

③ 赵佳楹编著：《中国现代外交史》，世界知识出版社 2005 年 5 月第 1 版，第 918 页。

④ 张注洪主编：《中美文化关系的历史轨迹》，南开大学出版社 2001 年 12 月第 1 版，第 329 页。

一、斯诺对共产党人的解读

斯诺对中国共产党人的解读是真实的，他对中国共产党的领导人的描绘非常写实，对中国共产党的提问也极其认真。这些都成就了他作品的可信度。斯诺认为：“为了要探明一个事情的真相，只拿一个外国人的脑袋去冒险，没有比这更值得的了。”① 在宋庆龄的帮助下，他满怀疑惑，于1936年6月越过国民党的重重封锁只身到陕北苏区采访。“我之‘所以有点不舒服’，是因为我身上注射了凡是能够弄到的一切预防针。用微生物的眼睛来看一下我的血液，就可以发现一支令人毛骨悚然的队伍；在我的臀部和腿部注射了天花、伤寒、霍乱、斑疹伤寒和鼠疫的病菌。这五种病在当时的西北都是流行病。此外，最近还流传着令人吃惊的消息，说淋巴腺鼠疫正在陕西省蔓延开来，陕西省是地球上少数几处流行这种风土病的地方之一。”② 苏区的采访持续了四个月之久，斯诺通过实地观察与访谈的方式，全面、本质地对共产党、苏区人民的生活以及精神面貌作了通盘了解和多角度的把握。“毛泽东、彭德怀等人所作的长篇谈话，用春水一般清澈的言辞，解释了中国革命的原因和目的。还有几十篇和无名的红军战士、农民、工人、知识分子所作的对话，从这些对话里面，读者可以约略窥知使他们成为不可征服的那种精神，那种力量，那种欲望，那种热情。——凡是这些，都不是一个作家所能够创造出来。这些是人类本身的丰富而灿烂的精华。”③

1936年6月斯诺进入红区时遇到的第一个红军指挥员是“长着一脸黑色大胡子”的周恩来，他这样描述他们见面时的情景：他走上前来，用温和文雅的口气向我招呼：“哈罗，你想找什么人么？”他是用英语讲的！④ 周恩来给斯诺的第一个印象是：“他是一个具有非凡魅力的红军革命领袖，在他身上有一种惊人的吸引力，在他的身上毫无国民

① ［美］爱德华·卡特，《〈红星照耀中国〉书评》，《太平洋事务杂志》，1938年第5期。

② ［美］埃德加·斯诺著，董乐山译：《西行漫记》，生活·读书·新知三联书店1979年第1版，第7页。

③ ［美］埃德加·斯诺著，董乐山译：《红星照耀中国》（又名《西行漫记》），《斯诺文集Ⅱ》，新华出版社1984年8月第1版，序言。

④ ［美］埃德加·斯诺著，董乐山译：《西行漫记》，生活·读书·新知三联书店1979年第1版，第39－41页。

党报纸上宣传的‘无知土匪’、‘强盗’的影子。”斯诺他在《西行漫记》中写道：

> 周恩来给我的印象是，他头脑冷静，善于分析推理，讲究实际经验。他态度温和地说出来的话，同国民党宣传9年来诬蔑共产党人是什么“无知土匪”、“强盗”和其他受用的骂人的话，形成了奇特的对照。……他似乎一点也不像一般所描绘的“赤匪”。相反，他倒显得真的很轻松愉快，充满了对生命的热爱，就像神气活现地仿佛一个大人似的跟在他身边走的“红小鬼”一样，他的胳膊爱抚地搭在那个“红小鬼”的肩上。

西方人眼中的红军似乎都是“留着长胡子”，“喝汤的时候发出咕嘟咕嘟的声音”，“皮包里夹带着土制炸弹①”。斯诺生动而朴实的报道，为世界人民打开了了解中国共产党和工农红军真实情况的窗口。即便是在美国，正如其评论者所说，“看着那些咯咯笑的共产党领导人的夫人们，看着问及此事苏维埃社会中那些心满意足的娃娃们，看着那些军服整洁的红军干部们，——这些是《生活》杂志戏剧性图片报道的一部分，对于任何人来说，要让他们相信红军只是‘土匪’，真是太困难了。”②

斯诺对共产党人的解读，来源于共产党人朴实的情怀和斯诺细致入微的观察。斯诺曾描写道：一天深夜毛泽东在接受采访时，突然看见一只飞蛾在蜡烛旁边奄奄一息地死去，毛泽东夫妇高兴地叫起来。“这确实是一只很可爱的小东西，翅膀是淡淡的苹果绿，边上有一条橘黄色和玫瑰色的彩纹。毛泽东打开一本书，把这片彩色的薄纱般的羽翼夹了进去。”③ 斯诺也不禁感叹：“这样的人会是真的在认真地思考战争吗？”④ “毛泽东生平的历史是整整一代人的一个丰富的横断面，是了解中国国内动向的原委的一个重要指南。”⑤ 于是，斯诺对毛泽东提出了几十个

---

① ［美］埃德加·斯诺著，董乐山译：《西行漫记》，生活·读书·新知三联书店1979年第1版，第3页。

② 蔡国芬：《浓浓关怀溶溶真情——解读斯诺作品的人文关怀》，《百年斯诺》，北京大学出版社2006年12月第1版，第57页。

③ ［美］埃德加·斯诺著，董乐山译：《西行漫记》，生活·读书·新知三联书店1979年第1版，第88页。

④ 同上。

⑤ ［美］埃德加·斯诺著，董乐山译：《西行漫记》，生活·读书·新知三联书店1979年第1版，第62页。

问题：

中国的红军是不是一批自觉的马克思主义革命者，服从并遵守一个统一的纲领，受中国共产党的统一指挥的呢？如果是的，那么那个纲领是什么？共产党人自称是在为实现土地革命，为反对帝国主义，为争取苏维埃民主和民族解放而斗争。南京却说，红军不过是由“文匪”领导的一种新式流寇。究竟谁是谁非，还是不管哪一方都是对的……中国共产党人究竟是什么样的人？他们同其他地方的共产党人或社会党人有哪些地方相像，哪些地方不同？他们读过《资本论》和列宁的著作没有？他们有没有一个彻底的社会主义经济纲领？……他们的领导人是谁？他们是不是对于一种理想、一种意识形态、一种学说抱着热烈信仰的受过教育的人？他们是社会先知，还是只不过为了活命而盲目战斗的无知农民？例如，毛泽东，南京通缉名单上的第一号“赤匪”，蒋介石悬赏二十五万元银洋不论死活要缉拿到他，他是怎样的人呢？那个价值这么高昂的东方人脑袋里到底有些什么名堂呢？或者像南京官方宣布的那样，毛泽东真的已经死了吗？朱德，称作红军总司令的这个人的生命在南京看来具有同样的价值，他又是怎样的人呢？林彪这个二十八岁的红军天才战术家，据说在他率领下的红军一军团从来没有打过一次败仗，他又是谁？他的来历如何？还有其他的许多红军领导人，多次报道已经毙命，可是又在新闻报道中重新出现，不但毫毛无损，而且仍旧在指挥着新的军队同国民党对抗，他们又是些什么人呢？……红军抗击极大优势的军事联合力量达九年之久，这个非凡的纪录应该拿什么来解释呢？红军没有任何大工业基地，没有大炮，没有毒气，没有飞机，没有金钱，也没有南京在同他们作战时能利用的现代技术，他们是怎样生存下来并扩大了自己的队伍的呢？他们采用了什么样的军事战术？他们是怎样训练的？是谁给他们当顾问的？……中国的苏维埃是怎样的？农民支持它吗？……共产党怎样穿衣？怎样吃饭？怎样娱乐？怎样恋爱？怎样工作？他们的婚姻法是怎样的？他们的妇女真的像国民党宣传所说的那样是被“共妻”的吗？中国的“红色工厂”是怎样的？红色剧团是怎样的？他们是怎样组织经济的？公共卫生、娱乐、教育和“红色文化”又是怎样的？……红军的兵力有多少？真像共产国际出版物所吹嘘的那样有五十万人吗？果真如此，他们为什么没能夺取政权呢？他们的武器和弹药是从哪里来的？它是一支有纪律的军队吗？它的士气怎么样？官兵生活真是一样吗？如果像蒋介石总司令在一九三五年所宣布的那样，南京已经“消灭了共匪的威胁”，那么共产党到一九三七年在中国战略地位最重要的西北占领了一块比以前更大的整块土地，又怎样解释呢？……最后，共产党倡议在中国建立“民族统一战线”，停止内战，这到底是什么意思？①

中共中央专门就斯诺提出的问题召开过政治局常委会予以讨论，这是中共历史上第一次讨论国际关系的专门会议；毛泽东同斯诺的首次谈话是中国共产党第一次系统地讨论和阐述了国际统一战线策略和处理中外各国关系的方针。毛泽东对斯诺问题的回答，成就了斯诺的历史巨著，并对中美政要产生了深刻的影响。美国总统罗斯福看完斯诺的著作后，先后三次接见斯诺，还亲自推销他的书。1937 年 3 月 10 日，毛泽东在延安专门致信斯诺：“我们都感谢你的。”1938 年春，毛泽东还亲自对一位德国记者说：“当其他人谁也不来的时候，斯诺来到这里调查我们的情况，并帮助我们把事实公之于世……我们将永远记得他曾为中国做过一件巨大的工作。他是为建立友好关系铺平道路的第一个人。”②斯诺在所有的外国记者中，地位是最特殊的，除他外没有任何一个外国人在中国能得到这样高的礼遇。第一次到苏区后，他在日记中写道：“我有生以来第一次受到一个政府的全体阁员（指当时在保安的中共中央领导人）的欢迎，也是第一次接受一个城市的全体居民的欢迎。在这样一个群山环抱的内地小城镇，军号声冲破宁静的山谷，我难以想象能够受到如此热烈的欢迎。在这样的情况下，假如要我讲话，我也很难表达出我的激动心情。”③ 1936 年 7 月 14 日，中共中央还为斯诺精心准备了欢迎晚会，毛泽东即席发表了热情洋溢的欢迎讲话。在演出文艺节目时，邓颖超、贺子珍、刘英、危拱之④ 4 位女红军合唱了一支《渔光

---

① ［美］埃德加·斯诺著，董乐山译：《西行漫记》，生活·读书·新知三联书店 1979 年第 1 版，第 2－6 页。

② 雷跃捷、何晋文：《新闻记者的楷模》，参见龚文庠主编：《百年斯诺》，北京大学出版社 2006 年 12 月第 1 版，第 155 页。

③ ［美］约翰·马克斯韦尔·汉密尔顿著，沈蓁、沈永华、许文霞译：《埃德加·斯诺传》，学苑出版社 1990 年 6 月第 1 版，第 72 页。

④ 这个演唱阵容是空前绝后的。邓颖超是周恩来的夫人、贺子珍是毛泽东的夫人、刘英是张闻天的夫人、危拱之是叶剑英的夫人。

曲》表示对斯诺的欢迎。斯诺再访延安时，1939 年 9 月 29 日，中共也举行了欢迎会，又是毛泽东亲自致欢迎词，他说："民国二十五年（1936 年）斯诺先生第一个到陕北苏区来。这次重来边区，我们热烈欢迎他。美国是一个大民族，人民大众是反对帝国主义，同情被压迫民族解放的，斯诺先生是站在人民大众方面的，他是共产党的好朋友。希望经过斯诺先生，使中美两大民族亲密携手，帮助中国人民打倒日本帝国主义。"① 联想到斯诺访问新中国时，在 1961 年和 1970 年的国庆日两次登上天安门城楼，与毛泽东等中共最高领导人比肩而立，这种最高规格的礼遇，是至今无人能比的。从这里我们可以看到斯诺及其作品对中国共产党人的巨大意义。

二、对斯诺采访的历史评价

给予斯诺高度评价最多的是《西行漫记》的传播和历史影响。很多评价者认为斯诺是第一个把共产党和红军长征介绍到西方的人，但事实并非如此。张注洪教授认为《西行漫记》第一次向世界人民打开了真正了解中国共产党和工农红军的窗口。② 张注洪教授的说法在很多关于斯诺的研究中我们都会看到，因为人们通常认为斯诺是第一个把红军长征和中国共产党介绍到西方的记者。③ 在笔者的研究过程中发现，斯诺并不是介绍红军长征的第一人。他在中国国内是最早报道红军和中国共产党的，但在国外并不是最早的。原国家新闻出版总署署长胡愈之在悼念范长江的文章中认为：范长江是"在国内报纸上公开如实报道工农红军二万五千里长征的第一人"。④ 认为范长江的《动荡中的西北大局》于 1937 年 2 月 14 日在《大公报》发表，比斯诺的《西行漫记》伦敦英文版略早。但实际上，斯诺对红军和中国共产党的报道早在 1936 年 11 月 14 日、21 日，就以《毛泽东访问记》为题，在《密勒氏评论报》上首先发表了。然而斯诺也并不是第一个报道红军长征的外国人，生于英国的瑞士籍传教士薄复礼早在 1936 年 8 月在英国伦敦出版了他的回

---

① 武际良：《十个美国人的中国情缘》，华艺出版社 2000 年 10 月第 1 版，第 82 页。

② 访谈在 2008 年 10 月 7 日进行，于张注洪教授北京的家中，

③ 阎丽娟：《第一个向世界报道红军长征的人——斯诺与他的〈西行漫记〉》，《党风通讯》，1996 年第 10 期。

④ 胡愈之：《忆长江同志》，选自《不尽长江滚滚来》，群言出版社 1994 年版，第 18 页。

忆录《抑制的手》(*The Restraining Hand*)。薄复礼曾被迫随中国工农红军二、六军团生活过18个月之久，回国后他用短短的三个月时间就写出了一部长达288页，配有多帧照片的回忆录。① 这比斯诺的《西行漫记》在英国出版早了一年多。但是，薄复礼也不是在西方报道红军的第一人。中共重要领导人陈云在上海时所撰写的《随军西行见闻录》，于1936年3月首次发表于中共在法国巴黎主办的《全民月刊》杂志创刊号上，相继连载，署名“廉臣”。② 陈云才是第一个向世界报道红军长征的人。然而，笔者认为在宣传红军和中国共产党的效果上，斯诺的影响最为深远，他虽然不是第一人，但他的大部分作品，特别是在中美两国广为流传。《西行漫记》使中美两国人民了解到中国共产党和红军的真实情况，使当时“基本上不了解情况的外界大为惊讶”③，感到“书中每一页都富有意义”④。斯诺虽然不是第一人，但无可非议的是，斯诺的作品在西方的影响仍然是最大的。

斯诺的采访首先在中国共产党的领导人中得到了最高的评价。斯诺在出发去苏区前说：“我无法向你形容那一时间在我感情上引起的奇怪冲击——由于我们所在的环境这么强烈，又是这么奇怪地富有预兆性质，这么奇怪地超脱于我，超脱于中国的那部分变化无穷的历史；因为这些共产党人把这个地方当作我们4个人可以安然无事地碰面的安全场所，似乎是很不协调的，但是又是很合乎逻辑的，而且毕竟是这里，在2 000多年以前，当时已经够激进的大汉统治着一个统一的、当时是进步的中国，成功地在战国的混乱中巩固了一个民族和文化，使得后代从此以后以汉族子孙自称，就在这样的地方会见这个令人惊讶的现代革命年轻战士，又是多么合适啊。”⑤ 1937年5月6日，毛泽东和朱德拜望海伦。海伦告诉毛泽东：“我丈夫一回到北京，我就立即把你的自传打印出来。这是一个巨大的经典著作。它将影响每一个阅读的人。于是我决定将不惜任何代价来访问你的地区。我丈夫让我从你这里获得最后一

---

① 沈晓夫：《第一位披露中国红军状况的外国人》，《海内与海外》，2003年第7期。

② http：//politics. people. com. cn/GB/1026/4732744. html.

③ 谢伟恩：《关于埃德加·斯诺的一些个人回忆》，《斯诺在中国》，三联书店1982年版，第348页。

④ ［美］赛珍珠：《亚洲书览》，《亚洲》，1938年3月。

⑤ 中国史沫特莱、斯特朗、斯诺研究会编：《〈西行漫记〉和我》，国际文化出版公司1991年2月出版，第61页。

章。”毛泽东收到了海伦一行带来的《外国记者西北印象记》和自己头戴八角帽的照片。《外国记者西北印象记》中毛泽东与斯诺预测中日战争的对话段落，后来被收入毛泽东最重要的著作之一——《论持久战》中。① 海伦后来写道：“我已经为我的书、特别是《中国共产党人》搜集了34份简要的传记，还进行了其他一些采访——所有这一切，都是因为有毛树立了榜样，毛泽东是从礼仪到外交政策的每一件事的主宰。”②“毛泽东是一切事物的关键。他不仅赞扬埃德加·斯诺打破了历时九年的新闻封锁，而且他个人也很喜欢斯诺。他树立了先例。一旦他对埃德加·斯诺敞开心扉，别人也就纷纷效法。”③ 王福时在《抗日战争前夕斯诺帮助出版的一本书》一文④中说：“在1937年抗日战争爆发前四个月，《外国记者西北印象记》的出版，确实起了较早向广大读者介绍我党真相，特别是我党抗日民族统一战线的作用。”1937年3月10日，毛泽东专门写信给斯诺表达谢意⑤：

斯洛先生：

自你别去后，时时念到你的，您现在谅好？

我同史沫得列谈话，表示了我们政策的若干新的步骤，今托便人寄上一份，请收阅，并为宣播，我们都感谢你的。

此问健康！

毛泽东

三月十日于延安

斯诺在陕北保安采访毛泽东时的翻译吴亮平回忆过毛泽东对于《西行漫记》的态度：“该书当时在上海出版的中文译本，毛泽东曾经看过，并曾在延安的一次干部会议上提到这本书是外国人报道中国革命的最成功的两部著作之一，对它做了肯定的评价。”⑥这是中国共产党的领

① 《毛泽东选集》（第2卷），人民出版社1968年1月版，第411页。

② ［美］海伦·斯诺：《旅华岁月——海伦·斯诺回忆录》，世界知识出版社1985年10月，第257页。

③ ［美］海伦·斯诺：《阿里郎之歌：中国革命中的一个朝鲜共产党人》，新华出版社1993年6月，第7页。

④ 《斯诺在中国》，生活·读书·新知三联书店，1982年3月版。

⑤ 在与刘力群研究员的访谈中，他提供了这封信的影印件。访谈在2009年2月9日，于刘力群研究员北京家中。

⑥ 吴亮平：《毛泽东同斯诺的四次谈话·1936年的谈话·前言》，《毛泽东自述》（增订本），人民出版社1996年11月，第7页。

导人对斯诺作品的高度评价。

在1938年前后的美国学术界和媒体中，对斯诺采访和报道的评价是非常高的①："英文的关于中国苏维埃的最真实的纪录"②，"现代中国历史研究者的一份主要材料"③，一部"有吸引力的"、"令人惊异的"、"辉煌的"、"第一流"的著作④，"此书标志着西方理解中国的新纪元"⑤，"多年来新闻工作者的最大的突破"⑥，"西方论述中国共产主义的权威"⑦。而这种舆论的作用最终影响了美国政府的态度，当内政部长哈罗德·伊克斯向罗斯福推荐了《红星照耀中国》之后，这位美国总统认真阅读，很快就成为"斯诺迷"⑧，在后来与斯诺的谈话中表达了对中国共产党政府的支持。斯诺作品为推动美国乃至世界舆论接受中国共产党作为盟友参加反对国际侵略的斗争起到了积极作用，抗战后期以美国记者为主的中外记者延安之行，以及美军观察组进驻延安，都与斯诺的影响密不可分。

《西行漫记》的成功在于斯诺使用了第一手资料，真实再现了毛泽东的政治思想。斯诺曾打算去除一些与毛泽东自传重复的内容，但海伦劝阻了他，保留了完整的毛泽东自述。⑨ 斯诺夫妇紧密合作，他们获得的准确的第一手资料不仅对他们自己非常重要，对西方及整个世界了解红色中国都意义不凡。⑩《西行漫记》传播了中国共产党希望"停止内

---

① 摘自与张注洪教授的访谈，访谈在2008年10月7日进行，于张注洪教授的家中。

② ［美］诺曼：《论中国的几本书》，《美亚》，1938年2月。

③ ［美］皮克：《关于"红星照耀中国"的评论》，《美国历史评论》，1938年6月。

④ 詹伟：《东方红》，《民族》，1938年8月；卡曾斯：《书籍中的世界今日》，《当代历史》，1938年2月；爱特丽：《中国共产主义者》，《新政治家和民族》，1937年11月6日；马洛赖：《红星照耀中国》，《大西洋月刊》，1938年5月。

⑤ ［美］卡特：《评〈红星照耀中国〉》，《太平洋事务》，1938年3月。

⑥ ［美］拉铁摩尔：《中国共产主义者》，《耶鲁评论》，1938年夏季号。

⑦ ［美］吉尔伯特：《中国这个国度迄今未为我们所知：第一个关于中国红军情况的真实报告》，《先驱论坛报》，1938年1月2日。

⑧ ［美］迈克尔勒·沙勒：《美国十字军在中国（1938—1945）》，商务印书馆，1982年版，第24－25页。

⑨ Helen foster Snow, *My China Years*, William Morrow and Company, 1984, pp202－203.

⑩ 1937年夏天海伦在延安期间与斯诺的20封往来信件中，海伦针对《红星照耀中国》的修订向斯诺提出建议。(1937年5月21日、6月18日致埃德）斯诺采纳了海伦的一些建议。(1937年7月26日）斯诺还就在延安采访的内容和方式向海伦提出建议（1937年5月3日；1957年5月22日；1937年7月26日）。海伦从延安返回北京后送给斯诺13本笔记、七卷胶卷以及其他资料。

战，建立民族‘抗日统一战线’来抵抗侵略者”的主张①。不仅在国内要建立统一战线，在世界范围内也要团结一切可以团结的力量，共同对付最主要的敌人。斯诺迅速地向世界传递了中国共产党关于结成世界反法西斯联盟的迫切希望，“除了日本和那些帮助日本帝国主义的国家以外，上述范围中的各国（指美国、英国、法国、加拿大、印度等国——引者注），可以组成反战、反侵略、反法西斯的世界联盟。”② 只有结成最广泛的统一战线，才能战胜日本帝国主义。《西行漫记》还引述毛泽东的主要观点，表示中华民族解放运动的胜利是国际社会主义胜利的一部分，“因为中国打败帝国主义意味着摧毁帝国主义最强大的一个根据地”。③《西行漫记》促进了世界各国和中国之间的相互了解，推动了中国革命特别是抗日战争的进程，为世界各国人民了解中国、了解中国共产党和中国工农红军提供了直接的第一手素材。正如宋庆龄所说的：“中国人民将永远怀念斯诺这位致力于中美两国人民友好的不知疲倦的活动家，太平洋两岸的子孙后代将受斯诺之惠，因为他留下了供我们研究中国历史的遗产。”④《走进中国》的作者彼得·兰德认为：“斯诺引起震动的关于共产党游击运动的报道《红星照耀中国》，以文学想象所具有的魅力，写出了在神秘禁区里的旅行，至今仍散发着同样的气息。”⑤“那是一个航空和到外国探险无上光荣的时代。……希恩以他那虚实难辨的迷人神韵，凸现出优雅的漫游世界的记者形象。斯诺在他的《红星照耀中国》中体现出的个人形象，为这一英雄特征增加了分量与深度。斯诺文雅谦和，并且有一个单一的、伟大的故事来讲述。然而，粗粗观察一下斯诺的经历，便可以发现斯诺这位浪漫的探险者，一直在追求着文学的目标——于是，他跨过神秘的前沿，进入了毛泽东被封锁的王国……”⑥“长征在毛的令人鼓舞的领导下，继续进行……这是一场严峻考验，一部死里求生的史诗。斯诺根据毛和其他人的讲述在《红

---

① ［美］埃德加·斯诺著，董乐山译：《西行漫记》，生活·读书·新知三联书店 1979 年第 1 版，第 75 页。

② ［美］埃德加·斯诺著，董乐山译：《西行漫记》，生活·读书·新知三联书店 1979 年第 1 版，第 76 页。

③ ［美］埃德加·斯诺著，董乐山译：《西行漫记》，生活·读书·新知三联书店 1979 年第 1 版，第 404 页。

④ 武际良：《良师益友四十年：斯诺与宋庆龄》，《人物》，2003 年第 9 期，第 38 页。

⑤ 《走进中国》，文化艺术出版社 2001 年版，第 169 页。

⑥ 《走进中国》，文化艺术出版社 2001 年版，第 170 页。

星照耀中国》中所作的描写，堪称凝练的杰作，比所有后来写的其他作品要更好地传达出了这一冒险的神韵。”①

斯诺对红军长征和中国共产党的报道在美国开始是以单篇报告文章的形式与美国读者见面的。最早的是1937年2月美国《亚洲》（Asia）杂志发表的《来自红色中国的报告》，7月至11月分别连载了《毛泽东自传》和关于长征的报道。1937年8月，美国《美亚》杂志发表了《中国共产党和世界事务——和毛泽东的一次谈话》，《新共和》在8月和9月刊登了《中共为何要长征》、《中共的工业》等斯诺的采访。《星期六晚邮报》（*The Saturday Evening Post*）在1937年11月6日发表了《我去红色中国——中国抗日统一战线秘史》。随后，美国《生活》（*Life*）杂志、伦敦的《每日先驱报》（*Daily Herald*）都连载了斯诺的报道，并配以照片和评论，《每日先驱报》还提升斯诺为该报远东的首席记者。② 斯诺因为采访和报道了中国红区，成为西方媒体“抢先发表独家新闻的新闻记者”。③ 在美国，媒体都对斯诺的《红星照耀中国》以及他的其他新闻作品有很高的评价。《纽约时代》认为：“《红星照耀中国》是首次对共产主义的深刻报道，他对中国的报道是具有预见性的。”④ 美国资深记者西奥多·怀特对埃德加·斯诺的评论说：《红星照耀中国》是“新闻报道的经典例证，埃德加对中国共产主义的发现和描述是一个惊人的成就，就像哥伦布发现美洲一样。他的1962年的书《大河彼岸》被公认为是关于中国共产主义的最好的单部作品”。⑤《新闻周报》指出：“通过1937年他的《红星照耀中国》这部预言性的关于游击战争及其领导者的作品的出版，埃德加·斯诺立刻成为最有名的关于中国共产主义的编年史作者。他与中国领导人的特殊关系给予他与其他记者无法企及的优势，但这一优势是他通过艰苦努力获得的。”⑥

然而，斯诺的作品并不是受所有人追捧的。1938年春，曾任德共中央委员的记者汉斯·希伯在武汉经八路军办事处的安排到延安，见到毛泽东。他对毛谈了自己对斯诺《西行漫记》的看法，觉得书中的有

① 《走进中国》，文化艺术出版社2001年版，第176－177页。

② 摘自与张注洪教授的访谈，访谈在2008年10月7日进行，于张注洪教授的家中。

③ 裘克安编：《斯诺在中国》，三联书店1982年版，第353页。

④ Edgar Snow, Authoron China, Is Dead, *The New York Times*, 18, February, 1972, p42.

⑤ Mao's Columbus, *Time*, 28, February, 1972, p45.

⑥ The Man Who Knew Mao, *Newsweek*, 28, February, 1972, p46.

些观点是非马列主义的。在这之前，希伯就撰文批评斯诺，美国的《太平洋事务》季刊把希伯的批评、斯诺的答复和希伯的再批评这三篇文章，都摘登了出来。毛泽东听了希伯的陈述后，严厉地批评了他的观点。"红军告诉我他们在延安接待了汉斯·希伯。他到达延安后马上去看望了毛泽东；之后他开始谈论我和我的《红星照耀中国》。毛泽东倾听着他的长篇大论，但一言不语。希伯仍旧滔滔不绝地讲述着；毛泽东仍然一言不语。因毛泽东一言不语而深受打击，他终于离开了……此后，他要求再次采访毛泽东，最终得到了毛泽东的许可。到达毛泽东的司令部之后，希伯说他来的目的是想和毛泽东谈论政治形势，但是毛泽东打断他并对他说：关于斯诺的书，我认为你攻击它是一个严重的错误。斯诺能到这儿来了解我们的情况，这是其他任何人都做不到的，并且他能帮助我们摆事实。而你却没有来。即使他将来做了令我们憎恨的事情，我们仍会永远记住他对中国的伟大帮助。"① 另外，《西行漫记》也受到美国共产党的攻击，美国共产党曾因斯诺书中谈到共产国际对中国问题上有错误，认为他敌视共产国际和苏联共产党，因而禁止美共经营的书店出售此书，甚至禁止美国共产党员阅读此书。②。但这些举动并不能影响美国主流媒体以及中共领导人对斯诺的高度评价。

三、国民党政府对斯诺的查禁

抗日战争时期，斯诺对延安状况和中国共产党的军队作了大量报道，国民党政府对此非常不满，曾经取消斯诺的记者特权。皖南事变后，斯诺从新四军后方联络官廖承志处了解到实情，由于无法通过重庆的新闻检查，斯诺从香港发出多篇电讯，报道了事变真相。由于斯诺的报导，斯诺在重庆的同行全部受到查问，国民党政府再次取消了斯诺的记者特权。当时，中国驻美大使胡适在华盛顿坚持要《先驱论坛报》在显著地位刊登他的一则讲话，诬蔑斯诺的报道纯属捏造，甚至说中国根本没有共产党的军队。③ 虽然几天后英国外交官证实皖南事变的真相，国民党政府也放宽了新闻检查，但斯诺还是被迫离开了中国。

---

① Snow, E. Randomnoteson red china. Cambridge: Harvard University, p71.

② ［美］海伦·斯诺：《我在中国的岁月——海伦·斯诺回忆录》，中国新闻出版社 1986 年版，第 345 页。

③ 张注洪主编：《中美文化关系的历史轨迹》，南开大学出版社 2001 年 12 月第 1 版，第 330 页。

在皖南事变后，斯诺被迫离华，直至抗战结束，他除1942年初、1943年中两次短期在重庆逗留外，并未在中国长期居住。但这期间他仍非常关心中国人民抗战和中国人民命运等问题。他曾写道："我在1942年初重访重庆时，发现在这个战时首都有一个有意思的心理上的变化。对于战争负担的减轻，自然有一种巨大的宽释的感觉。现在是轮到我们美国人来负担了。"① 他还写道："1943年当我从俄国再次回到中国的时候，我发现中国的经济已陷于混乱。政治生活比1936年以来任何时间都更为反动，军事效率降低到战争开始以来的最低水平。"② 他把中国的希望寄托于延安："这里是外界很少知道的中国战斗的门户，从这里出发，游击队到敌后抗击着日本人"；"作为他们（指八路军）后盾的千百万人只须提高他们的机动性，就可以产生无穷的力量"。③

事实上，斯诺在采访时，始终以客观的精神去报道新闻。斯诺在《布尔什维主义在中国的影响》中认为，中国的未来"取决于国民党内部冲突的结局以及外国列强的对策"④，他在《西方漫记》的结尾处热情地预见了中国的希望之所在："中国社会革命运动可能遭受挫折……但它不仅一定会继续成长，而且在一起一伏之中，最后终于会获得胜利……而且这种胜利一旦实现，将是极其有力的，它所释放出来的分解代谢的能量将是无法抗拒的，必然会把目前奴役东方世界的帝国主义的最后野蛮暴政投入历史的深渊。"⑤ 他在写《西方漫记》书稿时说得很清楚："因为我和共产党并无关系，而且在事实上，我从来没有加入任何政党，所以这一本书绝对不能算作正式的或正统的文献。"⑥斯诺说，"我在苏区境内已经有一天半了，可是还没有看见一点战时紧张的迹象，只遇到过一个红军战士，所看见的老百姓，似乎毫无例外地都在从容不迫地从事田间劳动。不过，我是不会给外表所欺骗的，我记得，在一九三二年的中日淞沪战争中，中国农民就在炮火交加之中毫不在乎地继续

---

① 裘克安编：《斯诺在中国》，三联书店1982年版，第149－150页。

② 裘克安编：《斯诺在中国》，三联书店1982年版，第150页。

③ 裘克安编：《斯诺在中国》，三联书店1982年版，第168页。

④ ［美］斯诺：《布尔什维主义在中国的影响》，《斯诺通讯特写选》，新华出版社1985年版，第69页。

⑤ ［美］斯诺：《西行漫记》，《斯诺文集Ⅱ》，新华出版社1984年版，第424页。

⑥ ［美］埃德加·斯诺著，董乐山译：《西行漫记》，生活·读书·新知三联书店1979年第1版，第7页。

种他们的田。"①"在我看来，他（毛泽东）的话是真诚的、老实的，我有机会核对他的许多话，结果往往发现这些话是对的。他对我进行了几次不太过分的政治宣传，但是同我在非匪区所受到的政治宣传比起来，却算不得什么。无论对我写的文章，或拍的照片，他从来不加任何检查。对这优待，我非常感激。他尽力使我弄到能够说明苏区生活的各个方面的材料。"②

然而，斯诺把国统区和西方媒体关于根据地和红军的歪曲报道与自己的亲身采访进行比较，对西方媒体和国民党控制的媒体予以谴责，导致了被国民党政府查禁。斯诺对国民党政府的新闻限制多有讽刺："对中国大通商口岸的外国人来说，西安固然是个遥远的地方，对大多数来说也似乎是如此，很少新闻记者去那里采访。近几个月来没有一个外国记者到过西安，对于那里即要发生的事件，谁都没有任何可靠的背景材料。"③"许多外国记者本人对西北近况一无所知，就轻信地把宣传工厂里所制造的一切谎言当作新闻。"④ 他希望把自己的新闻如实地向全世界传播，他对国民党新闻检查官的审查表示强烈不满，"我本人的许多电讯都遭到大肆删节。我几次尝试要把西北的'八点要求'发出来，这也许对西方读者澄清这个谜有一点帮助。但是检查官一字也不准发。国民党及其追随者一方面竭力扣压真正的消息和事实，另一方面却向全世界发出一些愚蠢的谎言，使得中国更像是个疯人院一样的地方。竟有这样的消息：叛军把警察局长钉在城门上；红军占领了西安，洗劫全城，城墙上挂了红旗；张学良遭到自己部下的刺杀。南京几乎每天都说西安发生暴乱，红军诱拐男女少年，妇女被'共妻'"。⑤

相反，共产党对斯诺却是高规格地接受他的采访。周恩来说："我接到报告，说你是一个公正的新闻记者，对中国人民是友好的，并且说

① ［美］埃德加·斯诺著，董乐山译：《西行漫记》，生活·读书·新知三联书店 1979 年第 1 版，第 38 页。

② ［美］埃德加·斯诺著，董乐山译：《西行漫记》，生活·读书·新知三联书店 1979 年第 1 版，第 70 页。

③ ［美］埃德加·斯诺著，董乐山译：《西行漫记》，生活·读书·新知三联书店，1979 年第 1 版，第 357 页。

④ ［美］埃德加·斯诺著，董乐山译：《西行漫记》，生活·读书·新知三联书店 1979 年第 1 版，第 369 页。

⑤ ［美］埃德加·斯诺著，董乐山译：《西行漫记》，生活·读书·新知三联书店 1979 年第 1 版，第 369 页。

可以相信你能如实报道。我们知道这一点就够了。你不是共产主义者，这对我们没有什么关系的。任何一个新闻记者要来苏区采访，我们都欢迎。”周恩来说：“任何一个新闻记者要来苏区访问，我们都欢迎。不许新闻记者到苏区来的，不是我们，是国民党。你见到什么，都可以报道，我们要给你一切帮助来考察苏区。”① 周恩来帮助斯诺安排了一个耗时92天的采访计划，后来斯诺实际用了将近四个月。于是，斯诺从相信中国社会最美好的未来掌握在国民党人手里，变成不相信蒋介石，认定他是一位“能力平庸”的“独裁者”。而中国“需要一个十字军从军骑士，一个中流砥柱，一个能够领导他的人民摆脱恶臭和腐朽、不幸和苦难以及国家的痛苦的注重实际的理想主义者，一个能使她从现在的正因之而衰败、贪婪和愚昧种种罪恶的渊薮中解放出来的人。”②

斯诺报道新四军取得卓越战绩时，再一次触动了国民党的底线：“一个军队的最后试验，乃是它所取得的军事效果。”“第一，在截至1939年中的13个月内，新四军共作战530次，几乎每次都取得了胜利。1938年他们平均每天有一次战斗，1939年有时一天要作战两次。第二，敌方伤亡虽小，但不断增加，平均每天要死伤30人，周以继周，月以继月。第三，他们给予敌人交通线的损害，比给予敌人的伤亡还要严重。第四，新四军得到民众组织的协助，使敌方无法进行有效的政治控制与经济掠夺。最后，由于新四军主力的极端流动性，迫使敌方不得不维持极大兵力，以保持所有的战略据点。”③

《西行漫记》还揭露了国民党对广大劳动人民的残酷剥削：“在许多省份，赋税往往已预征到六十年或六十年以上，农民因无力缴付地租和高利贷的利息，好几千英亩的土地都任其荒芜着。”“整个鄂豫皖有一半已成一片荒地。在这一度富饶的地方，留下房子极少，牛都被赶走，土地荒芜，白军占领的村子无不尸积如山。”④斯诺不会满足于官方的报告：“……对于拙劣的著作家，这是最方便没有的了。备有适当的通行证，你可以早晨去中国的战线后方，去写一篇《战地目睹记》。然

① ［美］斯诺：《西行漫记》，第42页。

② ［美］汉密尔顿著，沈蓁等译：《埃德加·斯诺传》，学苑出版社1990年6月第1版，第16页。

③ 游国斌：《斯诺报道的新四军》，《福建党史月刊》，2003年第4期。

④ ［美］埃德加·斯诺著，董乐山译：《西行漫记》，生活·读书·新知三联书店1979年第1版，第73、276页。

后你可以在下午经过公共租界去日本前线。假如你要十分彻底，你可以去参加中日双方的新闻记者招待会，去听官方的报告。最好的是，你此后可以安坐在中立地带，发出你自己不经检查的电讯，然后良心（假如不是胃口）平安地入睡。"①《西行漫记》中斯诺对于西行的目的做了说明，标题为：《一些未获解答的问题》。"我在中国的七年中间，关于中国红军、苏维埃和共产主义运动，人们提出过很多很多问题。热心的党人是能够向你提供一套现成答案的，可是这些答案始终很难令人满意。他们是怎么知道的呢？他们可从来没有到过红色中国呀。"② 斯诺带着问题进入了苏区，"在这些年的国共内战中，已经有千千万万的人牺牲了生命。为了探明事情的真相，只拿一个外国人的脑袋去冒险，没有比这更值得了。……我的结论是，这个代价不算太高。"③ 斯诺对此作答："在这里我所要做的，只是把我和共产党员同在一起这些日子所看到的、听到而且所学习的一切，作一番公平的、客观的无党派之见的报道。"④

《埃德加·斯诺传》的作者约翰·汉密尔顿对于斯诺的评价："中国共产党人有充分理由说他是一个可靠的记者，但不是一个可以信赖的中国共产主义运动的解释者，斯诺的独立性太强了。"⑤ 斯诺对于自己的作品仍然持有坚定的信念，这种信念就来自独立公正的报道。"……我在中国的所作所为是众所周知的，即使我的写作细节上有许多错误，但这绝非一个谄媚者的作品，这是为追求真理而写的诚实、独立的新闻报道。我不是那种为适应政治气候而随风倒的作家。"⑥ 斯诺也必然会突破国民党政府的底线，"在这样的宣传和反宣传中，要想了解真相的

① ［美］埃德加·斯诺：《为亚洲而点》，《斯诺文集Ⅲ》，新华出版社 1984 年 8 月第 1 版，第 34 页。

② ［美］埃德加·斯诺著，董乐山译：《红星照耀中国》，新华出版社 1984 年 8 月第 1 版，第 1 页。

③ ［美］埃德加·斯诺著，董乐山译：《红星照耀中国》，新华出版社 1984 年 8 月第 1 版，第 7 页。

④ ［美］埃德加·斯诺著，董乐山译：《红星照耀中国》，新华出版社 1984 年 8 月第 1 版，作者序。

⑤ 转引自尹均生：《百年斯诺 史铸辉煌——纪念国际报告文学家斯诺诞辰 100 周年》，《广播电视大学学报》，2005 年第 1 期。

⑥ ［美］汉密尔顿著，沈蓁等译：《埃德加·斯诺传》，学苑出版社 1990 年 6 月第 1 版，第 244 – 245 页。

冷静的观察家就得不到可信的证据”。①国民党对斯诺的查禁反过来也印证了斯诺作品的影响，以及是他对中国情况的真实报道的勇气。

第二节 海伦·斯诺对红军的传播

海伦·斯诺在现代中国的转折之际，冒着生命危险来到中国共产主义革命的摇篮——延安，采访率领着共产党的队伍历经二万五千里长征的毛泽东和在偏远的西北边区建立的革命根据地。她认为，“包括很多中国人在内，很少有人真正了解红军究竟是什么样的人。必须有人去弄清楚。”②

海伦曾在一篇文章里写道：“很难说明我为什么会感到如此迫切需要不惜任何代价作危险的延安之行，这是一种历史感和需要感。”③ 她在解释自己急于奔赴延安进行采访时的个人精神状态时又说：“就像是被吸进了一个强有力的真空管。我是一个寻求事实寻求真理——历史的真理的朝觐者。”④ 凯利·朗恩认为，海伦常被各种强烈愿望所推动。她想帮助别人，想参与历史事件，同时她也想开创自己的事业、树立自己的声望。她把到西北去继续斯诺开始的工作看做是一个重要机会。⑤斯诺去西北的三个月里，海伦没有他的任何消息。9月，一个红军地下交通员带来了一封信：埃德加·斯诺说，真希望你（海伦）能和我在一起，分享我的感受。你能参加各种生动活泼的讨论谈话，到处闪烁着智慧才华。海伦也想加入丈夫的行列，不仅是为了在这历史时期能和他在一起，也为了能继续她自己的事业。

《我的延安笔记》记录了海伦·斯诺对苏区社会变迁的解读。她认为，中国的劳动阶级是无与伦比的，“当我亲眼看到了中国的群众领袖

---

① ［美］埃德加·斯诺著，董乐山译：《红星照耀中国》，新华出版社1984年8月第1版，第2页。

② 休·伯金著，赵文滨、蔡颖颖、林京京译：《目击中国革命——海伦·斯诺在华岁月和情感历程》，《百年潮》，2001年第8期。

③ 尼姆·威尔斯（海伦·斯诺）、［朝］金山合著，赵仲强译：《阿里郎之歌——中国革命中的一个朝鲜共产党人》，新华出版社1993年6月第1版，第5页。

④ 尼姆·威尔斯（海伦·斯诺）、［朝］金山合著，赵仲强译：《阿里郎之歌——中国革命中的一个朝鲜共产党人》，新华出版社1993年6月第1版，第5页。

⑤ 访谈于2009年11月11日，美国犹他州锡达城。

共产党人，以他们超人的资质创造出来的一切，我敢断言，给他们真理，他们便有了自由。给他们战斗的思想，给他们便会万死不辞。……对我来说，这是一次发现新事物的旅程——发现了一种新思想，一种新人物，正是地球上最古老最持恒的文明的中心所在，开辟着新天地。”①毛泽东三次会见了海伦，对她提出的问题详细做了回答。毛泽东希望海伦把抗日救国十大纲领介绍给美国人民和世界人民。② 1939 年先后在美国纽约和中国上海出版的英文和中文版本《续西行漫记》使世界人民对中国共产党在抗日战争时期的政策、主张有了比较明确的了解。

谢莉尔·福斯特·毕绍夫认为：海伦在延安的采访增加了很多人对革命的看法。因此，加上埃德加·斯诺的采访，他们更加翔实地记录了革命……但是毛泽东第一次对海伦系统地说明了红军的发展史……所以，海伦的作品不是埃德加的简单重复。③ 张注洪认为：1937 年 10 月和 1938 年 9 月斯诺的《西行漫记》（海伦为此书做了大量准备工作）和海伦的《续西行漫记》先后写竟付梓，不久即有中文版问世。一时堪称匹配的两本报道中国革命的优秀作品，教育了一代又一代的中国青年。1988 年国际友人研究会在北京大学举办了《西行漫记》出版 50 周年国际研讨会，1998 年武汉还举办了《西行漫记》出版 60 周年国际研讨会，但对《续西行漫记》的出版和传播自然不可能也没有专门的文章论及，甚至 1991 年重译《续西行漫记》的出版前言中也未能对 50 年前的中文初译本的情况做比较详细的说明。④

一、海伦·斯诺在延安传记式的访谈

1937 年 4 月下旬，海伦悄然离开北平，历尽艰险到达陕北延安。在延安近 5 个月的时间里，海伦收集了丈夫在保安未及采访到的红军领导人的情况，其中包括朱德本人以及斯诺离开苏区后与中央红军胜利会师的红二、四方面军的指挥员。她采访了不下 65 位有名有姓的人物，如毛泽东、朱德、周恩来、刘少奇、张闻天、林彪、彭德怀、徐向前、

① 尼姆·威尔斯著，陶宜、徐复译：《续西行漫记》，生活·读书·新知三联书店 1991 年 3 月第 1 版，第 6 页。

② 余建亭：《继〈西行漫记〉之后——回顾海伦·斯诺访问延安》，《中共党史资料》，2005 年第 3 期。

③ 访谈于 2009 年 11 月 11 日，美国犹他州锡达城。

④ 访谈于 2007 年 9 月 1 日，张注洪教授家中。

萧克、贺龙、罗炳辉、项英、王震、徐海东，以及李德、丁玲、康克清等，包括中国共产党领导人，陕甘宁边区的战士、工人、农民、文艺工作者、妇女和学生，还为其中的 34 人写了小传，特别是同毛泽东进行了 5 次难忘的长谈。她的采访，不仅大大充实了丈夫正在撰写、修订的《红星照耀中国》（又名《西行漫记》），而且，还写成了堪与《西行漫记》相媲美的姐妹篇《红色中国内幕》（又名《续西行漫记》）以及另外 3 本书。①

美国学者凯伦·E·海尔认为，海伦的母亲汉娜对女儿的早期教育，为海伦日后走上记者的职业生涯奠定了基础。汉娜教会了海伦实用的生存技巧。在环绕塞达城那崎岖的犹他山脉，她教海伦如何露营；在冰冷湍急的山涧溪流和农田边的小溪旁，她教海伦如何捕鱼，并向她解释大自然的奥秘。汉娜教导海伦，通过文字和图片记录个人经历，对提高自己的写作水平有多么重要。当海伦只身前往中国的时候，汉娜将自己的照相机送给海伦，让她记录她所观察到的迅速发展的中国共产主义运动中那一张张接受她采访的中国年轻领导人和学生士兵们的面孔。海伦的图片记录至今仍是中国人民乃至全世界人民对这段水深火热然而举足轻重的年代的最珍贵见证。②

海伦是 1937 年春天来到陕北延安的。当时陕甘宁边区还处于半封锁状态之中，外界对中国红军的认识和了解不多，国内外公众大量接触到的是国民党政府对中国共产党及其军队的宣传，中国红军被他们称作“赤匪”，而其将领则被描绘成面目狰狞，置国家、民族和人民大众利益不顾的“盗魁匪首”。海伦来到延安后，对苏区的多位红军将领进行了深入的访谈，以客观的、第一手的材料，记录了中国共产党早期领袖们的政治思想和日常生活。

在海伦斯诺的笔下，毛泽东是“一位头脑冷静，深谋远虑，能正确判断形势的出类拔萃的政治领袖”。③ 1936 年西安事变发生时，他“全力促使事变和平解决”，并“成功地使全体党员和红军一致拥护统一战

---

① 见《人民日报》2007 年 11 月 21 日第 16 版。

② 访谈于 2009 年 11 月 11 日，美国犹他州锡达城。

③ 尼姆·威尔斯著，陶宜、徐复译：《续西行漫记》，生活·读书·新知三联书店 1991 年 3 月第 1 版，第 202 页。

线政策"①。而在1935—1937年抗日战争爆发期间，中国的局势在暗流中动荡不定，海伦又说，"毛泽东却能始终不渝地坚持自己的主张"——国共合作，抗战到底。②

她在谈到朱德时写道："共产党之所以能够完全控制红军，原因之一就是朱德对党的忠诚，对'文官'统治的服从。"③ 海伦问朱德总司令：和其他国家的士兵相比，他怎样看中国士兵的素质。朱德回答道，中国士兵并不坏，只缺乏政治训练，"如果中国士兵得到适当的训练，他们会成为世界上最优秀的战士"④。朱德这位统帅十分爱兵，善于同士兵打成一片。用海伦记载下的他夫人康克清的话来说："军中的群众从心眼里爱他，因为他过的是普通战士的生活，必要时，也和他们干同样的活儿。"⑤

红军第二方面军政治委员关向应在谈到该军总指挥贺龙时指出，"他对所有的弟兄们，都顾念周到，但是遇到他们有错误时，却加以严格的训练"。⑥ 而海伦在描述罗炳辉的军人本色时也指出："罗炳辉像朱德、贺龙以及冯玉祥一样，喜欢朴素的衣着、朴素的生活。……他蔑视奢侈和金钱，喜欢过艰苦危险的生活，愿意和他的弟兄们吃同样的饭，半赤着脚走路。这样的生活反而使他身体日益健康……"⑦ 在介绍贺龙时则又引用关向应的话指出："他的政治理解是良好的，而且对于共产党忠实服从。"⑧

---

① 尼姆·威尔斯著，陶宜、徐复译：《续西行漫记》，生活·读书·新知三联书店1991年3月第1版，第203页。

② 尼姆·威尔斯著，陶宜、徐复译：《续西行漫记》，生活·读书·新知三联书店1991年3月第1版，第204页。

③ 尼姆·威尔斯著，陶宜、徐复译：《续西行漫记》，生活·读书·新知三联书店1991年3月第1版，第108页。

④ 尼姆·威尔斯著，陶宜、徐复译：《续西行漫记》，生活·读书·新知三联书店1991年3月第1版，第117页。

⑤ 尼姆·威尔斯著，陶宜、徐复译：《续西行漫记》，生活·读书·新知三联书店1991年3月第1版，第106页。

⑥ 尼姆·威尔斯著，华侃译：《西行访问记：红都延安秘录》，中国青年出版社1994年9月第1版，第127页。

⑦ 尼姆·威尔斯著，陶宜、徐复译：《续西行漫记》，生活·读书·新知三联书店1991年3月第1版，第118页。

⑧ 尼姆·威尔斯著，华侃译：《西行访问记：红都延安秘录》，中国青年出版社1994年9月第1版，第127页。

海伦认为红军高级将领脑海里考虑的是世界政治军事形势发展的全局。西安事变发生以后，海伦专访了彭德怀，请他谈谈对此事的看法。彭回答说："西北问题是整个世界问题一部分，必须全面地加以考虑，必须以国际的视角来看待当前的形势。"① 接着，海伦写道："这使我终于明白，一些比中国更大的问题，作为一个整体，已经在地平线上出现，而中国问题则只是其中的一个；希特勒和墨索里尼已经在准备袭击欧洲，日本则在准备入侵中国。"②

海伦曾问萧克，南昌起义和广州公社相继失败后他是否有过沮丧的情绪，萧克答道："我有着铁一样的战斗意志，因此，后来不久，我又在领导着游击战争。"③ 又有一次，海伦曾向罗炳辉探询：为什么你这个人成天总是那么快活？罗回答说："这是因为我们具有坚定的目标，并且大家知道最后胜利必属于我们。……我们从没有沮丧过。"④ 罗炳辉说："我的部队绰号叫'两脚骑兵'，因为我们擅长迅疾秘密的步兵运动。当我们的主力部队处于困境时，我总是被派遣出去，用一种迅速的战略运动来引诱敌军的。"他又说："有一次，我们在早晨攻击过一旅白军，占领了一个城市之后，就退往一百二十里外另一个城去，而这个城也给我们出其不意地夺了过来。他们没有想到我们的部队会一天攻打两次的。"⑤ 在夺城的方法上，罗炳辉是这样描述的："假如我们想夺取某一个城时，我们先对它佯攻，然后假装退却。敌军以为危险已经过去，就疏忽了几个钟头。于是我们迅如闪电似的回了转来，便毫不费事地出其不意夺取了这地方。"⑥

海伦在同中国红军高级将领的访谈中，几乎对他们每一位都提出过

---

① 鲍世修：《海伦·斯诺女士对中国红军将领采访报道的重大时代影响和历史作用》，《军事历史研究》，2007 年第 4 期。

② 鲍世修：《海伦·斯诺女士对中国红军将领采访报道的重大时代影响和历史作用》，《军事历史研究》，2007 年第 4 期。

③ 尼姆·威尔斯著，华侃译：《西行访问记：红都延安秘录》，中国青年出版社 1994 年 9 月第 1 版，第 107 – 108 页。

④ 尼姆·威尔斯著，华侃译：《西行访问记：红都延安秘录》，中国青年出版社 1994 年 9 月第 1 版，第 131 页。

⑤ 尼姆·威尔斯著，华侃译：《西行访问记：红都延安秘录》，中国青年出版社 1994 年 9 月第 1 版，第 158 页。

⑥ 尼姆·威尔斯著，华侃译：《西行访问记：红都延安秘录》，中国青年出版社 1994 年 9 月第 1 版，第 159 页。

关于红军为什么始终不被战败的原因的问题。当然，回答是大同小异的，但最全面、最具代表性的则是徐向前所做的阐释。下面是他回答这个问题的主要内容：（1）有谋求被压迫民族及全人类解放的共产党的领导；（2）成员来自工农大众和白军中革命的士兵和官长；（3）有严密的纪律和组织；（4）具有阶级意识、牺牲决心，奋斗到底精神和必胜信念；（5）代表人民大众利益，得到人民大众拥护；（6）以彻底解救民族和社会为己任；（7）有自我批评精神，随时改正错误；（8）持续了中国革命的传统精神，保持了大革命时期中黄埔军官学校的革命精神。①

海伦不仅采访了中国早期领导人的革命思想，也对他们的生活进行了采访和记录，保留了珍贵的传记资料。在同徐海东将军的交往中，她就深有感触。她写道："有人告诉过我，徐海东喜欢音乐，特别是喜欢'马赛曲'。他收藏有一张表面几乎磨损得一无所有、背面是另一首乐曲的'马赛曲'唱片。我记得，他几次来看我时，总是要听一听我这里留声机里放送的音乐，并爱听德彪西的作品——《同夫人在一起的午后半日》"②。在海伦采访报道的军队人物中，另一个有着浓厚生活情趣的是罗炳辉。她写道"罗炳辉喜欢小孩子，在他给我的那张照片里，他像是一座孤岛，四周都是'小鬼们'围着。其中有一个好看的男孩是一个苗族人。他的这些'小鬼'都穿着好的皮鞋，可是罗却骄傲地穿着一双其大无比的草鞋。"③

1939年1月，海伦为她的中文版《西行访问记》曾写过一篇《序》。她在《序》中阐明了她对中国红军高级将领采访公布后所引起的反响，指出："自从共产党区域的新闻封锁被打破以后，这些惊人的领袖中有几个人的私生活，才逐渐为许多国度里的民众所知道；而且因为有了这种知识以后，世人遂不禁对于中国民族的潜实力，产生了空前

---

① 尼姆·威尔斯著，华侃译：《西行访问记：红都延安秘录》，中国青年出版社1994年9月第1版，第78－79页。

② 鲍世修：《海伦·斯诺女士对中国红军将领采访报道的重大时代影响和历史作用》，《军事历史研究》，2007年第4期。

③ 尼姆·威尔斯著，华侃译：《西行访问记：红都延安秘录》，中国青年出版社1994年9月第1版，第131－132页。

的钦佩，这种情况实为现代历史中所未有过的。”① 海伦在《序》里还盛赞中国陕北苏区人民的勇敢坚忍精神和革命决心。她写道：“在这飞速地黑暗起来的世界里，中国有像这样的领袖们和跟随他们的民众们，其勇敢的奋斗，对于人类之将来，真是一线极光明的希望。”② 她写道：“很幸运地，我能在中国对日抗战刚开始之前，到西北的共产党区域去走了一趟，并且能在他们再度驰往前线去担负他们的伟大任务之前，从许多领袖们自己那里得到关于他们的生活和工作的故事。”③ 接着，她又说：“所有的这些生活故事都是重要的，可是与其说因为它们是个人的历史，不如说因为他们是伟大的社会运动的真实记录，而他们各人正是这些运动的主要的部分。”④ 这就是说，海伦知道一个革命者与他那整个革命运动的背景和历史不能分离，所以她不厌其烦地一个一个地采访并作出记录。

按照当时红军对干部了解的需要和管理的要求，各级政治部的组织部门都会责令每一个军人在提升为干部后就要认真负责地去撰写各自的自传，但写成经审核后却立即归入个人档案，不供对外发表。高级领导人在这方面的情况也是一样。他们每人都写过自传，但除部分人离退休后出版过自传性质的回忆录外，绝大部分人的“档案自传”是从不可能见到外人的，更不用说公开出版。⑤ 海伦适时所做的采访，恰好填补了中国军队早期高级领导干部书面传记的空白。

二、海伦·斯诺对中国共产党政治主张的传播

1937 年，海伦·斯诺在延安访问了一大批中共领导人，其中包括毛泽东、朱德、张闻天、彭德怀、聂荣臻、徐向前等人。她所写的一系列报道中，以采访毛泽东的印象记别具一格，最为轰动，当时被许多西

---

① 尼姆·威尔斯著，华侃译：《西行访问记：红都延安秘录》，中国青年出版社 1994 年 9 月第 1 版，第 1 页。

② 尼姆·威尔斯著，华侃译：《西行访问记：红都延安秘录》，中国青年出版社 1994 年 9 月第 1 版，第 2 页。

③ 尼姆·威尔斯著，华侃译：《西行访问记：红都延安秘录》，中国青年出版社 1994 年 9 月第 1 版，第 2 页。

④ 尼姆·威尔斯著，华侃译：《西行访问记：红都延安秘录》，中国青年出版社 1994 年 9 月第 1 版，第 2 页。

⑤ 鲍世修：《海伦·斯诺女士对中国红军将领采访报道的重大时代影响和历史作用》，《军事历史研究》，2007 年第 4 期。

方报刊争相转载。① 其中最大的贡献，在于海伦·斯诺最先宣传了毛泽东的抗日救国十大纲领。

五月我到达延安后，发现谈判还在进行，共产党不愿公开就吴亮平称之为“国共破镜重圆”一事发表声明。六月二十二日在总部会见周恩来时，我问道：

“你对谈判的进展是否满意?”

周恩来回答说：“我不想用‘满意’两个字作为答复。这是个辩证的问题，既肯定，又否定。基本原则已经达成协议，但是具体的细节还有待商讨……”

“我们应该把抗日战争的准备工作和民主当作自行车的两个轮子，一前一后——抗日战争的准备工作是前轮，民主运动是后轮。”

我接着又提了个问题：“如果中国在现阶段实现民主，是否在实际上等于完成了延误已久的民主革命?”

“如果你问我，十四年来我们的政治活动是为民主而斗争呢，还是为无产阶级专政而斗争，”周恩来回答说，“问题就很容易回答：我们是为民主而斗争。”

“如果你提出第二个问题：‘这是一场什么性质的革命?’我们说这是一场资产阶级民主革命，不是无产阶级革命。”

“如果你的第三个问题是：‘过去十年的政治制度是什么?’我们的回答是工农民主制度，不是资产阶级民主制度。”

“要是你提出第四个问题：‘现在你们想改变这个制度吗?’我们回答说：是的，我们想把工农民主制度变为包括地主、资产阶级、小资产阶级和工人、农民的民族民主制度，只有汉奸除外。”

“如果你的第五个问题是：‘如何进行民主运动?’我们回答说，十年来我们以革命手段，就是军事斗争，去建立工农民主制度；现在我们要运用政治斗争，也就是民主斗争，去实现民族民主制度。”

“从这一观点来看，可以说十年来我们以革命手段为民主斗争。我们没有为民族民主运动作过政治斗争。现在为了抗日自卫，我们要在除汉奸以外的中国各阶级的人民中，发动一场规模宏大的民主运动。”

---

① 故垒：《海伦·斯诺：记者生涯因中国而灿烂》，《中华新闻报》2005年10月26日第F03版副刊·旧新闻。

“现在国民党愿意改弦更张，实现孙中山的三民主义，因此，我们现在要放弃苏维埃制度，改而实行遵循三民主义原则的民族民主制度。我们以此协同推行孙中山的三民主义，以实现民主自由、民族解放和社会福利。”

我问道：“假如国民党决定只接受民族原则，而不接受民主原则，南京方面利用抗日口号挑起一场新的反共法西斯运动，这场运动会有前途吗?”

“不会有前途的，因为这样的运动基础太薄弱。如果国民党利用民族抗日的口号，倒是一件好事，它会使被压迫的半殖民地人民获得解放。这是一个很好的口号，可以推动人民群众，甚至军队去抗日。如果人民、士兵和军官都接受了抗日口号，没有一点害处，因为人民群众会诚心诚意接受这个口号，并且以同样的精神把这个口号变为行动。如果我们分析一下中国法西斯的实质，可以看出它并没有真正的基础。那些法西斯分子之所以研究法西斯手段，只是为了统治人民群众而已。”①

这次会见两周后，抗日战争在卢沟桥爆发了。海伦·斯诺正巧在引人注目的重大历史关头访问延安。一周后，新的民主选举开始了。

八月二十九日，海伦·斯诺在笔记本上记了下面这段话：

“我执笔之际，正坐在延安的一间小房间里。今天，延安县参加了中国有史以来的第一次民主选举。这次选举从七月十五日开始，到十月底结束。届时西北各苏区的选举都将完成，中国的苏维埃终于撤销了，前中华苏维埃共和国将改名为‘陕甘宁边区’，我们这一代的一项重大社会实践——列宁主义者在一个半殖民地创建苏维埃的尝试就此结束。”②

毛泽东对海伦·斯诺阐述了十大纲领：“这是我们伟大的抗日纲领。我们已经提请南京政府接受。如果我们能实现十大纲领，就能够打败日本帝国主义，不然的话，中国要亡国。”

共产党放弃了过去的苏维埃纲领，正努力实现和国民党合作的十大纲领：

一、坚决和日本血战到底，驱逐日本帝国主义出中国。

---

① 本书作者译自：My Yan’an Notebooks，第 125 – 126 页。

② 本书作者译自：My Yan’an Notebooks，第 181 页。

二、停止一切对日外交谈判，反对南京政府的妥协、动摇态度。

三、动员全国军队开赴前线抗日。

四、动员全国人民参加抗战，人民都应有参加爱国活动和武装抗敌的自由。

五、组织各党各派的国防政府，肃清汉奸和日本帝国主义在华的其他势力。

六、确立抗日外交政策，和苏联缔结军事协定，并和英、美、法缔结太平洋地区抗日协定。

七、实行抗日财政经济政策。财政政策以有钱出钱和没收日本帝国主义财产为原则。经济政策是：抵制日货，提倡国货。

八、改善人民生活，废除苛捐杂税，减租减息。

九、实行抗日国防教育。

十、在国共两党合作的基础上，建立全国抗日民族统一战线。

中国共产党人提倡的统一战线，经历了团结——分裂——团结的过程，他们为此进行了长期、复杂的政治和军事斗争。为了实现统一战线，共产党有一套完整的革命政治哲学，积累了得来不易的战术和战略经验。

海伦·斯诺认为：毛泽东是中国共产党的一位头脑冷静，深谋远虑，能正确判断形势的出类拔萃的政治领袖；往往由他来制定政策大纲，再由其他人进行补充和注解。

这位中国的“列宁”有作为革命领袖的长期革命经验。他具有丰富的经验和卓越的天赋，能胜任目前的职务。

毛泽东积累了丰富的经验，能精辟地解答中国的社会问题，我殷切地期望他全面分析一下这个复杂的问题。我提出了一连串问题：一、中国社会和中国革命的性质；二、中国革命的历史阶段；三、革命的前景。毛泽东乐于解答这些问题，并且同意撰写一本关于中国革命的“手册”。在当前，这样一本小册子有很大价值，对局外人来说更是如此。七月四日他和我首次谈话，但是七月七日卢沟桥事变后，他没有时间和我继续谈，介绍我去会晤共产党公认的历史学家洛甫和他的得力助手吴亮平。①

海伦不仅对毛泽东的政治思想进行了采访，还就国际形势与毛泽东

① 本书作者译自：*My Yan'an Notebooks*，第101页。

进行了探讨。

> 五月十四日晚，我和毛泽东谈到西班牙的时候，他说："西班牙是和中国非常相似的国家。"
>
> 我问他："你认为西班牙是个殖民地国家吗？"
>
> "是的，西班牙和中国一样，是个半殖民地国家，革命的基本问题和中国相似。西班牙人民的敌人和中国一样，是封建主义和帝国主义。"
>
> 我又追问："西班牙的人民阵线和中国的统一战线有什么不同？"
>
> "在中国我们以统一战线代替人民阵线，因为中国的资产阶级也身受日本侵略之害。日本人砸碎了中国资本家的饭碗，所以他们能够参加基础更广泛的统一战线。"
>
> "西班牙的人民阵线和中国的统一战线实质上没有什么大的不同。西班牙的人民阵线也包括资产阶级的左翼，但是和大地主、反动天主教徒有联系的西班牙右翼资产阶级倒向了弗朗哥。后来矛盾日益激化，资产阶级的中间派脱离了人民阵线。绝没有人幻想右翼势力会永远留在革命阵营内。"
>
> 我接着又问道："如果民主共和国分裂出一股法西斯势力来，谁会是中国的弗朗哥呢？"
>
> "也许是何应钦吧，"毛泽东回答说。"不过，日本要的是溥仪那样的角色，不要弗朗哥。蒋介石现在不会当日本人的弗朗哥，因为他代表民族资产阶级、军队、买办和地主，他不能像弗朗哥那样在法西斯支持下领导政府，这样做反而会使他倒台。"
>
> 社会主义要在中国胜利还是很遥远的事，但是毛泽东并不认为它像人们所想的那样遥远。在谈话结束时，毛泽东说："在世界革命中，落后的国家最先取得胜利，美国可能是最后一个。"①

海伦·斯诺在延安的采访，得到了很多比埃德加·斯诺更为珍贵的第一手材料，特别是对毛泽东等中共领袖的传记式采访。凯丽·安·朗恩认为，"或许到了共产党的地区，她会见到那些将要改变中国的人。这些人可能会使她成为世界头号新闻的一部分。"② 实际上，这些访谈

---

① 本书作者译自：*My Yan'an Notebooks*，第133页。

② 休·伯金，赵文滨、蔡颖颖、林京京译：《目击中国革命——海伦·斯诺在华岁月和情感历程》，《百年潮》，2001年第8期

对于海伦·斯诺认识中国革命、了解中国共产党起了至关重要的作用，这些经历也影响了她整个一生。

三、对中国民主革命前景的预测和传播

海伦·斯诺认为，中国革命是个复杂的课题，她对中国民主革命的未来有着极大的兴趣。因此围绕这一问题的讨论具有高度辩证性。要揭示这个难题的对立统一规律，“辩证”一词确实有很广的含义。在苏区采访的过程中，中央宣传部副部长吴亮平向她说明了下一步实现民主革命和将来向社会主义过渡的策略。

我请他谈谈中国社会主义的前景时，他以流利的英语回答说：

“为了使中国向社会主义转变，中国共产党的主要任务是争取在资产阶级民主民族革命新阶段诞生的新民主主义共和国的领导权。我们不能断定这一转变是通过和平的方式，还是通过流血的方式。如果我们掌握了领导权，向社会主义的转变多少会具有和平性质，不需要进行另一次革命。不过，更大的可能是资产阶级和小资产阶级的右翼会反抗我们。那时地主阶级已被共和国消灭了。”

“我再强调一遍，只有取得土地革命和反帝斗争的胜利后，才谈得上向社会主义转变。我们必须首先驱逐日本人，再让革命自然而然顺势发展。”

“中国新型共和国的阶级基础是工人阶级、农民和城市小资产阶级的联盟，也包括民族资产阶级中的进步力量，但是他们在政府中不占主要地位。”①

出版了海伦传记的作者凯莉·安·朗恩说：海伦努力完成《续西行漫记》的手稿，文稿传达了重要的经历和故事背景，她所拍摄的照片十分引人入胜，提供了普通战士、少年儿童、妇女和著名领袖的生活，而这一切，美国读者是难以目睹的。这些照片有助于消除人们对共产党人民主性的错误认识。有 300 多张照片，是 1937 年在延安拍摄的，早于“二战”中延安遭受轰炸的年代。这些照片曾先后在纽约、西安的展览上展出过，在书籍、报纸杂志上也发表过，例如：珍娜编辑的《1937—1987 历史照片集》、毕绍夫编辑出版的双语图集《架桥》、杨伯翰大学

① 本书作者译自：*My Yan'an Notebooks*，第 144 页。

2001 年校刊等。[①] 这些个性化的资料是海伦·斯诺当年在延安访谈的有效说明，是我们理解当年共产党政治领袖思想的鲜活材料。

作为一个外国记者，海伦·斯诺全身心地记录了中国政治的发展与变化，她将中国共产党早期领导人的思想成功地带出了延安，向国际社会传达了中国共产党的声音。这段经历为她后来对中国几十年的深厚情感奠定了坚实的基础。

海伦采访了几次毛泽东，相比于埃德加·斯诺，海伦在某些方面超越了他的采访。当时作为翻译的余建亭回忆说，第一次谈的是中国工农红军十年的奋斗历史，这是毛泽东主席亲自谈的。埃德加·斯诺访问陕北的时候虽然跟毛泽东主席谈了很多次，但系统地谈十年红军的历史恐怕首先还是跟海伦·斯诺谈的。[②] 海伦记录了几十位共产党领导人的生平，包括朱德和周恩来。在后来的四十年里，他们共同协助毛泽东治理中国。这是一项前无古人、后无来者的丰功伟绩，是海伦在延安的最大收获。海伦去延安的动机之一是要从一个女性的角度记录女共产党人的经历。海伦走访了许多地方，调查了解妇女生活的真正变化。这些变化包括同工同酬和解放妇女的育儿措施，使她们能够一起办食堂、托儿所等。海伦采访了几位长征的幸存女性。她们很多人是共产党最高领导人的妻子。凯利·朗恩认为："我想，海伦是想从这些妇女的经验中了解她们是怎样生活在丈夫的影子里的。"[③] 在中国各地，许多青年学生读了《续西行漫记》以后就到延安去了。安危说，海伦写作的时候，就有人在打字机旁边等着。她写完一张纸，马上就被翻译成中文。因为很多年轻人和革命群众渴望知道在延安发生的一切。他们要知道真实的情况，然后他们就决定到延安去参加革命。[④] 他们相信，如果一个美国女孩能到延安，他们也能。在延安，海伦·斯诺的书也被指定为抗日军政大学的阅读材料。海伦·斯诺访问陕北后增加了很多人的革命故事，跟埃德加·斯诺的采访结合起来，就是比较完整、丰富的革命历史、革命经过。所以，这不是简单的重复。

---

① 访谈于 2009 年 11 月 11 日，美国犹他州锡达城。

② 休·伯金著，赵文滨、蔡颖颖、林京京译：《目击中国革命——海伦·斯诺在华岁月和情感历程》，《百年潮》，2001 年第 8 期。

③ 访谈于 2009 年 11 月 11 日，美国犹他州锡达城。

④ 访谈于 2009 年 11 月 11 日，美国犹他州锡达城。

第三节　斯诺对罗斯福美中政策的影响

斯诺对战时中国情况的如实报道，特别对国民党腐败的揭露，加上他的《红星照耀中国》在美国的公开出版，加深了国外人士对中国和中国共产党的理解，这对于扩大中国共产党在国际上的影响和争取美国对中国抗战的同情与支持，都起了不小的作用。

国际上对中国红军、苏维埃和共产主义运动一直存在“一些未获解答的问题”①。一方面，中国共产党宣传自己是为“实现土地革命，为反对帝国主义，为争取苏维埃民主和民族解放而斗争”；另一方面，反共的宣传把中国共产党人描绘成“由‘文匪’领导的新式流寇”②，《红星照耀中国》1937 年 10 月在伦敦出版后，斯诺“信奉并从事的沟通和交流事业，开阔了思想，减少了疑虑，增进了了解，铺设了道路，促进了合作”③。它改变了西方社会对中国共产党和中国工农红军的认识，《长征——前所未闻的故事》的作者——著名的报告文学家哈里森·索尔兹伯里在他的书中说：“当时几十万美国人，包括我自己，读了这本书，从中得到了中国共产党及其领导人毛泽东、周恩来、朱德等的初步印象，同时对他们的目标和救国抱负，对他们的艰辛和牺牲精神，也有所了解。《红星照耀中国》后来被译成中文即《西行漫记》，使整整一代中国人首次读到长征的英雄事迹。”④ 因此，西方主要国家特别是美国，在一定的程度上改变了对中国漠不关心的态度。“埃德加·斯诺的一系列报道和出版于 1937 年的《红星照耀中国》（又名《西行漫记》）部分地改变了这种情形。斯诺冲破了蒋介石政府对中国共产党的新闻封锁，有助于澄清国内外的那些丑化中国共产党的传闻。《红星照耀中国》虽然在美国第一版只印了约 1.5 万册，但这却是迄今为止在

---

① ［美］埃德加·斯诺著，董乐山译：《西行漫记》，生活·读书·新知三联书店 1979 年第 1 版，第 1 页。

② ［美］埃德加·斯诺著，董乐山译：《西行漫记》，生活·读书·新知三联书店 1979 年第 1 版，第 2 页。

③ 刘力群主编：《纪念埃德加·斯诺》，新华出版社 1984 年第 1 版，第 25 页。

④ ［美］哈里森·索尔兹伯里著，过家鼎、程镇球、张援远译：《长征——前所未闻的故事》，解放军出版社 1986 年第 1 版，第 1 页。

美国出版的关于远东方面非文学类著作的最高纪录。罗斯福总统阅读了全书，并被其情节所吸引。[①] 就在斯诺为欧美报刊写的那些轰动一时的通讯发表后，西方主要国家对中国形势的认识特别是对中国共产党的认识也逐渐有所改观。罗斯福总统在1937年10月5日发表了著名的“防疫演说”，主要是针对遭受日本军国主义侵略的中国表示了同情，表明了美国正积极寻求和平。由于远东地区反法西斯战争的不断向前发展，“美国政府中不少高层人士意识到了援华抗日的现实意义和迫切性”[②]。1938年春，美国政府首次允许中国可以用出售白银的款项来购买美国的军需物资；紧接着，美国政府又向中国国民党政府提供了2 500万美元的贷款。1938年12月中旬国民党的《中央日报》也连日推出专栏文章，宣扬美国对中国援助的意义。美国与中国国民党政府关系的改善在一定程度上推动了中国抗日战争的顺利进行，同时也促成世界反法西斯联盟的形成。斯诺说过：“如果我不是在中国待了一段时间，而是刚刚由我的祖国来到中国而非红区，则我的感受也许就会打折扣。不但如此，反倒可能认为共产党人是美国原则的敌对者。”[③]

1930年间，斯诺在《密勒氏评论报》、《当今历史》等报刊上撰文，开始涉足有关中国共产主义运动的领域，尽管此时他接触到的有关共产党的情况都是西方观察家披露的“极零散、粗糙和不可靠的”第二手材料，但他凭借自己的观察、总结和分析，仍然写出了一批极有价值的报道，显示出他的敏锐和认识中国社会独到的眼光。这一类代表作有《中国革命的女儿们》、《广州——起义者和革命的故乡》、《布尔什维克主义在中国的影响》等。在后一篇文章中，他这样提醒西方读者：

> ……在中国，共产主义已不再像过去那样只是危言耸听者脑中的幻觉，它已经成为有可能左右革命舞台的强大因素。中国共产党目前有七万到十万党员；有人认为，中国的共产主义运动要单独进行一场革命，还缺乏足够的队伍，他们看错了。[④]

1937年2月，斯诺西行归来后在向美国驻华大使约翰逊陈述采访

---

① 罗永宽编著：《罗斯福传》，湖北辞书出版社1996年第1版，第242页。

② 罗永宽编著：《罗斯福传》，湖北辞书出版社1996年第1版，第260页。

③ ［美］埃德加·斯诺著，宋久、柯楠、克雄译：《复始之旅》，《斯诺文集Ⅰ》，新华出版社1984年8月第1版，第39页。

④ ［美］埃德加·斯诺译著，刘力群选编，洪允息等译：《斯诺通讯特写选》，新华出版社1985年12月第1版，第62页。

动机时，坦诚地透露了自己的心迹：

我早已不再相信官方发表的关于共产党人的宣传，因为它根本说不通；谁能相信，只对抢劫和杀人有兴趣的一些土匪，能够对抗南京的全部军队达十年之久？一定有一种强有力的因素支持了他们。

……这次采访的机会太重要了，不能错过。如果有危险，我至少可以拿一点来进行自慰，这就是许许多多中国人民已经为这个运动牺牲了性命，而为了弄清楚为什么会这样，冒险也是值得的。①

美国作家赛珍珠曾这样评价斯诺："斯诺对他所报道的事件了如指掌，因为他到过现场。当他报道一件事时，他一定目睹过它。"②

一、斯诺与美国总统罗斯福的三次会谈

斯诺介绍红色政权及其领导人的《西行漫记》引起罗斯福的极大兴趣，他很快成了"斯诺迷"，后来他多次邀请斯诺一起讨论中国问题。③ 罗斯福通过三次召见斯诺，并通过美国驻华外交官谢伟思和情报官卡尔逊等人了解中国共产党的真实情况，一度调整了对华政策：由"扶蒋"改变为"扶蒋联共"。他曾说："我一直在同那里的两个政府合作。我打算继续这样做下去，直至我们能使他们联成一体。"④

1942 年 2 月 24 日，美国总统罗斯福在白宫椭圆形办公室会见斯诺。罗斯福说他是从《红星照耀中国》一书以及《星期六晚邮报》上斯诺写的报道知道斯诺的。在谈话中，罗斯福问斯诺有什么办法能帮助中国人民，而与中国政府截然分开，斯诺就中国工业合作社和这种生产方式对于制止通货膨胀、帮助中国消费品自给自足以及为中国的政治民主建立一些新的经济基础方面所具有的当前和长远作用，讲了很长一段话。⑤ 罗斯福用心听取了斯诺发表的见解，表示给蒋介石写信时，将表示他个人对中国工业合作社的深切关怀，要求对其发展情况提出报告。

---

① 《给美国驻华大使约翰逊的信》，载《斯诺在中国》，第 78 – 79 页。

② ［美］赛珍珠：《亚洲书览》，载《亚洲》，1938 年 3 月号。

③ 赵佳楹编著：《中国现代外交史》，世界知识出版社 2005 年 5 月第 1 版，第 918 页。

④ ［美］伊·卡思：《毛泽东的胜利和美国外交官的悲剧》，群众出版社 1990 年版，第 148 页。

⑤ ［美］埃德加·斯诺：《红色中华散记》，江苏人民出版社 1992 年 3 月第 1 版，第 146 页。

斯诺在1942年给姐姐的信中说：

> 我现在将要去采访一些能够引起我为《星期六晚报》报道的事情，并且，我已经被这家报社任命为被美军认可的战地通讯记者。我是到目前为止被《星期六晚报》唯一任命的通讯记者。也正因为如此，我将在未来的几个月之内在远方做长期的旅行，但可能会离实际交火线很远，所以你不必担心我的安全。作为一名公认的通讯记者，我的地位和军官相同（在战地后方），并且我有穿制服的特权。在接受此项任命之前，我愉快并充满自豪感地拜见了总统先生，并与他进行了45分钟的私人谈话。当时我正在我的办公室安排离开的事宜，这时他希望见我的消息不期而至。在我们的谈话之中，我瞧准机会问他为何他认为我应该接受军方提供的文职（空军提供给我一个上尉的委任）或应为《星期六晚报》作通讯记者做出更大的贡献。他所持的观点是我作为战地记者将会通过记录印度和中东地区而发挥更大的作用，因此我对于做出此项决定更加坚定不移。总统先生的身体状况要好于我们从他的照片里所能看到的。他的身体充满活力并给人以富有肉体力量的印象，他似乎看起来并不为他肩上的重担而感到焦虑或不安。他展现了令人难以忘却的对东方世界政治经济和社会力量的掌控，远不止我所预期他所能掌握的。并且我从他这里首次知晓他的祖父曾在中国生活了生命中大半，而正是从祖父的身上他学会了热爱并尊重这个国家。而在印度问题上我们所达成的共识寥寥无几，并且我希望有能力为他做一些服务。这次谈话使我对我国在战争与和平中的未来的感知更加确信和富有安全感。他确实是一位伟人，谈话之后，所有他的敌人对他的挑剔中伤看起来都琐碎而不值一提。①

斯诺在1944年5月26日回国休假时又去拜会了美国总统罗斯福，回俄国后，斯诺按罗斯福的提议给他去过几封信。在这次会面中，罗斯福向斯诺提起他们第一次见面时他的诺言，他说他做了那件事，他在开罗见到蒋和蒋夫人时，也问及了“工合”的情况。之后“工合”确实一度得到了一些特别信贷和蒋介石的关照。罗斯福说，“那次在开罗，我告诉蒋和蒋夫人，他们一定得想办法和共产党联合。我说我们不准备卷入你们那里任何内战局面，我们要中国一致对日。”斯诺说，“要是

① Ed to Sister，19420401.

他们不在近期内达成某种类型的联合，那么甚至在打败日本之前或者之后不久，就可能爆发大规模的内战。”罗斯福基本同意斯诺的意见，他已经看到，实现两大营垒之间的妥协，即是美国政府不可推卸的责任。他对斯诺说：“不对外公布我就告诉你，两个半月之前蒋确曾同意我们派一些我们的人去延安并让他们留在那里。结果发生了某种转折，这位总司令要我们等几个星期。现在我感到欣慰的是，蒋已同意让记者们去延安。这一点你也别公布，我们正在派人（代表政府）和记者们一起去，随后他也许就留驻在那里。”①

1945 年 3 月 3 日，即罗斯福向国会作关于雅尔塔会议情况的报告的第二天，斯诺对他作了最后一次的拜访。当斯诺见到罗斯福时，他刚听说派特里克·赫尔利将军主持的延安、重庆之间的谈判宣告破裂。由于早先的一些报道都说，已经令人满意地找到了解决办法，总统说这真是一个“非常令人失望的消息”。对延安方面要求为实施初步权利法案作出某种保证，蒋介石“提出了一些毫无道理的反对意见”，而在总统看来，延安方面的要求“完全是合情合理的”。罗斯福问斯诺个人对蒋介石有何看法，问斯诺是否“喜欢”他或者感到“了解”他。斯诺表示否定。罗斯福说，“我在开罗一直未能形成对蒋的看法。后来我回想起来，我明白了，我全是听蒋夫人告诉我她丈夫的事和他的看法。我明白了，我的问题总是由她措词作答。我开始了解她，但对这位老蒋——我根本就没法接触的意思。我希望派特里克·赫尔利回来后能给我多谈一点他的事。”罗斯福和斯诺进而谈起了中国共产党人，谈到他们是否以建立无产阶级专政为宗旨——他们是否“真正的共产党”，或者如某些人声称的那样“只是土地改革者”。总统提了几个关于八路军（共产党）具体说来能用我们的援助有何作为的问题。斯诺说：“我以为只要我们承认蒋政权为唯一的政府，我们就得继续通过他（即使在和游击队直接打交道时）一手分发所有的补给品。我们不能支持中国的两个政府，对吗？”总统回答时用力把头往后一仰：“我一直在同那里的两个政府打交道，我还打算继续这么干，直到把他们合到一块儿为止。”②

---

① ［美］埃德加·斯诺：《红色中华散记》，江苏人民出版社 1992 年 3 月第 1 版，第 148 页。

② ［美］埃德加·斯诺：《红色中华散记》，江苏人民出版社 1992 年 3 月第 1 版，第 149 页。

然而，一个月后罗斯福去世了，之后不久，所有关于在华北登陆，或者同延安进行各种认真的军事合作的讨论都戛然而止。斯诺认为这就使美国永远失去了作一尝试的机会。①

斯诺对中美关系的影响在此中断了，虽然他一直试图努力周旋于美国的总统和政要之中，始终没有结果。在斯诺研究中，很少有人提到斯诺与另一位美国总统的会见。1947 年 1 月，斯诺会见了杜鲁门总统，提出了对美国外交政策的看法。杜鲁门临别时对他说："你知道，我并没有要求担任这一职务。罗斯福知道什么时候死去合适。你想当英雄，就要死得其时。要是罗斯福还活着，他自己也会发现他和我的困难处境完全一样。"②

二、斯诺对时局发展的成功预测

斯诺是身份非常特殊的记者，"二战" 前后，除了与毛泽东、蒋介石、罗斯福、杜鲁门等中美两国的元首有深入的交谈之外，他还曾与艾森豪威尔将军讨论关于原子弹对美苏关系的影响，采访美国占领军司令麦克阿瑟，采访日本裕仁天皇，与甘地、尼赫鲁讨论国际形势，1943 年在顿河前线和斯大林格勒采访苏联红军，在"三八线" 上的开城度过 1946 年元旦前夜……不但是斯诺的丰富经历使他成为一个"二战"中最优秀的战地记者，斯诺的勤奋研究也造就了斯诺对各国的深入了解。他在 1940 年给父亲的信中说："我很欣赏你关于美国的观点。这个世界的一部分可能不像你想的那样孤立。每个月我都要阅读《国家》《新共和》、《亚洲》、《周末晚报》、《哈泼斯》 和六份其他的杂志，除去各种报纸和特殊印刷物以外，还有大不列颠、中国和日本出版刊物，塔斯社、合众社、跨洋公司、路透社等。并不意味着我接受任何特殊党派或者公共出版物的观点，而是主要对呈现事实和解释事实感兴趣。我有一个很好的准确和诚实的名誉，那就是我能够出版我所写的东西的原因。否认我所写的任何东西都是不可能的，除非新的事实证明它是错的，但是没有这样的事实。因此我写出我想的东西，让那些流言蜚语落在它们该落的地方。在世界的这个地区我通过各种资源得到新鲜的消

① ［美］埃德加·斯诺：《红色中华散记》，江苏人民出版社 1992 年 3 月第 1 版，第 151 页。

② 武际良：《十个美国人的中国情缘》，华艺出版社 2000 年 10 月第 1 版，第 90 页。

息：美国、英国、法国、中国、俄罗斯、日本——法西斯主义者、共产主义者、帝国主义者和民主的解释。通过这种方法我很好地了解了世界正在发生什么：可能比一般的美国报纸读者更好地了解，他们只能够得到资本媒体希望他们了解的东西。而我，也能得到那些。”①

斯诺作品对未来有很多惊人的预测，1929 年 7 月，斯诺在《满洲走哪一条路》一文中预测日本人不久会武装侵占全东北。斯诺在 1933 年 4 月写给父亲的信中预测日本在中国侵略的进程，希望美国能够帮助中国：“当蒙古已经到手了，日本下一步的行动是西部的中国，将扫荡绥远、山西、陕西、甘肃。中国黄河以北地区的投降会在两年内实现。北平和天津将在 1935 年被日本控制。……中国任何有效的反抗都是单独的，俄罗斯、美国、英国应该打击日本，但是目前只有美国和英国有权在任何时候攻击任何国家。”② 随后斯诺撰写《远东前线》记述上海和东北的战争，斯诺预测日本将会发动全面的侵华战争，虽然《星期六晚邮报》、《纽约时报》、《西南新闻》中都对此进行了报道③，但并没有得到广泛认可，“五年后，约翰·甘德意味深长地说《远东前线》一书当时没有得到应有的重视”。④ 针对当时西方国家普遍存在的错误观点，以为“九一八”日本侵略中国东北之后就会向苏联进攻，并预测苏联对日宣战的时间：“如果有这样的因素的话，战争（日俄）很可能爆发；其中一方将成为不知自己几斤几两的白痴；但是到目前为止这种历史需要还没有出现，我推测会在 1945 年到来。”⑤ 斯诺在 1936 年就认为：“我对日本人在中国的满洲和其他地区的行动作了研究和观察，我深信，日本侵占中国的目的并非为了向俄国开战，而是想以中国为根据地，向整个欧洲的殖民体系发起总攻。”⑥《纽约时报》对此评论说：“斯诺曾预言日本军队在 19 世纪 30 年代初在满洲的胜利将给西方国家在东方的威望造成致命打击。他预言在一场争夺东亚主导权的战争中，

---

① Ed to Father，19400305.

② Ed to Father，19330411.

③ Ed to Charlie，19331014.

④ ［美］约翰·马克斯韦尔·汉密尔顿著，沈蓁、沈永华、许文霞译：《埃德加·斯诺传》，学苑出版社 1990 年 6 月第 1 版，第 50 页。

⑤ Ed to Howard，19350720.

⑥《斯诺文集》（一），新华出版社 1984 年版，第 180 页。

整个殖民地系统将遭受挑战。”① 1936 年 6 月，斯诺在《远东即将发生的冲突》一文中预言：“日本在竭力占有中国市场和内地财富的过程中，必将折断帝国的颈骨。这一灾难之将发生，并非由于日本经济会自动崩溃，而是因为日本必然要强加于中国的宗主国将令人不堪忍受，并将很快引起震撼世界的抵抗。”② 不仅如此，斯诺看得更远，他认为，尽管美国对外实行孤立主义政策，“然而，美国毕竟不是瑞士”，美国不会眼看着“殖民国家在亚洲垮台”。他接着分析道：“惩罚日本的责任不可避免地要落在社会主义苏联的肩上…也许火线落到美国和英国人的头上。”③ 但是西方国家的决策人物对此却加以讥笑，“他们期望日本在与中国的争端中迅速取得全面胜利，——然后，转而进攻俄国”④。斯诺在写给姐姐的信中对此提出了忧虑：“日本或许就在一年之内……新划定的地图将起于蒙古，穿越整个中国，直到缅甸与印度、荷属印度和马来，印度支那和暹罗。……我想希特勒不会向英国发起闪电战，而是沿袭他一贯的做法，用空投炸弹的方式让英国交通瘫痪。”⑤ 几天后，德国空袭了英国伦敦。1940 年 10 月在《中国的分裂潮流》中预测中国“内战可能会在更大规模上重新开始”；1941 年 7 月，就在希特勒侵略苏联节节得手之际，斯诺就判断希特勒侵苏是走上灭亡之路；皖南事变前斯诺在香港向美国发电，认为国民党军队将向新四军发动进攻，结果不幸言中。1941 年《为亚洲而战》一书的结尾部分预测了中国将会发生的社会变革，并对美国如何适应这种变革提出了建议，在此书 6 月举行的签名招待会上，斯诺预测美国将向日本宣战，半年后日本偷袭珍珠港美国对日宣战，应验了斯诺的预测；1943 年 10 月他推测苏联和日本不免一战；1948 至 1949 年他根据苏南关系预测“中国不会变成俄国的卫星国”。历史已经证明斯诺洞察力的准确性。1946 年《苏维埃力量的格局》一书预测了战后苏联的对外政策。斯诺被美国评论界认为是最好

---

① “Edgar Snow, Author on China, Is Dead”, *The New York Times*, 18, February, 1972, p42.

② “Edgar Snow, Author on China, Is Dead”, *The New York Times*, 18, February, 1972, 第 181 页。

③ “Edgar Snow, Author on China, Is Dead”, *The New York Times*, 18, February, 1972, 第 181 页。

④ 《斯诺文集》（一），新华出版社 1984 年版，第 181 页。

⑤ Ed to Sister, 19400820.

的政治记者之一，在《星期六晚邮报》读者调查中，斯诺名列战地记者第一。《时代周刊》认为："斯诺从没有忘记自己是一名美国人。"周刊中引述到："斯诺曾说，尼克松总统的访问将开启远东和世界政治的新时代"，暗示斯诺是一位有远见的新闻记者。①《新闻周刊》根据中国学者费正清的观点评论他："斯诺的'非意识形态的人性化视角'成就了他作为中国经历的编年史作者的巨大影响。"②

作为最出色的战地记者，斯诺的预测显示的是他的专业功底和职业精神。"坦白直率，尊重客观事实，同谎言作斗争，斯诺讨厌任何形式的空洞宣传，他本人就从不进行这种宣传。他一贯都是一个职业新闻工作者，力求以最好的方式打动人数众多的美国读者的心。"③ 这是海伦·福斯特·斯诺对于斯诺作品的评价。斯诺最爱说这样一句话："我是一个密苏里人。"这是一句美国谚语，意思是，"拿出证据，眼见为实"。④

第四节　斯诺对中美两国人民参加反法西斯战争的影响

"二战"期间，美国人民和中国人民都在思考"究竟哪里才能找到可以团结的反法西斯和反军国主义的力量"⑤，斯诺和他的作品为中美两国人民投身反法西斯战争起到了重要影响。正如美国历史学家拉铁摩尔说的："只有那些当时身在中国的人们，才能回味斯诺的《红星照耀中国》所产生的影响……在人们政治上陷入思想苦闷的情况下，斯诺的《红星照耀中国》就像火焰一样，腾空而起，划破了苍茫的暮色……那本书里没有什么宣传，只有对实际情况的报道，原来还另外有一个中国啊！斯诺给我们叙述了共产党领导人的谈话。这些谈话不是背诵教条的

---

① Mao's Columbus, Time, 28, February, 1972, p45.

② The Man Who Knew Mao, Newsweek, 28, February, 1972, p46.

③ 尹均生、安危：《埃德加·斯诺》，人民日报出版社 1996 年 1 月第 1 版，第 87 页。

④ 李放：《略论斯诺民主抗战思想的理论基础》，《沈阳师范学院学报》（社会科学版），2000 年 9 月。

⑤ ［美］拉铁摩尔：《序言》，另见杰克·贝尔登：《中国震撼世界》，北京出版社 1980 年版。

留声唱片机，而是适合中国国情，可以据以组织抗日的精辟主张。”①1979年8月，胡愈之在《西行漫记·序》中文重译本中写道：“由于他（斯诺）在西北红色区域四个月的冒险中引起的激情和对中国人民的热爱，他用了他的后半生的几乎全部精力，对中国问题作继续探索和报道。”斯诺的《西行漫记》不止影响了一代中国人，使大批爱国青年奔赴延安，走上革命道路，也吸引了白求恩、柯棣华等许多国际反法西斯战士不远万里到中国，支持中国人民反抗日本的侵略。

一位中国记者在《西行漫记》发表60周年时曾沿着斯诺当年从西安到延安以及陕北的安塞、志丹等若干地方采访的路线走访了一遍，他的感想是这样的：他们有的六十开外，有的四五十岁，有的只有二三十岁；有的是小学教师，有的是交通部门员工，有的是汽车站卖杂货的老汉，有的是开旅社的小老板，有的就是地地道道的庄稼人。只有你蹲在黄土高原的土疙瘩上，听一个拿着鞭子小锹不时吆喝着羊群的小伙子谈斯诺的时候，你才会明白什么叫活在人民心中。② 作家拉奇曼概括了这本书的意义：“《红星照耀中国》首次向全世界报道了中国红军英勇的长征，首次刻画了共产党的重要人物，首次描述了他们的生活方式、信念和目的。斯诺对中国共产党倡导的事业给予了充分报道，这一事业对于20世纪30年代那些惧怕抗击法西斯的人们，是个强有力的鼓舞”。③宋庆龄在一篇纪念斯诺的文章中指出：“中国人民将永远怀念埃德加·斯诺这位致力于中美两国人民友好的不知疲倦的活动家。太平洋两岸的子孙后代将会感谢他，因为他留下了供他们研究中国历史的遗产。”

海伦·福斯特在她的回忆录中写道，“我仰慕埃德……因为他不惧怕孤军奋战。如果没有我的丈夫，我自己绝没有那种宽广的胸怀、强壮的体魄或足够的才智与资源去从事我们之后在中国完成的事业。”④ 著名的漫画家华君武在谈到他参加革命的经历时就特别提到了《西行漫记》：“我的好友黄嘉音某天递给我一本中文版的《西行漫记》，读着读着，我被它吸引住了。从感性上我了解了中国共产党、中国工农红军和老百姓的关系，原来中国还有这样一块地方——陕北。那是和我所厌恶

① ［美］杰克·贝尔登：《中国震撼世界》，北京出版社1980年版，第5页。
② 南平：《重访斯诺西行路》，《中华新闻报》，2005年4月20日。
③ 武际良：《斯诺传奇》，华艺出版社1995年2月第1版，第300页。
④ Helen Foster Snow, *My china Years*, William Morrow and Company, 1984, p12.

的国民党统治区和丑恶的十里洋场完全不同的一块净土，那边空气新鲜，人和人的关系是平等的，呼吸是自由的，共产党和红军是一贯主张爱国抗日的。《西行漫记》用大量的事实，给我澄清了国民党对共产党长期的造谣污蔑、反共宣传。1938 年上海沦陷，我更加处于一种不甘心当亡国奴又不愿跟着国民党走的状况中，斯诺的《西行漫记》真可以说是黑暗中的火把。我瞒着家庭、亲戚、朋友和同事，由黄嘉音和一位女友送我上了轮船，秘密地离开了上海。我从未出过远门，这时我单身一人经过三个月的长途跋涉，途经香港、广州、长沙、汉口、重庆、成都、宝鸡、西安，最后到达了陕北，当时已是隆冬季节。这都是《西行漫记》给了我力量。”①

当年斯诺作为燕京大学新闻系的老师从陕北访问归来，燕京大学即以“新闻学会”的名义，举行了一次全体大会活动。受到鼓舞的一批文法科同学，随后不久即组团沿着斯诺出访的路线访问延安。燕京大学校友赵荣声回忆起斯诺 1936 年访问红军根据地回来后给他们看红军照片的事情。“其中一幅照片上有周恩来和一个长着大胡子的人握手。斯诺用汉语问：‘你们知道这个长着大胡子的人是谁吗?’‘一个帝国主义者。’我们仔细看了看，发现原来是斯诺自己。不由得哄堂大笑。”后来他跟随斯诺去了延安并成为一个共产主义者。② 这个“燕大学生西北旅行团”，是北平学生访问延安的第一团，受到毛泽东、朱德、董必武等中共领导人的接见。③ 20 世纪三四十年代进步青年的革命活动中，《西行漫记》是最普遍的学习材料，这本书还在很大程度上推动了几年后大批青年学生奔赴延安的高潮，许多热血青年就是怀揣着《西行漫记》踏入革命圣地的。许多海外华侨青年，就是看了《西行漫记》，抛开安逸的生活，不远千里，跨海渡洋，冒着生命危险回国参加八路军、新四军抗日队伍。斯诺本人也惊异地发现：“一个人的文章和言论，在一定情况下可以唤起人们，甚至陌生的外国人，使他们行动起来，视死如归。”④ 白求恩曾给友人写信说：“要问我为什么去中国，‘请读埃德加·斯诺的《西行漫记》和史沫特莱的《中国红军在前进》，读后你们

---

① 华君武：《漫画一生》，新世界出版社 2005 年第 1 版，参见中华网文化频道：http：//lianzai. china. com/books/view. do? bookId = 302&chapId = 1193&noduleId = 10823。

② Memories of Edgar Snow，*Beijing Review*，15，February，1982，

③ 林帆，《为了不复存在的纪念》，《晶报》，2004 年 10 月 30 日，B16 版。

④ ［美］埃德加·斯诺：《复始之旅》，新华出版社 1984 年第 1 版，第 213 页。

必将与我同感。”① 许多外国人也是在《西行漫记》的影响下到抗日根据地工作，如国际和平医院的马海德，印度加尔各答医疗队的柯棣华、巴苏华、爱德华等大夫，奥地利的罗森塔尔大夫，德国的米勒大夫，美国的爱罗色大夫等。哈里森·索尔兹伯里在《长征——前所未闻的故事》中写道“我首次在埃德加·斯诺的西行漫记中读到长征。许多中国人也是从这本书的中文版本中得知长征的，这本书使我，也使成千上万的人思潮澎湃。”② 美国人韩丁受斯诺《西行漫记》的影响，来到了中国延安，解放区热火朝天的革命生活使他受到很大震撼。③ 后来，韩丁担任了美中友协第一任主席。美国海军陆战队军官、美国驻华大使馆参赞埃文斯·卡尔逊访问八路军总部也是与斯诺的鼓励分不开的。“我相信八路军的领导人会欢迎你前去考察的”，据卡尔逊自称，他听了斯诺的介绍，立即征得上级同意，准备前往考察八路军。④ 在斯诺的帮助下，卡尔逊前往考察八路军总部，并写出了著名的《中国的双星》。

斯诺用他的热情不断在感染着中美两国人民，他在《复始之旅》中说：是的，我认识中国人，我同他们在败退中踉跄地越过一大片陆地，同他们一起痛哭，但仍旧同他们一起坚定信念，我为此而感到自豪。但是，我不是他们中间的人，我也永远不能成为他们中间的人。一个人如果让自己为异国所属，他过的就是耶胡⑤式的生活，我对这种生活已厌倦了。我告诉我自己，我是一个美国人。我现在终于看到了，这实际上是一个生活在异国的以实玛丽⑥。为了避免愈陷愈深，我退了出来。……我终于下决心回家去。在斯诺的影响下，越来越多的美国友人走进中国，越来越多的中国青年走进延安。然而，斯诺却被迫离开中国。

斯诺虽然离开了中国，但斯诺对中美关系的影响却没有中止。回国后，斯诺仍然积极地推动美国对中国避免内战的影响。斯诺在 1944 年 5 月 26 日与罗斯福的谈话中的共识是：“把促成双方妥协看成是美国政策

---

① 刘力群主编：《纪念埃德加·斯诺》，新华出版社 1984 年第 1 版，第 460 页。

② ［美］哈里森·索尔兹伯里著，过家鼎、程镇球、张援远译：《长征——前所未闻的故事》，解放军出版社 1986 年 5 月第 1 版，第 2 页。

③ 陈鲁豫：《心相约》，长江文艺出版社 2003 年第 1 版，第 192 页。

④ ［美］埃文斯·卡尔逊：《中国的双星》，新华出版社 1987 年版，第 32 页。

⑤ 英国作家斯威夫特的小说《格列佛游记》中的人形兽。

⑥ 基督教《圣经》中人物，被其父亲亚伯拉罕抛弃。

的一项确定的责任。”① 在斯诺的开创和引领作用下，1944 年夏，由国内外各大报刊著名记者组成的中外记者西北参观团赴延安和晋绥抗日前线采访，这是中国共产党在新闻和外交战线上的重大胜利，提高了中国共产党的国际地位。斯诺等外国记者对中国共产党真实情况的报道，增强了美国对中国共产党的了解，为双方建立直接联系奠定了基础。在谈话中，罗斯福对斯诺说将派代表政府的人和记者们一同前往延安。6 月 21 日，美国副总统华莱士抵达重庆，当面要求蒋介石允许美国派遣军事观察团进驻延安。7 月 22 日，“美军观察组”抵达延安，分析共产党对战争所能做出的贡献及其能力的潜在贡献，提供援助共产党军队以增强其战斗价值的最有效办法。② 在以后的作品中，斯诺仍然继续引用这位已故总统在中美关系方面的评论，他认为只有“英、美、苏三国共同向中国的两个党派施加压力，才能使抗日力量为了我们共同的目标而团结起来”。③ 斯诺也一直在推动美国努力使中国的问题获得政治解决。

斯诺通过《红星照耀中国》等作品，向全世界介绍了中国共产党领导的革命根据地的真相，对中美关系产生了影响：一是使中国共产党的外交思想传递到美国，二是使罗斯福调整了对华政策。

---

① 裘克安编：《斯诺在中国》，三联书店 1982 年 3 月第 1 版，第 171 页。

② ［美］包瑞德：《美军观察组在延安》，解放军出版社 1984 年译本，第 31 页。

③ ［美］伯纳德·托马斯著，吴乃华等译：《冒险的岁月——埃德加·斯诺在中国》，世界知识出版社 1999 年版，第 334 页。

第四章　斯诺夫妇通过中国“工合”组织继续推动中美关系

针对美国如何能够更加实际地帮助中国，在与美国总统罗斯福的谈话中，斯诺多次重点谈到在中国建立“工合”组织。罗斯福对此非常感兴趣，而在中国，无论是共产党人还是国民党政府都积极响应，这也是宋氏三姐妹一生中为数不多的合作之一。1937 年底，斯诺抵达上海，同艾黎、海伦等发起了中国工业合作运动。路易·艾黎回忆道，“在我们看来，1937 年最大的难题是如何在穷乡僻壤开发出足够的经济资源使抵抗得以延续……海伦说人民必须通过劳动生产资源，中国工业合作社因此顺应而生。埃德表示同意……我回到家，根据他们的意见，修改了原订的计划。”① 在斯诺的帮助下，中国工业合作协会成立了，斯诺希望这个组织能为中国穷苦人民提供生计和食物。

当时日本控制了东北、华北和长江下游地区，占有了中国百分之八十的机器厂，百分之九十的化学、橡胶和水泥工业，大部分矿山和铁路以及那些现代城市。中国半数以上的熟练工人集中在上海一地。自抗日战争起，数以千计的熟练工人流离失所，沦为难民，也无人将他们组织起来安排工作。有鉴于此，斯诺和艾黎共同拟订了计划，提出了在中国各前线地区和后方建立工业的总战略，即“工合”以解决这一问题。1938 年 3 月，在上海各界爱国人士刘湛恩、胡愈之、萨空了、梁士纯、徐新六等六人出席的“星期一聚餐会”上，斯诺夫妇和艾黎提出这一设想，当即得到该会成员的一致赞成，并于 4 月成立了中国第一个工业合作设计委员会。7 月斯诺由上海到香港，试图在港成立一个独立的“工合”委员会。适因艾黎在武汉办理“工合”事宜遇到困难，约斯诺

① Wan Xing editor, China Remembers Edgar Snow, Beijing Review, 1982.

迅速前往。斯诺当即由港到武汉，在斯诺的努力下，“工合”不仅继续得到宋庆龄的支持，而且也得到她的姐妹宋蔼龄、宋美龄的支持，宋氏三姐妹都成了工合运动委员会的主席，从而孔祥熙、宋子文也都成了这一运动的积极赞助人，并拨款200万元（当时折合40万美元）资助。蒋、宋、孔、陈作为“工合”的发起人，使“工合”实际上取得官方的“合法”注册地位。接着斯诺又以香港为基地，争取更多有影响人物的支持。到1938年，英、美两国也纷纷开展捐款活动，共达数百万元。在国外，华侨的捐助也甚积极。菲律宾人数众多的华人社会一再邀请宋庆龄和斯诺前往那里为“工合”捐款，顺便帮助“唤醒”菲律宾人．使他们认识日本侵略的危险。

1938年，斯诺写信给毛泽东，对“工合”作了全面介绍，谈到“工合”是怎样办起来的，它的宗旨是什么，用哪些方法办“工合”，以及“工合”怎样帮助游击战争，并把一份“工合”组织章程寄给他。斯诺说，鉴于统一战线和共产党可以接受“混合经济”，延安应该全力支持“工合”。斯诺1939年在写给父亲的信中说：“我再一次拜访了延安——中国的红色首都，在那里我见到了我的老朋友——中国的共产主义者。但是我的大部分时间都用来观看和调查中国新型的工人合作运动了，我还帮助发起了这个运动。那的确是非同寻常的事情，用一种民主的合作方式在战争期间重建工业。我的确应该写一些关于它的事情。”①斯诺在给父亲和姐姐的信中提到希望在美国的朋友支持中国“工合”：“如果谁有宽裕的钱能支援中国，叫他们送给中国工业合作社。把宽裕的钱送去维修厨房完全是一种浪费。我们希望所有宽裕的基金都能用在刀刃上。关于这个我会送你一个小册子，你可以传给那任何对此有兴趣的人。”②

1939年底，斯诺赴延安不仅作为记者，而且是以“工合”国际协会的代表的身份去的，任务是视察原来由孔祥熙亲自批准在那里建立的军需厂。由于重庆的“工合”总会不再提供援助，延安的“工合”组织濒临破产。在此紧急时刻，边区政府出面援助，筹措贷款使“工合”得以生存下去。华侨也汇款来帮助“工合”事业。尽管一时困难重重，“工合”的生产一年之内仍增加了四倍。当时，毛泽东曾对“工合”有明确的声明：

---

① Ed to Father，19391216.

② Ed to Dad/Sis，19390126.

> 中国工合纵使在前线地区和敌后游击地区无所作为，在帮助恢复我们后方的工业方面它们所作的工作是很重要的，工合在敌后战区最为需要，而且得到我们的军队、人民和政府的最热烈的欢迎，我们用这种方法可以达到几层目的：(1) 阻止敌货从被占领区向游击战争农村根据地的渗透；(2) 利用中国的原料和资源为我们自己的工业服务，防止日本对之掠夺；(3) 创立游击战争经济上自给自足的根据地，以支持持久战；(4) 培训失业人员和不熟练劳工，使日本不能利用他们来反对我们；(5) 供应农民以所需的工业品来交换粮食，维持农村的繁荣。①

在斯诺写给姐姐的信中我们可以看到美国媒体对“工合”的反映：“《时代》上面登着我还是个小男孩时的漂亮照片，谈论着‘我的’工厂——一个付给每个工人 7 美元工钱的地方。显然，《邮报》对它很感兴趣，现在正希望我能向他们道出其余的故事。好吧，毕竟我们（尼姆，艾伦，还有我）动过脑子想出的主意要好过不少其他人的主意。现在，‘工合’已经在中国创造了 1 000 个左右的公司与工厂，让 30 000 被剥夺了土地与希望的难民得到了工作，并且正以每个月 1 000 万元的速度创造着价值。”②“工合”在抗日战争时期在敌占区和国民党统治区组织了三千多个工业合作社，把数以万计的难民和技术力量引上生产自救的道路，制造了大量军毯、军火、工业品和小型武器弹药，供军需民用，对安定后方支持抗战起了不小的作用。③“工合”在共产党领导的解放区虽然开始稍晚，但一直得到很大的发展，而且成为根据地发展生产直至抗战最后取得胜利的一个重要因素。所有这些与斯诺的辛勤努力是分不开的。1940 年 10 月初，该协会已在 16 个省建立了 2 300 多家工厂，得到了 70 个分部的技术指导。这些工厂起初多为从事手工艺、纺织、印刷和运输的合作社，但很快有了小型铁矿、铸造厂、煤矿、金矿、原始机械工厂、磨粉厂、造纸厂、糖厂、炼油厂，以及化学、玻璃、出版、电子产品厂和生产医药品、制服、手榴弹、货车和帐篷的工厂。25 万人以此协会为生。④ 斯诺试图通过中国工业合作社来帮助中

---

① ［美］埃德加·斯诺著，宋久、柯楠、克雄译：《复始之旅》，《斯诺文集 I》，新华出版社 1984 年 8 月第 1 版，第 285 页。

② Ed to Sister，19400820.

③ 卢广绵：《回忆斯诺与中国“工合”运动》，参见刘力群等编：《斯诺在内蒙古》，内蒙古人民出版社 1988 年出版。

④ Snow，E. *Journey to the beginning*. New York：Random House. 1958，p77.

国。经过斯诺在美国的宣传，“工合”在美国产生了影响，但随着罗斯福的去世，他的筹款没有产生实效。然而，在斯诺的努力下，一直到今天，“工合”还在中美两国的交流方面继续发挥着作用。

第一节 斯诺夫妇等创办中国工业合作社

海伦·斯诺提出“必须搞一个人民生产运动，而达到这个目标的唯一办法就是把人民组织起来，让他们自己管理自己，并把他们的生产单位联合起来。工业合作社就是答案。”①“中国工业合作社的起源笔记”记录了中国工业合作社的建立和发展。1938 年，海伦同路易·艾黎、埃德加·斯诺等发起了中国工业合作运动。海伦被称为“工合之母”。

凯伦·E·海尔认为，海伦的经历，深深地打上了摩门先驱和清教徒传统的烙印。战时中国饥饿的人民和无处不在的需要，使海伦第一时间就决定采取行动。海伦应该听说过她的祖父母关于犹他州早期摩门公共分享的经历，很类似物品共同生产，共同拥有。农业合作社集中农民的资源，将作物种植或销售到边远城市。海伦与中国农民一起，发起了一个合作运动，成功地保障了中国对日本侵略的抵抗。描述这一运动的词汇“工合”或“共同协作”，不久便成为海伦的好朋友埃文斯·卡尔逊率领下的美国海军陆战队的战斗口号。② 这一词语，在当今美国人的演说和思想中，仍被各个年龄阶段的人们普遍地使用着。只有少数学者知道这个常用的美国词语，实际上是一个中文词汇，表达了一些美国人与中国人一同建立起的创新模式的合作社。这种合作社类似于摩门教徒在 18 世纪为了躲避敌对力量并适应多山的犹他州野外生活环境所创立的合作组织。③

---

① 路易·艾黎：《在北京纪念斯诺逝世十周年大会上的讲话》，参见刘力群主编：《纪念埃德加·斯诺》，新华出版社 1984 年 8 月第 1 版，第 14 页。

② 在设计徽章中，路易·艾黎认为“工业合作”也可以理解为一起工作，把它缩写为“工合”，既有意义，又好写易记。同时考虑到许多委员会成员都是基督教徒，便把“工合”两个汉字竖着放在基督教青年会的倒三角形符号内，三角形上方英文为“GONGHO”，下文英文为“Working Together”。“GONGHO”一词后来作为一个代表坚持奉献和富有战斗精神的新词汇收入英文词典。

③ 访谈于 2009 年 11 月 11 日，美国犹他州锡达城。

一、中国工业合作社的创立

海伦·斯诺在《中国为民主奠基》一书的序言中说，埃德加·斯诺的名著《红星照耀中国》刚刚问世之时，我们正在含糊地阐述通过合作社这一途径在中国农村发起一场工业革命的观点。

海伦·斯诺对于“工合”的想法，来自于她对中国社会经济状况的长期观察与思考。1937 年底在上海的一个餐桌上，英国驻中国外交官约翰·亚历山大的话触动了她在中国建立一种经济联合体的想法。“我们讨论了英国和美国的问题，当时我们也没有提到合作这一形式与中国工业的关系。最后约翰很平静地说，‘合作是一个社会的民主基石，无论是资本主义社会、社会主义社会、共产主义社会，还是其他的社会。不用讨论这个问题了，因为它适合于任何情况。’这对我来说是个新观点，我很快就接受了。”① 海伦·斯诺很快与路易·艾黎交流了她的想法：“你看，路易，中国当前需要到处都有工业。中国必须有工业，要广泛发展工业，就得搞一个工业运动，眼下没有竞争。我认为，路易，你现在做的工作会使上海成为日本人能进一步剥削的好地方。你说你喜欢中国，那你就应该丢掉这个工业，出来做些当前有用的事。中国人生来是会合作的。”②路易·艾黎认为建立一系列小工业合作社，是个极好的主意。当天晚上他工作一个通宵，打出了一份材料，第二天下午就拿给斯诺夫妇征求意见，三个人一起推动了工合的成立。当第一批珐琅质的“工合”徽章拿来后，艾黎首先赶到了斯诺家，他高兴地把标有 01 号的一枚发给了尼姆，因为她是这场“工合”运动当然的第一位发起人。③

1938 年 3 月，斯诺夫妇和艾黎提出这一设想，当即得到一致赞成，并于 4 月成立了中国第一个工业合作设计委员会。武际良认为，为使人们了解“工合”运动为在中国内地建立和发展民族工业，支持长期抗战，并为难民提供就业机会和生活必需品的宗旨，宣传“工合”的作用和意义，1938 年 5 月，海伦写了一本《中国工业合作社》的宣传手册。8 月，中国工业合作社协会在武汉正式成立。请宋美龄担任名誉理事长，财政部长孔祥熙为理事长，路易·艾黎任技术顾问，海伦·斯诺

---

① 本书作者译自：*The Beginning of the Industrial Cooperatives in China*，第 1 页。

② 路易·艾黎著，路易·艾黎研究室编译：《艾黎自传》，甘肃人民出版社 1987 年版，第 92 页。

③ 卢广绵：《星一聚餐会和胡愈之先生》，《文史资料选辑》第 89 辑，文史资料出版社 1983 年版，第 113 页。

担任了副理事长。接着，在香港又成立了以宋庆龄为名誉主席的中国工合国际委员会。海伦和斯诺都是这个委员会的领导成员。他们受宋庆龄委托赴马尼拉筹组了菲律宾援助中国工合委员会。该组织在太平洋战争爆发前，获得海外华侨和国际人士的捐款达百万美元。这些捐款通过香港工合国际委员会支援了陕北八路军和皖南新四军地区的“工合”运动。① 安危说，海伦和普爱德一起，在纽约成立了美国支援中国工业合作社委员会，并亲自担任副主席。美国总统的母亲安娜·罗斯福担任荣誉主席，第一夫人埃莉诺·罗斯福是赞助人。该委员会为中国“工合”筹集了五百万美元的战时救济金。②

二、在苏区创办“工合”

海伦认为，在中国，毛泽东是左翼人士中首批看到工业合作社价值观念的一个人。1938 年，斯诺写信给毛泽东，对“工合”作了全面介绍，谈到“工合”是怎样办起来的，它的宗旨是什么，用哪些方法办“工合”，以及“工合”怎样帮助游击战争，并把一份“工合”组织章程寄给他。斯诺说，鉴于统一战线和共产党可以接受“混合经济”，延安应该全力支持“工合”。

> 毛泽东回信说他愿意在他的地区组织工业合作社。我们为此募集了钱，路易·艾黎于 1939 年初亲自去延安，在那里建立了工合总部。1939 年，我丈夫亲自对延安进行了一次艰难的旅行，对新的工合工作进行了许多天的视察，并与毛泽东谈到此事，表述了整个情况。他在《红色中国随笔》一文中写道：
>
> “毛泽东询问我有关工业合作社的消息……我重点讲了它对游击队的价值。毛泽东……然后说，他完全支持工合，并说，自从我从汉口给他写信讲述这一运动以来，他已经建立了工合。毛泽东这样陈述道：‘我们支持建立许多小工业的观点……即使中国的工业合作社对前线地区起不了什么作用……他们正在干的工作是非常重要的……中国的所有朋友应该支持这一进步的运动。’”③

1939 年 9 月 25 日，毛泽东在给香港的国际委员会主席毕晓普·霍尔的信中写道：“我赞成在中国通过合作社建立起许多小工业……如果有可能在

---

① 访谈于 2007 年 10 月 23 日，武际良研究员家中。

② 访谈于 2009 年 11 月 11 日，美国犹他州锡达城。

③ 本书作者译自：*Historical Notes on China*，第 68 页。

中国北方的游击地区建立这种（合作）工业……这种帮助将会受到八路军及鄙人的热烈欢迎……我特别希望感谢在菲律宾的我们的同胞，以及那里的委员会，因为他们尽了极大的努力支持我们的祖国和工业合作运动。”

1944 年，毛泽东写了《论合作社》一文。他这样写道：

> 今年在陕西、甘肃、宁夏交界处，发生了一场生产力方面的革命，这就是公私劳动者系统地组织成合作社。但如果个人劳动者的生产关系不转变为合作劳动者的关系，生产力是不可能进一步发展的。这将在中国未来的经济发展史上发挥到很重要的作用。这不需要生产工具的改变，劳动成果依旧可以像从前一样回到个体劳动者的手中……当前，这个地区大约有 30 万劳动者，大约百分之十已经永久性地组织成集体劳动者的形式……这一建立在群众基础上的生产理论已经粉碎了过去许多不正确的思想和观点……”①

三、“工合”对中国经济发展的贡献

全面抗战爆发后，国民政府先迁武汉、后迁重庆，表达了决不投降的信念。为躲避日军的烧杀抢劫，不做亡国奴，沿海城市的大批工厂、学校和平民纷纷西迁。由此，中国社会与经济重心迅速整体西移。中国工业战前大多集中在东南沿海地区。1937 年 6 月，全国资本在万元以上的工厂有 3935 家，创办资本 37 700 万元，约 70% 集中在上海、武汉、无锡、广州、天津 5 大城市。② 由于失地太快，沦陷区内大多数工矿未能迁出。1938 年 10 月武汉失守，除上海、武汉迁出 304 家工厂外，苏州、无锡、常州及北方城市共迁出 42 家工厂，天津、青岛、石家庄、广州等地工厂全部为敌所有。1941 年，各地内迁工厂增至 639 家，涉及机械、纺织、化学、教育用具、电器、食品、矿业、钢铁等行业，分别迁入四川（254 家）、湖南（121 家）、陕西（27 家）、广西（23 家）和其他省份（214 家）。③ 全面抗战爆发后，75% 的中国工商业陷入敌手，半数以上的城市被日伪占领。整整八年，无论是在国统区、敌后根据地还是日伪沦陷区，经济建设都是围绕着战时体制、战争需求而展开的，正常的社会经济发展遭受重大损失。如 1936 年的全国粮食总产量

---

① 本书作者译自：*The Beginning of the Industrial Cooperatives in China*，第 65 页。

② 陈真等编，《中国近代工业史资料（第 1 辑）》，三联书店 1957 年出版，第 78 页。

③ 行政院编纂：《国民政府年鉴》，中心印书局，1943 出版，第 115 页。转引自江沛：《全面抗战与中国社会变迁特征述论》，《历史教学》，2005 年第 9 期。

为2 844.6亿斤原粮，抗战时期下降为年均2 390亿斤，减少了15%；1937年，棉花产量最大的苏、冀、豫、鲁、鄂、陕、川、晋、浙9省，因沦为战区而同比减产500～800万担，山东、江苏、浙江、安徽更是分别减少了50%、40%、50%和70%；战前，华东地区的茶叶年均产量105万担，占全国茶叶产量31%，而战时年均产量仅为63万担，减少约40%，生丝、桐油等经济作物的减产更为严重。仅上海一地，“计被害工厂约2270余家，损失总额在8万万元左右”，无锡、南京的工厂被毁64%～80%。武汉三镇的工厂约有12%被毁，损失约为1 667万元。华资工厂所受损失总额不少于7.5亿元（战前法币币值），外资在华损失约为八亿美元。战时，日本共占领中国铁路12 000公里，占关内铁路总里程的92%。由此，中国东部的近代化进程被彻底打断。①

中国社会重心西移后，一个最直接的影响在于西部地区的近代化进程不期而至。近代化的工业与交通运输线路，开始大规模出现在西南、西北地区，内迁的各类企业，将先进技术带入大后方，内迁的许多工厂以生产军火为主或与军工有关，也有力地支援了国民党军队的作战。迁入的大批高校及高素质知识群体，对西南地区教育及文化事业的发展、移风易俗产生了重要的引导作用。以此为契机，西南、西北地区的近代化进程仓促启功。“经济建设应以军事为中心，同时注意改善人民生活”。② 这些省份工业水平在战前很低，共有工厂234家，只占全国工厂总数的6.03%，稍具规模的工厂几乎没有。1938年10月后，内迁工厂带动了后方工业的迅速发展，1939年，7省共有工厂419家，1941年升至1 306家，1943年再增到1 376家。③ 西迁工厂的分布以四川为中心，辐射云南、陕西、甘肃、湖南、贵州、广西等省（自治区）的新工业区。1944年，西南7省占国统区工厂总数的88.63%，四川一省的工厂就占44%，重庆一市又占四川工厂的半数以上，如纱锭的89%、冶炼和机器业的80%都在重庆，航运业90%为重庆民生公司一家所有。显然，西南地区的工业分布高度集中。国民政府资源委员会战时兴办的119家大型国营工矿业，设在西南地区的多达77家。和战前相比，1943年西南地区的工厂增长13倍，资本增长146倍，工人增长7倍。④

① 江沛：《全面抗战与中国社会变迁特征述论》，《历史教学》，2005年第9期。

② 荣孟源主编：《中国国民党中英历次代表大会及中央全会资料（下卷）》，光明日报出版社1985年版，第486页。

③ 陈真等编：《中国近代工业史资料（第1辑）》，三联书店1957年版，第98页。

④ 江沛：《全面抗战与中国社会变迁特征述论》，《历史教学》，2005年第9期。

经过多层次的开发，西南地区的工业基础由此奠定。

由国民政府发表的1943—1945年《中国手册》提供了有关工业合作社的下述数字：1938年12月，有69个合作社，1 149个社员，月产值为281 632元。到了1945年，有1 066个合作社，17 260个社员，月产值为74 791 387元。①

海伦这里提及的仅仅是国民政府领导下的工作，红区的数字没有计算在内。关于苏区的合作情况，海伦在笔记中有这样的记录：

香港《星岛季报》在1940年7月9日刊登的《陕甘宁边区的工业合作社》一文中说：“劳动者协会发展迅猛，1937年只有一个合作社，到1939年增长到147个。什么是劳动者协会？他们有70个协会成员，股本632美元，没有负债。协会不一定是纺织行业，主要是看成员的规模。到1939年，137个协会是纺织行业的，平均每股1.06美元。”

很显然，是毛泽东积极推进了共区的工合运动，并在1949年提出停止一切合作运动，结果手工合作社在1949年后在中国极为盛行。由于教育环境的影响，很多人认为中国农民不是守旧的；但实际上，他们的确是守旧的，因为他们很难看到工业合作带给他们收入上的提高和生活上的改善。②

1939年4月，财政部报道，354个工厂迁入内地（其中私人工厂超过300），情况如下：

表3

工厂	四川	湖南	广西	陕西	其他地方	总计	吨数
钢铁						1	1 1151.9
机械	55	64	11	3	7	140	10 656.3
供电	10	7	3		1	21	3 097.6
化工	29	8	2	3	4	46	7 528.4
纺织	14	48	2	15	1	80	29 896.8
食品	8	3		3	4	18	3 004.6
文教	24	1	3		1	29	1 464.8
其他	14	4	1			19	6 225.7
总计	155	135	22	24	18	354	65 000.0

① 本书作者译自：*Historical Notes on China*，第57页。

② 本书作者译自：*The Beginning of the Industrial Cooperatives in China*，第57页。

到1939年4月，上述工厂中的170个工厂重新开工，其中80个在四川省。到1939年10月，有234个工厂开工生产。

表4 1940年5月中国工合工业分布①

工业类别		总部					
		东南	西南	西北	四川－西康	云南	总计
纺织	棉纺和绵织	2		69	53	1	125
	棉织	7	50	32	59	9	157
	棉纺	1	41	3	4		49
	麻织	5		4	32		41
	丝织			37	14	2	53
	毛织			12	5		17
	毛巾	3		5	5		13
	毛针织			1			1
	毛纺				5		5
	小地毯	2		1			3
	毛毯			1			1
	织袜	3	5	9	17	1	35
	汗衫	4	4		5	1	14
	带子		2				2
	染织	4	6	16	61	1	88
	漂染	2		4	1		7
	刺绣				1		1
	总计	33	108	194	262	15	612
工程机械	金工车间	4	1	7	6		18
	铸造	7	1	6	6		20
	纺织机械	2		2	2		6
	铜器皿			1	6	1	8
	金属加工		2		1		3
	总计	13	4	16	21	1	55

① 海伦·福斯特·斯诺著，仲伦、剑华、安危译：《中国为民主奠基》，陕西旅游出版社2007年8月第1版，第307页。

工业类别		总部					
		东南	西南	西北	四川－西康	云南	总计
矿业	磨				1		1
	锻铁			1			1
	铁锅	7					7
	铁矿	1					1
	煤矿				4		4
	采锡	2		4	15		21
	钨	2					2
	淘金	2					2
	硫	16		44	6		66
	总计	30		49	26		105
化工	造纸	21	2	8	18		49
	炼糖	2					2
	中药			1			1
	蜡烛肥皂	6	2	9	7	3	27
	油墨			2	1		3
	油漆			2	1		3
	酒精	1		3	1	1	6
	树脂					1	1
	化工器具	2	5	3			10
	卫生仪器			3			3
	西药				5		5
	硫酸				1		1
	苏打				1		1
	榨桐油	15	10	23	18		66
	汽油代用品				3		3
	制革	5	4	15	7	2	33
	干电池	1	2		1		4
	火柴		1				1
	皮货				1		1
	总计	113	26	167	117	7	430

工业类别		总部					
		东南	西南	西北	四川－西康	云南	总计
混杂类别	印刷	8	5	8	8	1	30
	钢笔墨水	2	2	1	1		6
	秤	1					1
	藤制品	5			5	1	11
	木器	16	3	7	9	1	36
	建筑	3	4	6			13
	木炭	5		3			8
	制烟	4	3	7	10		24
	制伞	8	3				11
混杂类别	伐木	2		5	1		8
	轧棉	2	2	3			7
	轧油	2			3		5
	牙刷	1	2				3
	蚊帐	2					2
	制绳	1		1			2
	染纸	3					3
	油纸	2					2
	医用棉纱	1		2	2		5
	布鞋	4	7	18	7		36
	油灯		1	2			3
	油布			1	1		2
	鬃毛				3		3
	保险箱				1		1
	棉线				2		2
	弹药				1		1
	丝线			1			1
	梳棉		1				1
	锯木		1				1
	制服缝制	23	14	24	14	3	78
	草鞋	10	2	1	3		16
	皮鞋	4	1	3	6	1	15

工业类别		总部					
		东南	西南	西北	四川－西康	云南	总计
混杂类别	扣子	1		2			3
	制帽			1	1	2	4
	干洗		1				1
	草席		1	1			2
	粉笔		1	1			2
	棕箱			3			3
	皮革		6	1			7
	牛皮			3			3
	骨制器皿			1			1
	皮箱			1	1		2
	合营商店			2			2
总计		110	60	109	79	9	367

第二节　斯诺夫妇通过中国“工合”组织继续推动中美关系

埃德加·斯诺1940年为《奋求民主的中国》香港版写的“前言”中说：“正如在全国数以百计的繁忙的手工业作坊里被认识的那样，‘工业合作，首先是尼姆·韦尔斯脑力劳动的产物。正是她，首先使路易·艾黎对建立工业合作社的可能性发生兴趣………这一事实，在他最近出版的小册子《工合两年》中，得到了艾黎先生的慷慨认可。”“主要是由于尼姆·韦尔斯的有力促进，艾黎和他的技师们才草拟出这个计划的技术细目，从而成为中国经济及社会变革的一个如此重要的典范。要不是她独到思想的正确，如果没有她坚信不疑和积极热忱的精神，这个运动就根本不会发生。”

一、推动美国政府对“工合”的支持

1942年2月24日，美国总统罗斯福在白宫椭圆形办公室会见斯诺。罗斯福说他是从《红星照耀中国》一书和《星期六晚邮报》上斯诺写的报道知道斯诺的。斯诺介绍红色政权及其领导人的《西行漫记》引

起罗斯福的极大兴趣，使他很快成了“斯诺迷”，后来他多次邀请斯诺一起讨论中国问题。① 罗斯福通过三次召见斯诺，并通过美国驻华外交官谢伟思和情报官卡尔逊等人了解中国共产党的真实情况，一度调整了对华政策：由“扶蒋”改变为“扶蒋联共”。他曾说：“我一直在同那里的两个政府合作。我打算继续这样做下去，直至我们能使他们联成一体。”② 在谈话中，罗斯福问斯诺有什么办法能帮助中国人民，而与中国政府截然分开。斯诺就中国工业合作社和这种生产方式对于制止通货膨胀、帮助中国消费品自给自足，以及为中国的政治民主建立一些新的经济基础方面所具有的短期和长期的作用，讲了很长一段话。③ 罗斯福用心听取了斯诺发表的见解，表示给蒋介石写信时，将表示他个人对中国工业合作社的深切关怀，要求对其发展情况提出报告。

埃莉诺·罗斯福在她闻名遐迩的专栏《我的一天》（1942 年 2 月 26 日）里写道：“回到白宫，我同埃德加·斯诺先生和夫人，进行了一席最有趣的谈话；他们从中国回来，大约已有一年时间。对中国工业合作运动，斯诺夫人兴致极高。工合运动接受的援助，来自一切对中国工业有兴趣的人们。他们自己造机器，逐渐取代全由手工完成的产品。看起来，借以为人民谋求较好的生活水准，这恐怕是最好的基础了。”④

20 世纪 40 年代初，尼赫鲁在印度办起了 5 万个工业合作社。到了 80 年代，印度工业合作社社员总数居世界之首，苏联居第二，美国居第三。当谈到工业合作社的伟大意义时，尼赫鲁在 1942 年就写道：“在当今战乱的世界，这些合作社的民主基础以及在这个基础之上的发展，都具有重大的影响和意义。政治的民主，有可能在这个基础上得以生存；如果说在其他别的基础上也能达到此目的，那是值得怀疑的。”尼赫鲁接着写道：“未来很有可能把我们和别人，都引向一个合作联邦的道路；如果整个世界要从当前这个战乱不休的野蛮状态中崛起，那么，

① 赵佳楹编著：《中国现代外交史》，世界知识出版社 2005 年 5 月第 1 版，第 918 页。

② 伊·卡思：《毛泽东的胜利和美国外交官的悲剧》，群众出版社 1990 年版，第 148 页。

③ 埃德加·斯诺著，奚博铨译：《红色中华散记》，江苏人民出版社 1992 年 3 月第 1 版，第 146 页。

④ 安危主编：《伟大的女性——纪念海伦·福斯特·斯诺》，陕西旅游出版社 1997 年 10 月第 1 版，第 38 页。

将来很有可能非以类似的方式组建我们这个世界不可以。”①。

斯诺在 1944 年 5 月 26 日回国休假时又去拜会了美国总统罗斯福。此前，斯诺按罗斯福的提议给他去过几封信。在这次会面中，罗斯福向斯诺提起他们第一次见面时他的诺言，他说他做了那件事，他在开罗见到蒋介石和蒋夫人时，也问及了“工合”的情况，之后“工合”确实一度得到了一些特别信贷和蒋介石的关照。

二、推动“工合”组织在中美关系中的作用

中国工业合作协会于 1938 年正式成立，工合《组织章程》明文规定，“本会以适应抗战建国，发展合作事业，增加生产，树立工业基础为宗旨”。周恩来曾指出，“组织‘工合’的主要任务，必须是推动蒋介石抗战，并尽可能多争取国际的支持。”“中国‘工合’要为巩固和发展抗日民族统一战线和世界反法西斯统一战线服务”。②

“工合”在抗日战争时期在敌占区和国民党统治区组织了三千多个工业合作社，把数以万计的难民和技术力量引上生产自救的道路，制造了大量军毯、军火、工业品和小型武器弹药，供军需民用，对安定后方支持抗战起了不小的作用。③“工合”在共产党领导的解放区虽然开始稍晚，但一直得到很大的发展，而且成为根据地发展生产直至抗战最后取得胜利的一个重要因素。所有这些与斯诺的辛勤努力是分不开的。1940 年 10 月初，该协会已在 16 个省建立了 2 300 多家工厂，得到了 70 个分部的技术指导。这些工厂起初多为从事手工艺、纺织、印刷和运输的合作社，但很快有了小型铁矿、铸造厂、煤矿、金矿、原始机械工厂、磨粉厂、造纸厂、糖厂、炼油厂，以及化学、玻璃、出版、电子产品厂和生产医药品、制服、手榴弹、货车和帐篷的工厂。25 万人以此协会为生。④

---

① 尼赫鲁为《奋求民主的中国》（尼姆·韦尔斯著）印度版写的引言，《印度可以向中国学习》，《亚洲与美洲》，1942 年第 1 期。转引自安危主编：《伟大的女性——纪念海伦·福斯特·斯诺》，陕西旅游出版社 1997 年 10 月第 1 版，第 39 页。

② 《高举中国特色社会主义伟大旗帜，促进合作经济发展，努力开创工合事业新局面》，中国工业合作协会理事长高宗银在庆祝中国工业合作协会成立 70 周年大会上的讲话。2008 年 10 月 23 日，北京。未发表。

③ 卢广绵：《回忆斯诺与中国“工合”运动》，刘力群等编，《斯诺在内蒙古》，内蒙古人民出版社 1987 年 12 月第 1 版，第 42 页。

④ Snow，E. *Journey to the beginning*. New York：Random House. 1958，p77.

经过斯诺夫妇的宣传，“工合”在美国产生了影响，在中美两国的交流方面发挥着作用。“美国促进中国工业合作运动委员会”在纽约成立时，美国总统罗斯福的夫人担任了该会的名誉主席，原美国太平洋舰队司令雅纳尔任主席，委员有美国陆军部长史汀生等百余人。罗斯福总统夫人曾在《纽约世界电讯报》上著文指出：“中国人民正在进行一个很有趣的合作试验，我们应多予援助。中国‘工合’运动的成功与经济建设的发展，就意味着在民主政治下的人民与远东的往来自由。……单就我们（美国）本身利益的观点来看，帮助中国经济的巩固发展，不也是很必要的聪明的办法吗?”①

在美国许多著名人士的支持下，中国“工合”运动得到了广泛的宣传，从而使更多的美国人了解到支持“工合”与援助中国抗战的重要关系。美国政府认识到，中国工业合作运动，是支持抗日战争的有力的经济武器。美国促进中国工业合作运动委员会继任主席颜露尔上将当时发表声明称：“中国‘工合’之力量，可以补救战事之破坏，产生远东新安定区域，此对美国人民有直接之重要关系，美国人士帮助‘工合’基金，为钦敬华人勇毅精神，及协助中国以和平方法，在战争中重建本国经济之最佳表示。”② 1940 年 7 月，斯诺夫妇写了一封言词恳切的信给美国总统罗斯福，请求美国给予中国“工合”贷款。信中不但列举事实说明中国“工合”的成就，还剖析利害，指出给予这笔贷款对发展中国“工合”事业，加强中国抗战的工业基础，对保卫一个独立自由的中国的生存，维护远东的稳定、世界的和平以及美国的安全，都具有重要的意义。在这封信上签名的还有颜露尔和卡尔逊将军，以及著名作家赛珍珠、著名哲学家杜威等 20 多位美国知名人士，由颜露尔上将亲自把信交给了罗斯福总统。③ 1942 年 2 月，罗斯福总统接见斯诺时，谈到了中国“工合”运动。斯诺回忆道：

> 我舍不得放过这个好机会苦口婆心地为中国“工合”的事业作一番宣传。富兰克林·罗斯福听我讲述“工合”的历史，“工合”的成就和艰辛，其中有些情况他过去已经听说过了。可是我提

① 中国工合协会编：《工合通讯》，1940 年第 10 期，第 12 页。转自朱健：《中国工合七十年》，中国工业合作协会，第 145 页。未出版。

② 朱健：《中国工合七十年》，中国工业合作协会，第 145 页。未出版。

③ 刘家泉，《宋庆龄传》，中国文联出版公司 1988 年版，第 370 页。

出了我的看法，建议罗斯福要求蒋介石从我们给他的信贷中，拨出一部分来作为给“工合”的贷款和活动资金。他认为他不能直接这样做，他一向生怕自己会像“野蛮的酋长”那样给蒋下达命令。但是，他说会设法“让蒋知道我们愿意看到这种事业在那里出现，我会要求蒋随时向我通报这方面的进展情况。难道这样他还会不知道要支持这项事业么?”①

虽然由于当时中国国内和国际的复杂情况，美国政府并没有给予中国“工合”事业以贷款，但在罗斯福总统夫妇二人的参与和关注下，美国各界人士以不同方式表达了对中国“工合”的关心与支持，其中有美国内政部长、农业部长、情报局长、参议员，也有哥伦比亚大学校长、麻省理工学院院长及爱因斯坦、卓别林及罗斯福总统的女儿爱莲娜·罗斯福等。

据统计，在抗战时期，美国实际给予中国工业合作运动的援助，占了“工合”所获贷款、捐款总数的大部分。从1938年“工合”组织建立到1945年底，中国“工合”事业共获得贷款、捐款折合法币约为1.8亿元，其中由政府拨给0.45亿元，国家银行0.12亿元，而由美国各界人士通过美国促进中国“工合”委员会，以及全美战争基金委员会和美国援华联合会捐助的为1.2亿元。②

海伦·斯诺所开创的“工合”运动，在发展中国经济的同时，推动了中美关系的发展，特别是中美两国人民的相互了解与支持。1952年，中国工业合作协会的工作划归中华全国合作社联合总社管理，“工合”国际委员会也宣布结束。1982年4月，国务院正式批准恢复成立中国工业合作协会，1987年9月3日，中断了35年的中国“工合”国际委员会在京宣布恢复工作，继续在推动中美关系方面发挥积极作用。

---

① 埃德加·斯诺著，宋久、柯楠、克雄译：《复始之旅》，《斯诺文集Ⅰ》，新华出版社1984年8月第1版，第314页。

② 陈翰笙：《中国工业合作社史话》，纽约太平洋学会美国分会1947年版，第40页。转自朱健：《中国工合七十年》，中国工业合作协会第148页。未出版。

第五章　冷战时期斯诺对中美关系的影响

1949 年中华人民共和国成立之际，斯诺是在美国国内最早呼吁、也是最坚持提倡承认中国新政府的人士之一。“中共胜利是因为他领导人民奋起反抗日本侵略军，发奋追求民族独立。斯诺反对美国对中国进一步干涉。他认为美国应当保持传统政策，不干涉中国内政，维护中国人民的自主权。”① 斯诺在用全身心去理解中国人民的同时，也在尽全力使美国读者对他的关于中国的文章更加理解且更感兴趣。为了维护他在美国新闻媒介的名声而不被贴上共产主义者的标签，他不知疲倦地捍卫着自己的名誉。

他试图向美国人提供他们自己难以得到的观点，并在这些观点间寻求平衡。但鉴于当时的国民情绪，他发现这样做相当困难。尽管如此他还是一如既往地前行。由于斯诺对中国人民坚定的支持与当时的政治环境相逆，美国的图书馆与书店纷纷将他的著作下架，20 世纪五六十年代，在美国几乎找不到他写的书。这让他穷困潦倒。他最终迁往瑞士安家，安身于美国与中国的中间，直至去世。他将自己描述为一个世界公民，既揭示出他的与世隔绝，也反映了他自年轻时离开密苏里大学时起就形成的世界观。他是毛泽东的朋友，同时也是美国政府的一名随同顾问。他喜欢用全球的观点来思考，而其他美国人却不愿放眼看世界。

第一节　冷战期间美国对斯诺的排斥

从 20 世纪 50 年代初开始，美国国内敌视新中国的反动势力十分猖獗，迫害进步力量的麦卡锡主义横行无忌，报刊上充斥着对新中国的诬

① The *China Weekly Review*. Feb. 12, 1949, p265.

蔑、歪曲和荒谬的报道。麦卡锡主义到处推行所谓的“忠诚调查”，捏造黑名单，进行非法审讯，以法西斯手段摧残美国国内的进步人士，而斯诺就是最直接的受害者之一。“他们不分青红皂白、心狠手毒地对一切与新中国政权有联系的人加以迫害，不管这些人处于什么职位。在他们的打击下，吃苦的不只是埃德加·斯诺一个人。国务院中过去曾出使过中国的外交官，以及教师、教授、作家、记者，都逃不脱麦卡锡的手掌而丧失了职业。埃德加·斯诺的妻子找不到做演员的工作，斯诺自己也不能出版他的著作。”① 斯诺的妻子洛伊斯·惠勒因此也上了电视网的黑名单。尽管如此，当美国国内的反动势力敌视、攻击新中国和中国共产党时，斯诺依然挺身而出进行驳斥。他在 1955 年的一次演讲中指出：“革命并非由革命者和他们的宣传所造成。坏的、无能的和腐败的政府（指国民党政府）造成了人民忍无可忍的情况而导致革命。在中国，共产党人要比蒋介石更能动员广大人民去进行有效的斗争和牺牲，所以他们能取得胜利。”② 这表现了他对中国共产党和新中国一如既往的支持。可悲的是，不明真相的美国人在当时的环境下不愿意也不可能接受他的独特见解，不重视他的报道材料，而斯诺也无力改变他们的偏见与错误。史蒂芬·J·法恩斯沃思认为：“FBI（美国联邦调查局）对斯诺的政治观点的研究是不准确和不完整的，对斯诺及其作品的报告表明政府对这位知名记者的描述具有误导性。”③

1956 年发生了这样一件事，自从 1949 年 10 月 8 日（中华人民共和国成立一周时）将美国记者驱逐出境后，中国政府首次邀请 15 名美国记者访问中国大陆。随后发生的争论十分特别，直接将大众媒体拖下了深渊，他们原本想要违背美国国务院和固执己见的国务卿约翰·福斯特·杜勒斯的意愿接受访问邀请。因为那些被邀请并要求前往中国的媒体代表着美国最有声望的新闻机构：《纽约时报》、美联社、《基督教科学箴言报》、《美国新闻与世界报道》、美国全国广播公司、哥伦比亚广播公司、国际通讯社、《纽约邮报》、美国合众国际新闻社和《纽约先

---

①［美］玛丽·克拉克·戴蒙德：《斯诺的一生》，参见刘力群主编：《纪念埃德加·斯诺》，新华出版社 1984 年版，第 257 页。

② 武际良：《报春燕纪事——斯诺在中国的足迹》，南海出版公司 1992 年版，第 314 页。

③ Stephen J. Farnsworth, *Seeing Red: FBI and Edgar Snow*, Journalism History, 2002's fallissue.

驱论坛报》。① 尽管当时大多数美国人仍然不承认中华人民共和国，但据乔治·盖洛普在1956年7月的报道中称大多数的美国人都希望允许美国记者前往中国大陆。② 也从两个层面来看待这一争论：第一层是美国的对华政策和记者们希望接受访问邀请的愿望；第二层则更具普遍意义，尽管理智地讲，这样会赋予媒体更重要的地位。正如媒体所见，国务院真的有权通过阻止此次访问控制新闻自由吗？政府能够将媒体用作外交政策的工具吗？一名政府律师就媒体发布了一份令人不安的声明，声明称新闻自由包括发布自由，但并不包括收集可发布内容的自由。他还在最高法院的裁决中支持上述声明。而媒体作为这一重要法律问题的说客，竟全然无能为力。最后，美国的主流媒体和往常一样，与美国政界和政府的精英们分享了相同的世界观，并对美国外交政策抱有相同的一般看法。而埃德加·斯诺则是一个例外。③

这一时期，斯诺作为新闻记者的外出采访自由也遇到诸多因素的限制和困难。美国国务院禁止任何美国人访问中国。国务卿杜勒斯甚至威胁说，任何违反这条禁令的人，将会失去他们的护照以及可能被罚款和监禁。“这位国务卿使整个美国完全脱离了有关中国革命伟大事业的直接消息。”④ 据洛伊斯·惠勒回忆，1951年“埃德加就收到了中华人民共和国的邀请，要他到那里去呆一年，进行调查、访问、写作。邀请他包括我和孩子”。⑤ 然而也就在这一年，斯诺因坚持自己的独立见解与《星期六晚邮报》彻底脱离了工作关系，使他失去了稳定的收入，这对斯诺一家来说无异于雪上加霜。“我们显然没有力量自费去那里（指中国），也不会有一家美国报刊愿意或者能够派我们去，而我们又不能以

① Hamid Mowlana, The Roleof Media in Contemporary International Relations: Culture and Politics in the Crossroads, Communicating Across Cultures: Edgar Snowasan Example, Peking University Press, 2006.

② Michael Guhin, *John Foster Dulles*, New York: Columbia University Press, 1972, p104; and Jerry Wayne Ashe, "The China News Ban," unpublished master's thesis, West Virginia University Press, 1967, pp23 – 24.

③ Hamid Mowlana, "Roots of War: The Long Roadof Intervention," in Hamid Mowlana, George Gerbner, and HerbertI. Schiller, eds., *Triumph of the Image: The Media's War in the Persian Gulf—A Global Perspective*, BoulderCO: Westover Press, 1992, pp30 – 50.

④ ［美］埃德加·斯诺著，宋久译：《今日的红色中国·序言》，《斯诺文集》Ⅳ，新华出版社1984年出版，第3页。

⑤ ［美］洛伊斯·惠勒著，董乐山译：《“我热爱中国”——在斯诺生命的最后日子里》，生活·读书·新知三联书店1978年版，第35页。

中国客人身份去那里——如果中国政府出路费，美国就不会有人相信埃德加写的报道是真实的”。① 这一切，都使斯诺陷入了深深的精神苦闷之中。斯诺在给艾森豪威尔总统的信中表明了对美国的失望，他说：

> 6月18日的《纽约时报》刊载了关于您17日记者招待会的报道，文中高度赞扬了您在达特茅斯演讲时所强调的立场——反对“焚书”政策。报道说总统的观点如是：为了维护人民获得知识的权利，他从未批准过宣扬暴力颠覆美国政权的书籍。他反对任何利用共产主义言论来煽动学生进行反对美国政府的书籍。对于那些可能存在于美国国务院图书馆中、宣传倾覆美国政权的书，他倾向于全部销毁。他为保留仅仅是有争议的书而辩护，无论是它们是存在于美国还是外国的图书馆中。
>
> 先生，我的名字也位列国家安全与情报中心图书馆开出的“作家黑名单”之中，但是并非因为您在上述提到过的任何一点理由。我的任何一本书中都绝对不存在鼓吹暴力倾覆美国政府的言论，我一直是这个国家忠诚的公民，也一直克制着自己对于革命时光的期盼。我现在不是、也从来不是一名共产党员，也从未鼓吹过利用任何形式的极权主义来排挤自由的民主机制，无论是在这里，还是任何一片自由的土地。我所清晰地传达出的愿望，恰恰相反。其次，我也从未迫切要求过美国政府为图书馆之用购买我的书，无论国内外，也不认为自己有坚持这样做的权力。但是既然图书馆已经购买，那么您就应该认可我保护自己的书不被“列入黑名单”或者“焚烧掉”或者“被禁止”，这对我的职业利益极为不利，也妨碍了我以此谋生。事实上，这是一次官方的、但是非正当的评判与审查。我的书只是间接指涉到美国在国际政治中扮演的角色。它们几乎有着纯粹的报道与历史性质，书的内容完全建立在我在国外收集到的一手材料上，在那里我扮演着类似于记者的角色，而这本以书籍形式出版的著作正是我几年来在《星期六晚邮报》专栏文章的合集，我想您自然不会将这份报纸也归入鼓吹暴力倾覆美国的政权的行列。我的书成百上千本地在您领导的军队中流传，用以军官培训以及方针的确定。直到这个春天，这些书仍是高级军官在军校高

---

① ［美］洛伊斯·惠勒著，董乐山译：《“我热爱中国”——在斯诺生命的最后日子里》，生活·读书·新知三联书店1978年版，第35页。

阶课程学习中的推荐读物。同时在对包括这些书在内的报道中，我被美国军队引用时，被以“充满爱国热忱”以及“鹤立鸡群”来形容，或许更妥帖的是加上“在黑名单中”这个限定吧。我郑重地主张这类举措在当下用以保障国内第四次辩论的必要性，它同样适用于世界各地主张民主的仁人志士。

附言：顺便说一下，我想我有必要指出这样一个事实——我的书在苏联及其卫星国被禁，在纳粹德国，在长枪党统治的西班牙，在奉行集权主义的日本，同样属于禁书之列。①

然而，没有任何资料显示艾森豪威尔总统给斯诺回了信，或者试图改善斯诺的境遇。为了摆脱政治与经济上的双重困境，1959 年斯诺偕夫人及孩子迁居瑞士的埃辛斯，虽保留了美国国籍，但从此再也没有回去居住，并在瑞士度完了余生。

在与武际良研究员谈到斯诺如何看待美国与中国的关系时，他指出，斯诺早就提醒过：“亲密无间看来还很遥远，两国之间的近期关系必将矛盾重重，不断进行调整和斗争。”他指出，“像美国一样，中国也需要一个和平的世界，希望国家之间的关系处于相对和平的状态，希望得到更多的东西，就必须丢掉幻想。”“如果认为美国的制度可以输出，解决环境截然不相同的国家的问题，那么就再荒谬不过了。基本上说来，除了与其他国家一起共同寻求他们自己可行的解救途径外，我们不可能再做什么。”1963 年 5 月 10 日，斯诺在给毛泽东的一封信中认为：“从历史经历、现有的社会或政治制度以及彼此的国家利益来看”，“中美两国之间的差异，决不能证明双方发生大战或彼此持续强烈仇恨是合理的”。他相信，“和平而又竞争的共存，最终必将成为两国关系的主流”。正如美国作家索尔兹伯里所说的“除非人们去阅读和研究斯诺，否则就不可能了解今天的中国”。② 可以看出，斯诺始终没有放弃在改善中美关系方面的努力，即使被自己的祖国抛弃，也没有停止。

在访谈中张注洪教授提到，我们能看到的战后《西行漫记》新版是 1969 年格罗弗出版社（Grove Press）和 1971 年费正清写有序言的增订本，特别是中美建交后得以广泛发行。由于对资本主义国家的警惕，在相当长的一段时间里，中国对西方记者的来华控制严格，以致 50 年

---

① Ed to President，19530630.

② 访谈在 2007 年 10 月 23 日进行，于武际良研究员北京的家中。

代斯诺感到中美两国都将其观点“视为瘟疫”。① 然而，据笔者考证，“二战”后美国再版的时间分别为1961年、1968年、1973年、1978年，中美建交后反而未见任何新版本。而新中国最早的再版却是中美建交的当年1979年，此前没有任何新的版本在新中国印发。② 直到斯诺最后一次访华期间，非正式出版物《美国友好人士斯诺访华文章》在中国的许多干部和知识分子中不胫而走，广为流传；久被冷漠和遭到禁锢的《西行漫记》及《红星照耀中国》的英文版本、刊载斯诺著述的中外文书刊，一时竟然成为图书馆难以借到的热门读物。③ 而直到中共十一届三中全会召开以后，“中国人民的美国朋友”斯诺的著作才得以在中国公开印行。

第二节　斯诺首次访问新中国

斯诺不仅仅想要报道中国，他还试图通过他与中国领导人的交往和他在中国数年的经历来解释中国。《华盛顿邮报》的报道称他的访问标志着中国欲与美国修好的意图。美国驻香港领事也致电华盛顿称他的此次访问是“中美关系转机的前兆”。美国人将斯诺的访问视为中国想要恢复中美关系的明显标志。

新中国成立后，斯诺一直为中美两国关系的恢复与改善进行不懈的努力。1955年他曾先后致函毛泽东，要求重访中国，写出一些“很有帮助的报道”。④ 1957年又致函在中国的路易·艾黎，希望与毛泽东交谈，并指出，这一谈话“在开辟国际关系方面，很可能将证实是很重要的，就像22年前的谈话一样”。⑤ 但后因朝鲜战争爆发和台湾海峡形势趋于紧张，迟迟未能成行。经过近10年的期待和种种困难，斯诺在

① 访谈在2008年10月7日进行，于张注洪教授北京的家中，

② 香港在1976年和1977年有《西行漫记》的版本印发，但应该不会在内地有多大影响。

③ 选自对张注洪教授的访谈。访谈在2008年10月7日进行，于张注洪教授北京的家中，

④ 斯诺致艾黎的信，1958年2月25日。

⑤ 斯诺致艾黎的信，1958年2月25日。

1960 年终于来到中国访问，他是当时唯一进入中国的美国记者。①

1960 年 6 月 28 日至 11 月 15 日，经过多年期待，克服种种困难，斯诺终于以作家身份第一次访问了新中国，会见了毛主席、周总理等中国领导人。斯诺把这次访问和 1936 年的访问进行了比较，他说："打破我们与中国之间的隔绝状态，从许多方面来看都是一项具有挑战性的工作，就像我在 1936 年所做的工作一样，而且更为重要。"他对这一次的访问写道："我不能拒绝这次机会，它将产生辉煌的新闻报道，并将有益于历史，更不必说有益于两个国家的生存。"他还说："我感到，我对中国和美国都负有责任，在这一时刻，我或许能发挥某种关键性作用。"② 斯诺在这次访问后写给毛泽东的信中说：我相信"和平而又竞争的共存，最终必将成为两国关系的主流"。③ 斯诺长期以来就胸怀改善中美关系的强烈的使命感，试图在中美两国之间架起相互沟通的桥梁。他通过《展望》杂志把周恩来对中美关系的态度告诉了美国政府："中美关系的解决办法最终会找到，它只是时间的问题。中美两国人民之间没有根本的利害冲突，而友谊则是长存的。"1960 年 11 月，斯诺回国后在美国做了 38 次演说。1962 年，他根据此次访问写成《大河彼岸·今日红色中国》一书，向美国各界介绍"河的彼岸"的真实情况。该书临近完成时，他写道："对美国所提出的'让我们重新开始'的观点，某些中国领导人一直准备响应。……所以他们显然希望，我的访问或许有助于重新架起沟通的桥梁。"④ 斯诺在该书中预言，中美两国之间的僵局终将被打破，"双方的情况将要发生变化，这一迹象正在日趋明显"。⑤

对此次中国之行斯诺曾说："不是我变了，而是这国家和时局变了"，"我不是共产党员。我达观地感到自己是一个世界公民"。⑥ 在

---

① *The Man Who Knew Mao*. Newsweek，28，February，1972，p46.

② S. Bernard Thomas，Season of High Adventure，Edgar Snow in China. Univ. of California press，1996，p295.

③ S. Bernard Thomas，Season of High Adventure，Edgar Snow in China. Univ. of California press，1996，p295.

④ S. Bernard Thomas，Season of High Adventure，Edgar Snow in China. Univ. of California press，1996，p296.

⑤ Edgar Snow. Red China Today. New York：Vantage Books，1970，p736.

⑥ ［美］约翰·马克斯韦尔·汉密尔顿著，沈蓁等译：《埃德加·斯诺传》，学苑出版社 1990 年版，第 199 页。

1955—1958 年中美大使级会谈中，关于两国互派记者的问题因美方的傲慢无理而陷入僵局，“这种新的强硬政策表示中国拒绝接受美国国务院‘委派’往中国的新闻记者。”① 据此，中国方面同意斯诺以作家身份来华访问，而美国国务院则立即予以拒绝。后经多方面的斗争和努力，斯诺才得以“合法地”作为《展望》杂志的特派记者获准成行。正如斯诺后来所说：“在两国的官方文章上，中国承认我是一个作家而不是记者；而华盛顿却认为我是记者而不是作家。”② “我们不是把你看成记者，而是作家”，周恩来说，“这就是我们破例的原因。我们认为你是一个作家和历史学家，绝不是记者。”③ 斯诺在中国受到了热烈的欢迎，1961 年 1 月 17 日埃德加写信给海伦，谈到了他们的老朋友。他说：“我们认识的中国人都怀着极大的兴趣和热忱谈论着你。我肯定如果你来的话，他们会非常欢迎你。”④

斯诺在 1960 年 5 月到 9 月的 100 多天时间里，重访了革命圣地延安和昔日曾深深震撼过他的内蒙古灾区，参观了 14 个省的 19 个主要城市，涉及艺术、卫生、教育、婚姻、劳改学校、工农业、文化娱乐、政府机关、领导人和军队等中国社会生活的各个领域。斯诺做出了客观的评述：“一九六〇年这一年并未在经济上作全面的大飞跃，而只是一个小跃进，并且是由一条腿——工业——所做出，至于另一条跛掉了的腿——农业——则被拖在后面”；“由于一九六〇年度的农业衰退幅度极大，所以中国这年度的总产值大概要低于一九五七年的总产值”；“一九六〇——一九六二年间的农业倒退，强迫中国几乎将她的全部外汇用于进口粮食，而不是用于购买机器。农业生产的危机更严重地瘫痪了她出口纺织品和棉花的计划——这是她与苏联最重要的贸易——并且还妨碍了其他加工的农产品。”⑤ 他说：“不可否认，我亲眼所见的一切，如新工业、科学、居住环境、水力控制、农业机械以及交通等等都对我影响

---

① ［美］埃德加·斯诺著，宋久译：《今日的红色中国·序言》，《斯诺文集》Ⅳ，新华出版社 1984 年版，第 4 页。

② ［美］埃德加·斯诺著，宋久译：《今日的红色中国·序言》，《斯诺文集》Ⅳ，新华出版社 1984 年版，第 5 页。

③ ［美］埃德加·斯诺著，宋久译：《斯诺文集》Ⅳ，新华出版社 1984 年版，第 67 页。

④ Nym Wales［Helen Foster Snow］，*My Yan'an Notebooks*：“News from Edgar Snow”，p178.

⑤ ［美］埃德加·斯诺著，宋久译：《斯诺文集》Ⅳ，新华出版社 1984 年版，第 139－140 页。

很大。我还目睹了人民在健康、衣着、教育、儿童护理等几方面的改善，还有其他方面的种种进步，都不是未曾身临其境的我国人民，甚至是大多数海外华人所能相信的，比我本人预期发现的也大得多。”① 斯诺还通过对东北、西藏、云南等边远地区的考察，以确凿的事实驳斥了所谓东北受制于苏联、西藏没有人权的种种谬论。他说：“中国的东北边疆地区早已完全脱离了外国（包括苏联在内）的控制”②；“西藏人民今天变成了一个自豪的民族，就像当地的山峰一样屹立于地球之上，并好像向全世界宣布，他们永远都坚决地站起来。”③

在纵向比较的同时，斯诺还从横的方面把中国和美国作了对比。他认为，中国耕地面积比美国少 40%，却养活着 4 倍于美国的人口。并指出：“要了解中国经济成功和遭遇到的严重问题，有需要回顾她自 1949 年来所经历过的道路。”④ 由于是从历史发展的角度进行分析，他得出的结论比较符合中国的实际。

美国作家伯纳德·托马斯认为：“斯诺并没有完全扮演‘忠实信徒’的角色。正如以往经常发生的，在私下里，他感到困惑、为难、半信半疑，并由于他认为中国人对他设置了重重障碍而感到恼怒，这种感觉并非在他离开中国后才出现，而是还在他逗留中国期间就已经产生。”⑤ 斯诺在给他的朋友、红色中国的拥护者韩素音的信中同样地表达了这种感觉：“我以为自己对中国还知道点什么，但我的确一无所知。我仍然了解得很少很少”，“我本来以为，对前不久和目前所发生的事情，会有某些人能够坦率而诚实地讲出来”。⑥ 斯诺对中国的变化充满兴趣，他也乐于了解和研究中国的变化。他希望能够把一个真实的新中

---

① ［美］埃德加·斯诺著，宋久译：《斯诺文集》Ⅳ，新华出版社 1984 年版，第 128 页。

② ［美］埃德加·斯诺著，宋久译：《斯诺文集》Ⅳ，新华出版社 1984 年版，第 149 页。

③ ［美］埃德加·斯诺著，宋久译：《斯诺文集》Ⅳ，新华出版社 1984 年版，第 461 页。

④ ［美］埃德加·斯诺著，宋久译：《斯诺文集》Ⅳ，新华出版社 1984 年版，第 129 页。

⑤ ［美］伯纳德·托马斯著，吴乃华等译：《冒险的岁月——埃德加·斯诺在中国》，世界知识出版社 1999 年版，第 387 页。

⑥ ［美］伯纳德·托马斯著，吴乃华等译：《冒险的岁月——埃德加·斯诺在中国》，世界知识出版社 1999 年版，第 388 页。

国介绍给美国，希望通过自己的努力可以在改善中美关系方面起到作用。

第三节　斯诺二次访问新中国

1964 年 10 月 18 日至 1965 年 1 月 19 日，斯诺第二次访问新中国，斯诺作为法国《新直言》记者来到中国，在各地访问了三个月。1965 年 1 月 9 日，当斯诺从外地回来后，毛泽东邀请他吃晚饭，他们交谈了四个小时左右，用毛泽东的话说，他们谈话的范围涉及“山南海北”，“海阔天空”，有些方面是独特的。① 斯诺认为，毛泽东招待非共产主义者的西方人来同他一起吃饭不多见，相信从 1949 年中华人民共和国成立以来，斯诺是为了发表文章而同他交谈的第一个外国人。他们的谈话内容包括：西藏和神，美国怎样武装了革命，关于第三世界，赫鲁晓夫和个人崇拜，原子弹，裁军，关于联合国，中国人口有多少，美国在越南，中国和美国，去见上帝等。其中仍然专门谈到了中美两国关系改善的问题。当斯诺问有无“特别口信”想由他这位美国记者带给美国总统约翰逊时，毛泽东停了一下说“没有”，但毛泽东还是指出：“历史的各种力量终究必然会把两国人民再拉到一起来，这一天一定会到来。”② 他向斯诺表示，改善中美关系是有希望的，但这需要时间。他要斯诺向美国人民致意，并希望他们进步。③ 当斯诺问“在目前这种情况下，你是否真正看到有什么改善中美关系的希望吗?”毛泽东认为有希望：是的，不过需要时间。在他这一代（这一辈子）也许不会有改善了。他不久要去见上帝了。④ 后来，1970 年斯诺回到中国时，有几个朋友向他指出，关于去见上帝的话，毛泽东可能是有意迷惑那些希望他早死的人。斯诺的采访记被译成中文传达给高级党员干部了。

第二天，国内的《人民日报》以及西方的许多媒体，都在显著位

① Edgar Snow. Interview with Mao. New Republic. Feb. 17，1965，pp17 – 23.

② Edgar Snow. Interview with Mao. New Republic. Feb. 17，1965，pp17 – 23.

③ ［美］埃德加 · 斯诺：《漫长的革命》附录一，《山南海北——1965 年同毛泽东主席的谈话》，东方出版社 2005 年版，第 207 页。

④ ［美］埃德加 · 斯诺：《漫长的革命》附录一，《山南海北——1965 年同毛泽东主席的谈话》，东方出版社 2005 年版，第 204 页。

置刊发了毛泽东与斯诺的这篇谈话。然而遗憾的是，美国各大报纸均拒绝发表这篇谈话，谈话中的信息也未能引起美国当权者的重视。1964年10月22日和12月16日，斯诺同周恩来进行了较为深入的交谈，一共大约四个小时，斯诺认为周总理的言谈中的脚踏实地的现实主义，带有对冒险主义和投机行为的强烈厌恶，同时深深意识到，要使中国成为一个完全现代化的国家，需要几十年的努力，这将远远超过他自己的岁月。在谈及中国的经济状况时，周恩来坦率地告诉斯诺："过去十五年中有些事我们是做对了，但我们也做了一些错事……在我们看来，只有敢于面向困难，才能克服困难；只有敢于承认自己的缺点和错误，我们才能改正它们。这样，不断克服困难，改正缺点和错误，我们就能继续前进。"① 总理在谈到对外关系时，没有表示中美国之间的紧张关系有希望立即得到缓和，他说如果美国政府承认台湾独立政府，那将使今后许多年不可能得到缓和。"为了改善中美关系，我们必须从原则问题开始，而不能从枝节问题开始。在华沙中美大使会谈中，我们总是提出下列两点：一点是，中美应该在万隆五项原则的基础上达成和平共处的协议；另一点是，美国必须从台湾和台湾海峡撤出它的所有武装力量。一旦在这两点原则上达成协议，其他问题就比较容易解决。否则，仅仅处理枝节问题，解决不了根本的问题。"

这次访问回国，斯诺编辑了他拍摄的有关中国的纪录片《人类的四分之一》，向美国观众放映。这在斯诺给哥哥的信中可以看到："我的电影《人类的四分之一》正在电视上到处播放，包括在斯德哥尔摩。一个纽约的剧院经理说10月2日在布力克大街剧院（华盛顿广场）播出，我相信那时，这电影会非常吸引人，你会因为这些闻所未闻的事情而热血沸腾。"② 斯诺与毛泽东在1960年的那次会见，中国报纸没有报道。关于斯诺1965年这次访问的消息，《人民日报》刊登了毛泽东和斯诺会谈的大幅照片，斯诺被介绍为"《西行漫记》的美国作者"。这个报道首先出现在巴黎《新直言报》上，1965年2月4日到17日登在《朝日新闻》，不久又登在汉堡《明星报》、罗马《欧罗巴》、伦敦《星期日泰晤士报》和华盛顿《新共和》杂志。尽管美国各大报纸，包括

① ［美］埃德加·斯诺著，伍协力译：《漫长的革命》附录二，《天下大事——1964年与周恩来总理的两次谈话》，上海人民出版社1975年版，第246页。

② Ed to Howard，19680922.

《纽约时报》都拒绝刊登毛泽东与斯诺的谈话，斯诺坚信：“这次谈话获得发表，又在政府和党的机关报上加以报道，这显然加重了这件事的分量，使它绝不仅是重叙旧谊。在我看来，毛泽东很可能想通过这种方式，把中国对战争与和平的条件的看法，特别是对越南问题的看法通知美国。”① 斯诺特别希望通过这次访问，能够给美国政府带回一些有用的信息，也希望还是通过自己的努力来使美国了解中国的态度。

第四节　斯诺两次访问新中国对中美关系的作用

斯诺在新中国成立之后的第一次和第二次访问后，在美国并没有太大的反响，也就是说，斯诺两次访问新中国对中美关系的作用并不大。在美国，“到了六十年代他们要听的是坏消息，报道的愈坏则愈受欢迎，斯诺事实上是在公众的舆论大海中逆流而上，他所报道的中国不是一切都坏，使他不能被公众所接受”。② 斯诺在给堪萨斯的媒体信中表明了自己的观点：“星期三的上午我花了一个多小时的时间与你的记者进行长谈，我耐心地回答了他关于中国的问题。我假设《泰晤士报》和《星报》会将我所说的刊印出来，准确无误地，并且乐于提供给它的读者一些有用的信息。”③ 斯诺希望美国的媒体能够把一个真实的中国情况报道出来，然而并没有什么美国的媒体来响应他。他已经被画上了红色中国的朋友的标签，他的“可信度”在美国已经大打折扣。

事实表明，美国国务院和新闻机构以及情报部门对红色中国既盛气凌人又十分仇视，但又急切地想了解对手。由于十多年来没有一个战前旅居中国的记者重访中国，美国政府只能通过其他途径获得关于中国的二三手资料和消息，以之来混淆公众视听。因此，有的人甚至抱怨：“报纸使我烦躁，今天说中国要垮台，明天又说对我们的安全是严重威胁，究竟该相信什么？”④ 美国政府和新闻机构自相矛盾的宣传，把美国人都给弄糊涂了。斯诺自己也承认：“自从中国革命胜利以来，为美

---

① 《斯诺在中国》，生活·读书·新知三联书店 1982 年版，第 273 页。

② ［美］约翰·马克斯韦尔·汉密尔顿著，沈蓁等译：《埃德加·斯诺传》，学苑出版社 1990 年版，第 205 页。

③ Ed to Kansas City Times，19620308.

④ 谭外元、郭六云编著：《斯诺》，辽海出版社 1998 年版，第 163 页。

国写这类书没有不困难的时候。”①

1961年初，斯诺从瑞士短期回美，他试图将中国愿意改善中美关系的信息转告给新上任的美国国务卿迪安·腊斯克。但腊斯克丝毫不感兴趣，只敷衍了事地会见了他十分钟，就把他的信息撇在一边。美国作家约翰·M·汉密尔顿在他写的《斯诺传》中曾对这次会见作了描述："斯诺急于想在中美关系正常化方面起积极作用……这次斯诺准时在八点到，而腊斯克却迟到了。当斯诺谈意见和看法时，腊斯克一面狼吞虎咽地吃早餐，一面打电话，过了几分钟，这位已被提名的国务卿突然结束会见，而且也不说以后什么时候再谈。这位外交政策的设计者只表示歉意，说时间太紧，就此为止。”② 鉴于自己为改善中美关系所做的努力得不到应有的理解与重视而被再三边缘化的事实，斯诺深感20世纪60年代的美国与50年代的美国对新中国的偏见与固执并无实质性差别。他无奈地写道：“对于华盛顿抵制向他们传递有用信息这一点，我原以为中国人夸大其词了。但是我一回到美国，就不得不修正自己的观点；官方的围墙比我想象的要严实得多。我同肯尼迪政府新任国务卿腊斯克进行一次简短的会谈之后，觉得中国人的话是对的。”③ “在这十年中曾想以有用的情况来影响政策的制定，但都无成效”。④

而当斯诺回到瑞士后，曾同意刊登斯诺与周恩来会见文章的《纽约时报》竟打来电话告诉他，他们决定不刊登他的文章，理由是篇幅有限。这使得斯诺过去积压在心头的愤怒一触即发。他生气地说：“这集中反映了这些年来就是不让我成为桥梁，不接受我，不让我在华盛顿起作用。”斯诺夫人洛伊斯·惠勒也回忆说：“这些年来经历多少折磨，特别是腊斯克国务卿的丑行。中国人认为斯诺可以使华盛顿在现实基础上制定些开明政策，但斯诺在美国总被挤到一旁，不被人重视。”⑤ 可

---

① ［美］伯纳德·托马斯著，吴乃华等译：《冒险的岁月——埃德加·斯诺在中国》，世界知识出版社1999年版，第388页。

② ［美］约翰·马克斯韦尔·汉密尔顿著，沈蓁等译：《埃德加·斯诺传》，学苑出版社1990年版，第224页。

③ ［美］洛易斯·惠勒·斯诺著，王恩光、申葆青、许邦兴、乐山、欧阳达、王学源合译：《斯诺眼中的中国》中国学术出版社1982年2月第1版，第282页。

④ ［美］约翰·马克斯韦尔·汉密尔顿著，沈蓁等译：《埃德加·斯诺传》，学苑出版社1990年版，第230页。

⑤ ［美］约翰·马克斯韦尔·汉密尔顿著，沈蓁等译：《埃德加·斯诺传》，学苑出版社1990年版，第257页。

见此时的斯诺依然没有得到美国国内尤其是来自官方的足够重视。

然而，斯诺对中国未来的判断仍然是有着惊人的准确性，美国应该会为此后悔莫及的。例如，在第一次访华之后，在一封给朋友的信中①，斯诺预测了中国未来的9大发展趋势：

1. 中国的基础工业化已经提高很多，目前她可以单独地作为一个现代的经济强国。尽管经济中有很多的缺口，中国现在可以生产大部分她需要的机械去制造工业强国的工具。在这个十年中，没有普遍的大灾难的话，中国将会成为世界上第三大的工业强国。

2. 到1970年，中国在21岁下的人群中将只有非常少的人不识字。她的7亿人民迅速地成长为不只识字，还在现代科学和生产方面有着熟练的技巧，还拥有着成为一个一流强国所需要的几乎所有的自然资源。中国在1980年到1990年可能会成为世界最强大的国家。

3. 今天中国最薄弱的地方是，就像苏联一样，农业产出的不足。当中国开始大量采用现代农业的生产手段时，这个问题将会在这个十年内被克服。

4. 中国现在还没有生产出足够的粮食去喂养她的人民，但是产出的增长在一个可比的时段内已经相对地比俄罗斯或者印度快很多了。如果中国不具有严格和公平有效的供应系统的话，中国将会有大的饥荒。中国现在并没有真正的饥荒，但是有严重的粮食短缺。当它在1961年的时候还没有在1962年严重。

5. 尽管中国没有粮食饥荒，但是却有着严重的资本饥荒。中国最大和最迫切的需要是建设的资本。外面对她而言不安全，她被迫通过剥削大量的体力劳动者和产品而积累资本。

6. 尽管缺少充足的粮食和资本，中国还是十分接近成为一个核心力量。我预测中国可能会在1963年或1964年爆炸核弹。从现在开始的4到6年，当然是在这个十年内，中国将会制造大量的核武器。

7. 中国已经掌握了发动一场世界战争的所有方法，同时她的人民认为理由是正义的。她只需使用她的炸弹去袭击和击没占领了福摩萨（台湾）和台湾海峡的美国舰队。为什么她没有这么做呢？

---

① Ed to Joanie Dearest，19620309.

同样的原因对阻止她使用核武器去发动一场世界战争。中国的领导们既不愚蠢，也不是偏执狂。他们不想自杀。然而，只要美国在台湾或者在亚洲大陆的任何地方保持着武装力量，中美政府之间就不可能有真正的和平。

8. 中美之间的问题也可能不会解决，只要中国不被美国承认，同时我们所有的努力都致力于阻碍中国加入联合国。我预测中国今年（1962 年），或者不晚于 1963 年会被联合国承认，尽管所有的美国人都努力（阻止中国加入）。因为美国政府会继续打击这一发展直到最后一道防线，同时拒绝承认统治 7 亿人民的政权的现实。中国加入联合国将不会减轻美国与中国人民之间的紧张感。加入联合国将大大壮大他们。因此，我预测中国会成为，在很多两到三年期间的美国政策的一个主要议题，同时也是下届总统选举的重要议题。然而，很显然，在美国的国家利益和美国人民面前，中国必须尽早加入联合国。为什么？我们排除中国在联合国的责任越长，我们就越是证明了她在世界各地积极寻求改变现状的政策是正当的。中国在联合国之外比中国在其之内危险得多，就像俄罗斯在联合国内比在其之外要少一些危险一样。

9. 中国和俄国如今对共产主义世界的领导产生了分歧。在东西方间有对势力的地位和范围的争夺。在这个搏斗的过程中，在共产主义世界里，中俄两国有对势力范围的竞争。这种情况大致可与罗马帝国和君士坦丁堡之间的分裂相比。基督教会于是分裂成罗马教和拜占庭教两个世界。中国和俄罗斯会始终联合抵抗资本主义世界，就像基督教徒联合起来反对伊斯兰教徒。但是两个共产主义巨头之间的矛盾很可能会减缓共产主义世界的改革运动。只有由西方国家发动一场重大的战争，去反对他们可能会恢复他们联合一致的目的和抹去那些以他们的思想和理论上共同阶级的利益的代价而使他们目前的国家利益有分歧的差异。

然而，斯诺的这些预测没有被美国人发现和利用，至少在能够看到的研究中这 9 个预测没有被引用过。朝鲜战争爆发之后，美国麦卡锡主义达到高潮，中国问题被视为禁区，相当一个时期内美国一般人在心目中与中国为敌。翻开 20 世纪 50 年代美国各大报纸杂志上数量不多的关于中国的报道和评论，无不充满歪曲与敌意。至于一贯同情中国革命，支持新中国的言论，如中国人民所熟悉的“三 S”（斯诺、斯特朗、史沫特莱）的作品、少数“左派”刊物，其中如现在已鲜为人知的陆茂德女士独立出版的《远东评论》等，当时在整个美国社会中更是如空谷足音。[①] 50年代初期，这部分言论受到不同程度的镇压，有些人被迫移居国外，当然谈不上对广大公众或政府决策发生影响了。但是他们的先驱作用不可抹煞。后来，在情况发生变化之后，像斯诺等人的著作又列入研究现代中国的学生必读书单中。[②]

斯诺很长时间一直生活在瑞士，他非常想念美国和中国。他在给哥哥的信中说：“我们失去了这些，成为了漫游的人……我很想念夏威夷和中国!”[③] 他也曾经写信给哥哥和姐姐，表达了对回到美国觉得没有任何指望：“西安还得学一年语言，之后她也可以自由地作出自己的选择。或许她以后会去美国读大学。我感觉我们本该回那儿的时间已经过去了——但是，我们总是问自己，我们是要回到‘哪儿’去呢？我们在美国已经没有家了。”[④] 美国对于斯诺的抛弃，对他的影响非常之久。他在给家人的信中多次流露出对美国政府和美国政策的失望，一直到他去世之时，来自美国政府甚至是总统的消息和信件，他都没有任何兴趣。他觉得美国没有主动来改善美中关系的可能性了，他已经心灰意冷。即使是他第三次拖着病体来到中国时，他也没有了“二战”时的激情，更多的是理性，理性地看待中国，理性地看待美国政府的态度。

新中国成立后斯诺的两度访华虽然没有对中美关系产生直接的影响，但他的作品仍然把处于信息封闭状态中的新中国真实的情况介绍给美国和全世界。他介绍新中国的第一本书《大河彼岸》开篇引用了17世纪法国哲学家马斯卡尔的一句话：“有一种奇怪的法律，竟以河为界！一个人居然有权杀死我，仅仅因为他住在河的彼岸，还有什么事情比这更加可笑呢……”斯诺是讽刺美国敌视中国的政策，希望美国撤除这个人为制造的中美两国之间的障碍。毛泽东对斯诺说想到美国的密西西比河和波多马克河游泳，就中美关系与他推心置腹地长谈；周恩来向他介绍中美大使级会谈的情况，解释中国对美国关系的原则，这些“实际上

---

① 中国社会科学院科研局组织编选：《缓慢的解冻》，《资中筠集》，中国社会科学出版社2002年7月第1版，第66页。

② 中国社会科学院科研局组织编选：《缓慢的解冻》，《资中筠集》，中国社会科学出版社2002年7月第1版，第67页。

③ Ed to Howard，19661224.

④ Ed to Howard/Mildred，19691022.

提出了10年后与尼克松谈判中美关系的框架”。[1] 1964年斯诺到中国的前几天，苏联的赫鲁晓夫下台，第二天，中国爆炸了第一颗原子弹。周恩来在斯诺抵达北京后很快见了他，给他看中国原子弹爆炸的12幅照片。斯诺高兴地开玩笑说：你们真是拿了一手好牌，一个K（指当时阿富汗国王来访），两个Q（指来访的阿富汗王后和布隆迪王后），一个J（指来华访问的怡和洋行董事长凯瑟克），现在又打出一张A（指原子弹）。[2]

斯诺对中国的了解如此深刻，这是西方所公认的。中国政府非常信任斯诺，“周总理知道斯诺的报道具有巨大的影响力”[3]，当斯诺把中国原子弹爆炸的照片在瑞士报纸上发表后，立即轰动了全世界。斯诺在这个时期对中美关系仍然是通过新闻作品发挥着作用。正如邵飘萍所说：“国家社会所受言论界之影响，其责任大半外交记者负之。不仅关于国内也，世界外交上之大问题，帝国主义者准备大战争之阴谋，每因新闻访员之一电，足以左右之，揭破之，使局势根本变化。直接间接影响于国势之盛衰，人类之幸福。故如世界各国历次之会议，各国新闻访员之活动，其势力每与代表公使不相上下。”[4] 这段话也是对斯诺这位优秀的新闻记者的写照。

---

① 黄华：《亲历与见闻——黄华回忆录》，世界知识出版社2007年8月第1版，第150页。

② 黄华：《亲历与见闻——黄华回忆录》，世界知识出版社2007年8月第1版，第150页。

③ 黄华：《亲历与见闻——黄华回忆录》，世界知识出版社2007年8月第1版，第154页。

④ 邵飘萍：《实际应用新闻学》，京报馆1923年版，北京大学新闻学研究会2008年翻印。

第六章　尼克松时期斯诺对中美关系的影响

1966年7月，正当中国拉开“文化大革命”序幕的时候，斯诺从瑞士给他的老朋友爱泼斯坦寄来了一封信，字里行间流露出了他对中国形势的焦虑之情。他说：“从这里所能得到的消息来看，中国最近发生的事件是很难加以解释的。”① 他在1967年给张歆海的信中写道：“3个月来我拼命阅读大陆的报纸杂志，也努力看从香港传过来的大字报及红卫兵小报。它们显得非常狂热，没有理智。越读越使人感到那里的形势一团糟，完全处于无政府状态。看来，问题的解决要用很长很长的时间。”② 斯诺保持着他对时局评价客观的精神，他对新中国的情况也是希望能够“眼见为实”。

此后，斯诺急切地要求来华访问，以便实地考察新中国的最新变化，但却遭到多次拒绝。特别让斯诺难以理解的是，有人称他是“外国特务”。③ 斯诺于1967年7月给另一位老朋友路易·艾黎的信中心酸地说：“在这个世界上，保持独立是要付出代价的，你还没真正干事，就轻易地树立了敌人。”④ 他还以他一贯的坦诚向爱泼斯坦表明：“有几位我所信得过的知己对我说，那些主管这些事情的当权者们，已经不再把

---

① ［美］伊斯雷尔·爱泼斯坦：《回忆斯诺》，《光明日报》1982年2月14日。

② 袁明：《斯诺对新中国局势的关注》，中国三S研究会编：《〈西行漫记〉和我》，国际文化出版公司1991年2月第1版，第71页。

③ 1970年12月18日晚，毛泽东请斯诺去中南海谈话和吃早饭，首先说“外交部有人反对你来，说你是美国特务，此人就是乔老爷（乔冠华）”。黄华：《亲历与见闻——黄华回忆录》，世界知识出版社2007年8月第1版，第154页。

④ ［美］伯纳德·托马斯著，吴乃华等译：《冒险的岁月——埃德加·斯诺在中国》，世界知识出版社1999年版，第398页。

我看成是中国的朋友了……但是无论如何，我对中国的态度和言行，都是有目共睹，没有什么不可告人的。尽管我所写的东西，在细节上还有许多错误，尽管有些话说得直截了当，不大中听，但是这些都是实事求是、情词恳切、独立思考、寻求真理的新闻报道。不管那里的少数当权派是不是把我看作中国的朋友，但毫无疑问的是，外部世界（反动派除外）都认为我对中国是友好的，而且可以肯定，人们的这种看法还会继续下去的。要是我改变态度，那才不配称为中国的朋友呢。我并不是那种在政治观点上看风使舵、反复无常的作家。”① 1970 年，经毛泽东批准和周恩来的亲自安排，斯诺终于实现了他第三次访问新中国的愿望。

斯诺永远是一个独立的记者，为了保持他报道的客观公正，他在给哥哥的信中提到了拒绝中国政府对此次访问的资助：“没想到我从巴黎中国大使馆接到一个电话，说有紧迫的新闻：一个能够返回中国的签证，而且还有——洛易斯也有签证。他们主动要承担洛伊斯的费用，但是我不能接受。幸运的是，在概率这么小的好事里，我居然被保留看作是一个能人。我去了意大利（我在那里很出名，意大利比美国政治性要强很多）而且在旅行中通过我非常有效率的机构卖了一个出版权。做了一个 6 到 8 篇短文的承诺之后，我应得到全世界都通用的权利——仅仅除了美国，我们得到了丰富的资金来支付旅行费用，甚至还有些富余呢。”② 这种独立的精神一直得到了东西方记者的尊敬，也保持了他作品的可信度。

第一节　斯诺最后一次访问新中国

1970 年 8 月到次年 2 月，斯诺对处于动荡中的中国社会进行了全面调查了解，总的印象是：“恢复政治上的稳定和经济发展是当前的首要任务，在对外关系方面，则是在和平共处的万隆原则的基础上，重建和扩大国与国之间的联系。”③ 然而这一次旅行考察，也使斯诺深深地感到，自己无法认清“文革”这一突如其来的巨大变化，心中的矛盾与

① ［美］伊斯雷尔·爱泼斯坦：《回忆斯诺》，《光明日报》，1982 年 2 月 14 日。

② Ed to Howard，19700716.

③ ［美］埃德加·斯诺，《漫长的革命》，上海人民出版社 1975 年版，第 164 页。

困惑不断增多。

斯诺来华后，他就嗅到了政治气氛的某种不正常：“中国是个只有一种声音的国家”，“毛泽东支配中国的思想和行动的程度……超过了我原来的想象”。① 在这次访问中，斯诺亲眼看到中国人对毛泽东的个人崇拜已经登峰造极。对此，他比以往更加感到忧虑，并以令人吃惊的坦率再次向毛泽东提出了这个问题。令斯诺颇感欣慰的是，毛泽东对斯诺客观公正的态度和独立报道的精神给予了坚定支持。此前他们在天安门上相聚时，毛泽东曾告诉斯诺，说他读过斯诺近期的文章，其中有对毛泽东的个人崇拜批评的文章，但：“这些批评是无可非议的，我们并不要求你同意我们所做的任何事情，你有权保留你自己的看法，还是保持你的独立判断较好。”②

当两人最后一次分别时，毛泽东谈到了长期以来他们之间相互信任的关系：“35 年前到现在我们的基本关系没有变，我对你不讲假话，我看你对我也是不讲假话的。”③ 这种特殊关系既给斯诺带来独一无二的、无法估价的声誉，也给他造成了不可避免的心理负担和政治负担。毛泽东－斯诺现象相当完美地诠释了人世间两个异国朋友之间的情谊与责任。尽管斯诺对毛泽东的个人崇拜有所保留，并时时感到这种朋友——记者关系给他在采访写作过程中带来的两难处境，但是，他仍深深地意识到毛泽东对自己的特殊考虑和极大的信任，并且不可避免地受到了影响。所以，他对中国的发展还是多有肯定的。在访问中国期间，斯诺把对中国的见闻在信中告诉了他的姐姐：

> 如你所知，当所有土地都以一种集体形式（比如农场）成为全体人民的财产，只有极小的菜园等小块土地保留着个人的所有权，这里关于土地所有权的争论自然而然地结束了。
>
> 在这样一个依靠人均拥有量和土地肥沃程度都远不如美国的耕地养活着大量人口的国家里，没有别的办法可行。凭借更先进的耕作方式和逐渐提高的机械化水平，中国的粮食产量已经极大地、事实上是近乎惊人地增长。中国拥有同美国相同数量的耕地，至少到

① ［美］伯纳德·托马斯著，吴乃华等译：《冒险的岁月——埃德加·斯诺在中国》，世界知识出版社 1999 年版，第 404 页。

② 谭外元、郭六云编著：《斯诺》，辽海出版社 1998 年版，第 187 页。

③ 张注洪：《斯诺访问新中国与中美关系的发展》，《北京党史》，2001 年第 1 期。

最近几年这已为事实。……

相当一部分大学学生是从较年长的工农业、矿业工人中介绍来的。这样做的目的是为了消除白领阶层与蓝领阶层间的差异，城乡间的差异，以综合工人与知识分子，使每个人都有能力解决时间与理论领域的问题，每个人都成为一名（预备的）军人。军人也从军队或开垦海岸线土地、救灾、开矿、运行发电厂、在边境或不毛之地建设国营农场等领域进入大学。军人（在这里，他们被称为“战士”）被从人类活动的各个支流部门的领导位置找到——包括在大学任校长，在矿区挖掘。

《纽约时报》和许多其他出版社发电报来要采访我，但这些报道直到我离开中国才会进行。①

1971年2月6日，斯诺乘飞机前往广州，然后转乘火车取道香港离开中国。在中国的经历使他感到困惑不安。对于这次旅行，“假如说斯诺多少了解到‘文化革命’的情况，但还未认识也不可能认识到这场运动的深度，因中国太大也太难看透”。② 而此后，斯诺的身体健康每况愈下，一年之后，癌症便夺去了他的生命。他是“文革”期间第一位来华的美国记者，而这次访问竟也成了他与毕生热爱的中国的告别之旅。对于中美两国关系的发展前景，斯诺做出了最后的评价：“如果世界上不再发生由革命所引起的变革，中国的亲密朋友不再是革命国家，对北京来说，这样的世界是不可想象的。但是，像美国一样，中国也需要一个和平的世界，希望国家之间的关系处于相对和平的状态。希望得到更多的东西，就必须丢掉幻想。”③ 他继续分析，“一个更现实的世界已经初露端倪……将会出现一个各种意识形态和睦相处的，中国不再崇尚革命手段的世界。”斯诺也是最后一次展示了他非凡的预见能力，他所说的正是和平发展的今日中国在外交策略方面的原则：不称霸、不出头、不折腾。

---

① Ed to Sis，19701204.

② ［美］约翰·马克斯韦尔·汉密尔顿著，沈蓁等译：《埃德加·斯诺传》，学苑出版社1990年版，第254页。

③ ［美］伯纳德·托马斯著，吴乃华、魏彬、周德林译：《冒险的岁月——埃德加·斯诺在中国》，世界知识出版社1999年7月第1版，第419页。

第二节　斯诺对中美政要的影响

斯诺最后一次访问新中国，为中美关系的恢复做出了重大努力。最后一次访问新中国时，斯诺已开始为癌症的前兆病痛所困扰，但还是按原定计划完成了繁重的访华任务，转达了中美和解的信息。1970 年 10 月 1 日，在检阅国庆群众游行的天安门城楼上，斯诺夫妇站在毛泽东的身边，同这位中国最高领导人进行了亲切的交谈并合影留念。新华社电讯报道说：“中国人民的伟大导师毛主席，最近会见了美国友好人士埃德加·斯诺先生，并同他进行了亲切友好的谈话。”12 月 25 日，《人民日报》头版以“毛泽东主席会见美国友好人士埃德加·斯诺”的通栏大标题刊出十月一日国庆节毛泽东同斯诺微笑着并肩站在天安门城楼上的巨幅照片。报纸右上角的《毛主席语录》栏内刊登了一句话：“全世界包括美国人民都是我们的朋友。”这实际上是向世界发出一个确确实实的信号：中国政府已经决定实现中美之间的缓和。1970 年 12 月 18 日，毛泽东会晤应邀访华的埃德加·斯诺，当斯诺问到会不会允许像尼克松这样一个代表垄断资本家的人来中国时，毛泽东表示欢迎尼克松访华。① 毛泽东说，“外交部要研究一下。左、中、右都让来。为什么右派要让来？就是说尼克松，他是代表垄断资本家的。当然要让他来，因为解决问题，中派、“左派”是不行的，在现时要跟尼克松解决。”② 毛泽东希望斯诺能够成为沟通这个信息的桥梁，尼克松“如果想到北京来，你就捎个信，叫他偷偷地，不要公开，坐上一架飞机就可以来嘛。谈不成也可以，谈得成也可以嘛，何必那么僵着？”③ 毛泽东还向斯诺表示会与尼克松心平气和地交流：“如果尼克松愿意来，我愿意和他谈，谈得成也行，谈不成也行，吵架也行，不吵架也行，当作旅行者来谈也行，当作总统来谈也行。总而言之，都行。我看我不会跟他吵架，批评是要批评他的。”④ 毛泽东通过斯诺，特别是通过他写的《同毛泽东的

---

① 谢益显等编著：《中国当代外交史（1949—2001）》，中国青年版社 1997 年 8 月第 1 版，第 278 页。

② 《毛泽东选集》（第 8 卷），人民出版社 1999 年 6 月版，第 436 页。

③ 《毛泽东选集》（第 8 卷），人民出版社 1999 年 6 月版，第 436 页。

④ 《毛泽东外交文选》，中央文献出版社、世界知识出版社 1994 年 12 月第 1 版，第 593 页。

谈话纪要》的刊出，明确地表明中美关系将要发生重大变化。美国通讯社在刊物发表前抢先预发了这篇报道，当时的美国政府旋即作出积极的反应。4 月 26 日，美国白宫新闻秘书齐格勒在新闻发布会上表示：尼克松希望有一天能访问中国。同日，美国国务院新闻发布官布雷在答记者问时指出："本政府若干时候以来一直是希望同中国改善关系的。"1971 年 4 月，中国巧妙地安排了举世闻名的"小球转动大球"的乒乓外交，美国《生活》杂志同意刊登斯诺与毛泽东会谈的纪要，并配以中美乒乓球比赛的照片，这才使中美两国之间的联系得以顺畅。1971 年 7 月，基辛格博士终于秘密来华，打破了中美间的长期对峙，开始了走向和解的过程。

毛泽东同斯诺的谈话，1971 年 4 月 30 日才由斯诺在美国《生活》杂志上公开，但其谈话内容很早就传到了白宫。尼克松在 1972 年 2 月向国会提出的第二个外交报告中重申，"在今后的一年里，我要仔细研究我们应采取什么进一步的步骤，以创造中美人民之间扩大交往的机会，以及怎样消除实现这些机会的不必要的障碍。"①

尼克松未上任前，曾于 1967 年 10 月在美国的《外交》季刊上发表的《越南之后的亚洲》一文中，第一次提出了同中国接近的主张："从长远观点看，我们负担不起永远把中国留在各国的大家庭之外……"1969 年 1 月尼克松当选美国总统后，曾对美国驻法国大使馆武官弗农·阿·沃尔斯特说，"同世界上最强大的国家与地球上人口最多的国家完全没有接触，对世界是不利的。"尼克松的态度当时就引起了毛泽东的注意，于是 1970 年毛泽东与斯诺的会面中表示愿意与尼克松谈话，"谈得拢也行，谈不拢也行"，"寄希望于美国人民，寄在的希望于美国人民"，这都是向尼克松传递的信息，也是后来"乒乓外交"的伏笔。这篇讲话的精神当时异乎寻常地在中国层层传达，一直到农村大队党支部。这也可以算是一种舆论准备。②。此前，中断了两年多的中美华沙大使级会谈在 1970 年 1 月 20 日宣告恢复，美方提出：美国政府准备派代表去北京或接受中国政府的代表到华盛顿直接讨论一些问题。在 2 月

① 吴健、周文琪：《美国对华战略演变史研究》，中共中央学校出版社 1992 年 12 月第 1 版，第 64 页。

② 中国社会科学院科研局组织编选：《缓慢的解冻》，《资中筠集》，中国社会科学出版社 2002 年 7 月第 1 版，第 70 页。

20 日的会谈中，中方表示：如果美国政府愿意派部长级的代表或总统的特使到北京进一步探讨中美关系的根本原则问题，中国愿意接待。[①]当然，美国期待与中国的接触也是出于战略上的考虑。尼克松在 1969 年 3 月访问法国时，曾对戴高乐总统说，将来美国“同苏联对话时，也可能需要在中国问题上为自己找个可以依靠的有利地位”。[②] 1969 年，苏联边防军侵入中国珍宝岛地区，制造了极为严重的边境冲突后，中国更感到自己的安全受到苏联的直接威胁，1970 年 7 月 10 日，美国广播公司评论员史密斯公开报道说，史密斯问尼克松：“在俄国同中国闹翻的时候，我们为什么不同中国建立正常的外交关系而从这种局势中获得情报方面和外交上的最大好处呢?”尼克松回答：“是的，我们应当这样做。”1970 年 10 月 1 日，也就是斯诺登上天安门城楼参加中国的国庆活动的当天，尼克松向美国《时代》周刊记者表达了访华的愿望。他说，“如果说我在死以前有什么事情要做的话，那就是到中国去。如果我不能去，我希望我的孩子能够去。”[③] 在尼克松的总统文书中，他提到了斯诺作品对中国的重要性，要求随行人员研读它们，不但是为了自身受到教育，也因为他预见中国主人会提到它们。[④] 尼克松在对外政策报告中说：“中国是一个伟大的生气勃勃的民族，不应该继续孤立在国际大家庭之外，从长远来说，如果没有这个拥有七亿多人民的国家出力量，要建立稳定和持久的国际秩序是不可设想的。”[⑤] 这表明，美国在外交上已经承认中国，并准备好与中国建立外交关系。斯诺毕生追求的努力终于要实现了。

第三节　斯诺的去世在中美两国媒体中的反应

斯诺为中美关系走向和解做出了最后的努力，从斯诺去世的消息在

---

① 谢益显等编著：《中国当代外交史（1949—2001）》，中国青年版社 1997 年 8 月第 1 版，第 277 页。

② 吴健、周文琪：《美国对华战略演变史研究》，中共中央学校出版社 1992 年 12 月第 1 版，第 60 页。

③ 李长久、施鲁佳主编：《中美关系二百年》，新华出版社 1984 年版，第 214 页。

④ 姚湘：《斯诺和姚克：终身不渝的友谊》，《百年斯诺》，北京大学出版社 2006 年 12 月第 1 版，第 50 页。

⑤ 李长久主编：《中美关系二百年》，新华出版社 1984 年版，第 212 页。

中美两国的反应来看，两国都承认斯诺为中美关系的缓和做出了重要的影响和贡献。1972年2月15日，是中国农历的春节，斯诺在瑞士日内瓦郊区埃辛斯村与世长辞。临终时，他用生命的最后力量讲出一句话："我热爱中国！"6天后，毛泽东在中南海会见了来访的美国总统尼克松。谈话中，毛泽东说，我对美国一知半解，请你介绍几位老师给我。尼克松说，好，一定是全国最好的名师。毛泽东无限感慨地说：这正是我对斯诺先生的评价。斯诺先生已在几天前去世了。① 相信尼克松应该也会有所感慨的，因为斯诺对中国的不息的热情和对美国总统的冷淡实在是反差强烈。

在斯诺去世前几天，他在瑞士的家中收到了尼克松总统对他表示关心和尊敬的信。斯诺夫人问斯诺用不用回信，他含有讽刺地笑笑说："不必麻烦了。"② 洛伊斯后来说，"尼克松的信完全是出于政治考虑。我藐视他，不给他回信，他只配得到这样的对待。"③ 在埃德加·斯诺去世前的二十年里，他以及他关于中国的新闻作品一度成为激烈争论的焦点。斯诺在给姐姐的信中对此非常生气："我亲爱的姐姐，你读过纽约时报公司的五角报的揭露吗？——或者是Star还在出版它们。你开始了解到为什么我这么多年一直对这一对公众的诈骗和谎言愤怒了吧。对我来说五角报上的内容并不是新内容——任何聪明积极的记者在很久以前就不可能不知道。那么为什么伟大的美国新闻界不把这些告知公众呢？为什么只有所谓的小报才会告诉真相?"④ 但当尼克松总统和毛泽东主席的会晤即将来临时，美国的记者和政客开始认识到斯诺在报道中国第一代领导人方面有很大贡献，他的作品成为研究中国的主要珍贵资料中的重要组成部分。因此，美国主流媒体在报道斯诺的逝世时一反常态地给予了他积极的评价。在2月18日《纽约时代》报道斯诺去世的消息时，该报上除了斯诺去世的消息，还有九篇关于中国的专题。这些专题涉及中国的历史、文化、国际贸易以及外交政策。专题《中国：美国最热门的话题》中指出，随着中美关系的巨大变化，美国人因为双方的隔绝、猜疑和仇恨而压抑了二十多年的对中国的兴趣骤然提高。这种

---

① 《基辛格秘录》，《参考消息》，1999年1月17日。

② ［美］约翰·马克斯韦尔·汉密尔顿著，沈蓁、沈永华、许文霞译：《埃德加·斯诺传》，学苑出版社1990年6月第1版，第263页。

③ Lois Snowto Charles Hogan, 19720313.

④ Ed to Mildred, 19710629.

兴趣涉及中国人所从事的各种活动。中国的官方机构，包括驻渥太华大使馆和驻联合国代表处，都挤满了申请签证的人。① 在报道中，美国媒体一致承认埃德加·斯诺对即将到来的中美关系正常化作出的贡献。《纽约时报》刊登了斯诺和毛泽东1970年在天安门城楼检阅国庆庆祝仪式的照片，说明文字中表示："毛泽东先生与美国人同时出现是希望恢复与美国接触的标志"。②《新闻周刊》认为斯诺是达成中美首脑会见的人："不幸的是，癌症使斯诺无法报道他帮助安排的总统访问了。这周会晤的一颗种子在1970年末就被埋下了，当时周恩来告诉斯诺'中美关系改善的门是开着的'，中美关系问题'必须通过最高级会议解决。'"③《时代周刊》也引述了1970年斯诺访问北京并应邀与毛泽东在天安门城楼共同检阅国庆节庆祝仪式。"斯诺准确地把这一荣誉阐述为毛泽东希望改善与美国的关系，同时毛泽东在接受斯诺采访时确认了这一点，并邀请尼克松访华。斯诺认为自己为中美关系的改善作出了贡献。"④

在中国，斯诺逝世后，毛泽东、周恩来、宋庆龄都立即发去唁电。毛泽东在唁电中说："斯诺先生是中国人民的朋友，他一生为增进中美两国人民之间的相互了解和友谊进行了不懈的努力，作出了重要的贡献。他将永远活在中国人民心中。"周恩来说："斯诺先生的一生，是中美两国人民诚挚友谊的见证。……对这样一位老朋友，中国人民是不会忘记的。"宋庆龄说："埃德加·斯诺在中国人民心中的记忆将永葆青春。"斯诺在临终前，立下遗嘱，希望把自己的一半骨灰埋在美国赫德森河畔一位朋友家的花园中，另一半安放在北京大学未名湖畔，以示他生命的一半属于美国，另一半属于中国。他在临终前，曾写有一张纸条，上面写道：我爱中国，我愿在死后把我的一部分留在那里，就像我活着时那样。美国抚养和培育了我，我愿把我的一部分安葬在赫德森河畔，日后我的骨灰将渗入大西洋，同欧洲和人类的一切海岸相连，我觉得自己是人类的一部分，因为几乎在每一块土地上，都有着同我相识的善良的人们。

---

① Deng Wu, A Comparison of American and Chinese Media's Coverage of Edgar Snow after His Death, Communicating Across Cultures: Edgar Snow as an Example, Peking University Press, 2006.

② Edgar Snow, Author on China, Is Dead, *The New York Times*, 18, February, 1972, p42.

③ The Man Who Knew Mao, *Newsweek*, 28, February, 1972, p46.

④ Mao's Columbus, *Time*, 28, February, 1972, p45.

斯诺逝世后，中共仍然给斯诺以最高的敬意，《人民日报》在2月17日的报纸中报道了他去世的消息，并在头版头条刊登了毛泽东主席给斯诺夫人的信。斯诺夫人给毛泽东和中国政府发了一封电报来感谢“深切关心和巨大帮助”，当天的《人民日报》引述了这一消息。2月19日，北京首都各界人士隆重集会追悼斯诺。① 这是中国政府首次为一名外国人在人民大会堂举行庄严的纪念仪式。周恩来、李富春、郭沫若以及蔡畅、邓颖超等领导同志参加了追悼会。美国朋友柯弗兰、亚非新闻工作者协会总书记查禾多等也参加了追悼会。新华社对斯诺的称谓是：“中国人民的朋友、美国著名作家埃德加·斯诺先生。”追悼会由郭沫若主持。外交部副部长乔冠华在悼词中说：“斯诺先生是中国人民的老朋友。早在1936年，当中国人民在进行民族民主革命的时期，他就冲破旧中国反动统治的重重障碍，访问了我国革命根据地，以满腔热情写下了闻名中外的《西行漫记》一书，向美国和各国人民介绍了在伟大领袖毛主席英明领导下的中国革命斗争和中国工农红军的二万五千里长征。新中国成立后，斯诺先生又于1960年、1964年和1970年三次到我国访问，他同样怀着对中国人民的真挚情谊，写下了许多介绍我国在毛主席无产阶级革命路线指引下进行的社会主义革命和社会主义建设的客观报道。斯诺先生在重病期间，仍然惦念着为增进中美两国人民之间的了解和友谊的工作。斯诺先生的一生是中美两国人民诚挚友谊的一个见证。他一生为增进中美两国人民之间的相互了解和友谊作出了重要的贡献。斯诺先生的逝世，使我们失去了一位难忘的朋友。我们相信，斯诺先生生前所致力的中美两国人民之间的友谊一定会日益发展。”

与此同时，中国政府欣然同意了斯诺临终前的要求：1973年10月，斯诺夫人秉承斯诺的愿望，把骨灰送来中国安葬。10月19日，斯诺的骨灰安葬仪式在未名湖畔隆重举行。墓基座为长方形、未经雕磨的青色岩石，上边横卧汉白玉墓碑一方，临时用黑色胶纸贴着楷书：“中国人民的美国朋友埃德加·斯诺之墓”。碑前放着毛泽东主席、宋庆龄副主席、朱德委员长、周恩来总理赠送的花圈。周恩来总理亲拟了碑文，并抱病参加了这个仪式。中国领导人李富春、郭沫若、邓颖超、廖承志、康克清以及北大师生代表参加了安葬仪式。安葬仪式由邓颖超主持，廖承志和斯诺夫人在仪式上讲了话。斯诺夫人说：“我丈夫在他遗

① 新华社1972年2月19日讯，《人民日报》，1972年2月20日。

言中表达了他对中国的热爱，并表示了他生前一部分身心常在中国，希望死后也将他的一部分遗体安放在新中国的古老的土地下，安放在中国的新人中间，在这里，对人类的尊重达到了新的高度；在这里，世界的希望发射着新的光芒。”“过去，他（指斯诺）在北京大学教育过青年，现在他安息在北京大学。而这里，另外一些年轻人正在享受着前辈学生牺牲与斗争的成果，愿现在和将来来到这里学习的各国青年本着他所热爱的这个国家带来的解放的同样精神来利用这块园地——在这里休息、游玩、学习和劳动，这将是他们所希望的。”1977 年 12 月 13 日，叶剑英同志亲笔题写了碑名：“中国人民的美国朋友埃德加·斯诺之墓”，后被镏金镌刻在墓碑之上。

在斯诺 1970 年访华前和访华期间，中美关系正在酝酿着变化。这与当时国际局势的发展和变化有关。原国务院副总理兼外交部长黄华认为：“斯诺的访华，为中美关系的变化起了有益的作用”。斯诺是第一个来到“文化大革命”时期的中国的西方记者，他的到来对中美关系意义非凡。对中国而言，《华盛顿邮报》的观察家认为，斯诺的这次访华是中国希望发展与美国关系的信号；对美国而言，美国驻香港总领事发电致华盛顿称这次访华有利于创造中美关系的奇迹。在斯诺与周恩来的会见中，“总理对美国情况问得很仔细，斯诺则询问中美关系是否有机会创造新的开始，总理说邀请他访华就是希望对此问题找到一个答案”。① 1971 年 2 月，斯诺结束这次长达半年的对中国的访问回到瑞士，先后在意大利的《时代》杂志②和美国的《生活》杂志上发表了与毛泽东和周恩来的谈话。《生活》杂志上的文章和斯诺同毛泽东在天安门城楼上的照片马上就放在了尼克松的案头。4 月，美国白宫发言人在新闻发布会上表示，尼克松总统已经注意到斯诺文章传达的信息，他希望有一天能访问中国。而基辛格秘密访华对周恩来谈话时“一开头就说，尼克松总统仔细阅读了美国《生活》杂志刊载的毛主席与斯诺的谈话。尼克松总统有一个信念，强大的发展中的中华人民共和国对美国的任何

① 黄华：《亲历与见闻——黄华回忆录》，世界知识出版社 2007 年 8 月第 1 版，第 151 页。

② 据黄华回忆，斯诺在文章中写道：毛泽东说，“我是一个孤独的和尚，在雨中打着伞走来走去”是个误解，毛泽东是说，我是“和尚打伞，无法无天”。意思是中国不是联合国和国际条约的成员，在世界上很自由，不受约束。黄华：《亲历与见闻——黄华回忆录》，世界知识出版社 2007 年 8 月第 1 版，第 159 页。

利益都不构成威胁。在没有同你们讨论和没有考虑你们意见的情况下，美国不会采取涉及你们利益的任何重大步骤”。① 毛泽东会见尼克松时引用了他与斯诺的谈话：“谈得成也行，谈不成也行，何必那么僵着呢?” 尼克松则引用了毛泽东的诗句：“一万年太久，只争朝夕。” 尼克松离华时，周恩来对毛泽东说“尼克松高兴地走了。他说他这一周改变了世界。” 毛泽东说：“哦?! 是他改变了世界？哈哈。我看还是世界改变了他。”② 无论是世界改变了中美关系，还是中美关系改变了世界，无可否认的是，斯诺对中美关系产生了深刻的影响。新中国成立以后，斯诺通过 3 次访问中国，把西方不了解的新中国的真实情况传递给美国政府和人民，并最终帮助中国成功地向美国传递了最关键的信息，促成了尼克松的破冰之旅，为中美建交做出了历史贡献。

第四节　对海伦·斯诺的重新评价

海伦·斯诺是一位成功的女性，她虽然保留了“斯诺”这个姓，但她所取得的成就和做出的贡献不应被“斯诺”所掩盖。中美两国对埃德加·斯诺评价之高是为人所熟知的，本书不再重复。但海伦·斯诺在中国和美国所获得的荣誉称号远比埃德加·斯诺要多，对她的评价却鲜为人知。

1. 海伦·斯诺所获荣誉的提名

1981 年和 1982 年海伦·斯诺两度获得诺贝尔和平奖的提名，由两位美国参议员（多德和威克）和两名众议院议员（德勒姆斯和沃勒斯）提议③，提名原因是终身致力于各国人民的团结和世界和平。保罗·海尔把海伦的工作总结为三个方面：其一，在日本侵占华北之前，她在 1935 年 12 月全国范围的学生运动中起了重要的组织作用；其二，海伦在中国共产党根据地延安待了数月，留下了珍贵的历史记录并向世界介

① 黄华：《亲历与见闻——黄华回忆录》，世界知识出版社 2007 年 8 月第 1 版，第 162 页。

② 黄华：《亲历与见闻——黄华回忆录》，世界知识出版社 2007 年 8 月第 1 版，第 167 页。

③ 海伦·福斯特·斯诺著，仲伦、剑华、安危译：《中国为民主奠基》，陕西旅游出版社 2007 年 8 月第 1 版。

绍了当时的社会背景和中国新一代领导人毛泽东、周恩来等；其三，她倡议并推动“工合”，在抗日战争那段黑暗的岁月里，极大地支持了中国。保罗·海尔认为，也正因为她做出的这些努力，海伦曾两次被提名为诺贝尔和平奖的候选人。[①] 安危认为，主要是由于她在创建“工合”中的重要作用，海伦·斯诺两次被提名为诺贝尔和平奖的获得者。[②]

1991 年，海伦·斯诺获得中国颁发的“理解与友谊国际文学奖”，表彰以文学形式表现中国、宣传中国、传播中国文化的功绩卓著的外国人士。该奖每届奖掖一人，海伦是荣膺此奖的第一个人。[③] 时任中共中央政治局常委李瑞环和全国政协副主席康克清在给大会发来的贺信中，对海伦·斯诺的赞誉代表了中国政府对她的评价。李瑞环说，半个多世纪以来，海伦·斯诺女士始终同情和支持中国人民的正义事业，写出了许多向世界介绍中国的优秀作品，不但加强了中国人民和美国人民乃至世界各国人民之间的理解与友谊，而且对发展文学事业作出了重要贡献。海伦·斯诺赢得中国人民的依赖和尊敬，荣获首次颁发的“理解与友谊国际文学奖”是当之无愧的。康克清在贺信中说：半个多世纪以来，海伦·斯诺女士为中国人民的正义事业，为发展中美两国人民的友好往来，做了大量的有益工作。尤为难能可贵的是，在她高龄之际，在大洋彼岸，她仍然一如既往，时刻关注着中国的情况，为促进中美友好事业的不断发展而不遗余力。3 年后获得“理解与友谊”国际文学奖的著名作家韩素音[④]曾说过：“埃德加·斯诺的《西行漫记》是一部了不起的不朽名著，而他的妻子海伦的写作亦有她自己的地位。他们为介绍中国所作出的贡献，应该得到一视同仁的认可。……每一位希望了解中国革命早期艰苦岁月的人，都应该学习她的著作，学习她丈夫的著作。”[⑤]

1996 年，海伦·斯诺获得中国“人民友好使者”称号，证书上写着：您为中美人民友谊做出了杰出贡献，特授予“人民友好使者”称号。[⑥]

---

① 访谈于 2009 年 11 月 11 日，美国犹他州锡达城。

② 访谈于 2009 年 11 月 11 日，美国犹他州锡达城。

③ 见《光明日报》1991 年 9 月 21 日第 1 版。

④ 第二届“理解与友谊国际文学奖”于 1994 年 9 月授予英籍华人女作家韩素音。

⑤ 东平：《“她对中国人民有深厚的爱”——纪念国际友人海伦·斯诺》，《国际人才交流》，2007 年第 10 期。

⑥ 《人民日报》1997 年 5 月 4 日第六版中，《送别海伦·斯诺》一文“在去年获得了中国人民给予一个外国人的最高荣誉——名誉大使。海伦是当之无愧的”中有错误，“名誉大使”应为“人民友好使者”。

表 5 埃德加·斯诺和海伦·斯诺所获荣誉及中国对两位斯诺追悼活动的对比

时间	埃德加·斯诺	海伦·斯诺
1972 年	人民大会堂隆重集会追悼斯诺	
1973 年	一半骨灰安葬在北京大学未名湖畔	
1981 年		在美国被提名诺贝尔和平奖
1982 年		在美国被提名诺贝尔和平奖
1991 年		中国“理解与友谊”国际文学奖①
1996 年		中国“人民友好使者”称号②
1997 年		人民大会堂隆重纪念海伦·斯诺
2009 年	新中国成立作出突出贡献的英雄模范人物③	
2009 年	中国“十大国际友人”④	

① 这一奖项由中国作家协会和中华文学基金会主办，旨在褒奖那些以文学的方式介绍中国、传播中国文化，功绩卓著的外国人士。自 1991 年创立以来，先后有美国记者、作家海伦·F·斯诺，英籍华人韩素音，泰国诗琳通公主，日本作家池田大作获奖。

② “人民友好使者”荣誉称号是中国对外友协代表中国人民向所有为增进人民友谊、维护世界和平做出杰出贡献的国际友人授予的最高荣誉。海伦·斯诺是第 19 位获得此荣誉的外国人，目前共有 46 位外国友人获此殊荣。

③ 为推动群众性爱国主义教育活动深入开展，迎接新中国成立 60 周年，经中央批准，中央宣传部、中央组织部、中央统战部、中央文献研究室、中央党史研究室、民政部、人力资源社会保障部、全国总工会、共青团中央、全国妇联、解放军总政治部等 11 个部门联合组织开展评选“100 位为新中国成立作出突出贡献的英雄模范人物和 100 位新中国成立以来感动中国人物”活动。活动自 5 月中旬启动以来，广大干部群众积极响应、广泛参与，纷纷通过各种形式提名推荐候选人。7 月 20 日至 8 月 10 日，根据提名情况确定的 150 位为新中国成立作出突出贡献的英雄模范人物候选人和 150 位新中国成立以来感动中国人物候选人，向社会公布并群众接受投票。20 天时间内，群众参与投票总数近 1 亿。在投票评选的基础上，经过有关部门审核、组委会评审组专家投票等程序，最终评选出 100 位为新中国成立作出突出贡献的英雄模范人物和 100 位新中国成立以来感动中国人物。

④ 人民网 10 月 12 日讯，历时四十天的“中国缘·十大国际友人”网络评选今天揭晓，经广大网友投票和评选活动指导委员会确认，在投票中排位前十的候选人当选“中国缘·十大国际友人”。当选者名单：白求恩（加拿大）、拉贝（德国）、萨马兰奇（西班牙）、斯诺（美国）、李约瑟（英国）、爱泼斯坦（波兰，后入中国籍）、路易·艾黎（新西兰）、柯棣华（印度）、诗琳通（泰国）和平松守彦（日本）。本次评选活动由中国国际广播电台发起并联合中国人民对外友好协会和国家外国专家局共同主办，由国际在线网站承办，评选对象为百年来对中国作出过贡献或与中国有缘分的外国人。

2. 海伦·斯诺是中美友好的架桥人

1972年2月，美国总统尼克松访问中国，打开了冰冻23年的中美交往之门。海伦闻讯后心潮澎湃，燃起重访中国的愿望之火。同年12月，应中国人民对外友好协会的邀请，海伦以《续西行漫记》作者的身份，踏上了阔别34年的中国土地，朱德、康克清、邓颖超在人民大会堂亲切会见了老朋友海伦·斯诺。离京去外地访问前，海伦给毛泽东写了一封信："我们全都感谢您为保持中美人民友谊的自然发展趋势而做的一切。其中之一是您1936年至1937年同两个青年人斯诺夫妇的合作和在埃德加·斯诺后来访问时您继续同他保持私交。"海伦还随信送给毛泽东一本《续西行漫记》中译本。海伦在湖南收到了毛泽东和周恩来委派信使送来的回信。回到美国后，海伦根据这次访问写出了《重返中国》和《毛泽东的故乡》两部书。1978年，海伦率领一个电视摄制组，从北京到西安，再赴延安、志丹县，沿着40多年前她与斯诺在中国曾经走过的路线，拍摄了一部电视片。回到美国后，海伦撰写出《七十年代西行漫记》一书。

海伦晚年的生活十分清苦窘迫，仅靠政府微薄的救济金生活。然而她两次来华访问，都谢绝了中国政府给她的资助，坚持变卖自己的家产自费访华。她说，我是作家、新闻记者，我的一贯原则是如实报道和独立思考。如果接受了中国政府的资助，即使文章是客观的，别人也会说，这是在为中国说话，因为你拿了中国政府的钱。如果是这样，便会失去读者。如果一个作家、一个新闻记者失去他的读者，就等于失去了生命。1997年1月11日，海伦·斯诺在睡梦中静静地离开了人世。生前她不止一次充满激情地说："我在中国的岁月是我一生中最幸福的时光。"她曾用诗句表达自己对中国人民的感情："我的心在中国，我愿在墓中面向东方，那是太阳升起的地方。"①

海伦也许没有改变中国革命的进程，但是中国革命却永远改变了她。她把自己生命中最美好的十年贡献给中国的事业。对于中美历史学家们来说，海伦的第一手资料对现代中国诞生这一重要转折和20世纪那段鲜为人知的历史提供了真实详尽的记录。"你的贡献是不朽的。我们将永远怀念你。你是架设中美人民友谊桥梁的先锋。愿这友谊之桥世

① 见《人民日报》2007年11月21日第16版。

世代代延续下去。"① 海伦在《重返中国》一书中这样写道："我的丈夫和我曾经模糊地意识到，我们是按照我们自己的条件架设一座越过银河通向共产党中国人的桥梁的美国非共产党人。从这个意义上说，我们占据了一种独特的外交地位……我的一切努力，就是架设通向未来的桥梁，通向一切未来的桥梁。""要弥补过去的一切缺陷，将友谊的火炬传递下去，就要靠年轻的一代……我渴望……青年一代能够研究历史，能够继续从事架桥的事业。"② 海伦一生都是在努力架设沟通中美友好的桥梁。

3. 海伦·斯诺的历史贡献

目前，对海伦·斯诺的研究和相关纪念活动逐渐开展，2007 年 9 月 3 日，在北京大学举行的"海伦·斯诺诞辰一百周年国际学术研讨会"是近年来规模最大的学术活动，来自中国和美国的 50 多位学者参加了研讨会，对她在新闻、文学、中美关系、文化交流等方面的成就进行研讨。③ 2002 年，以海伦·斯诺名字命名的首届"海伦·斯诺新闻奖"在古城西安颁奖。④ 为了弘扬海伦·斯诺的"架桥"精神，陕西省翻译协会设立全国大学生"海伦·斯诺翻译奖"，第三届全国大学生"海伦·斯诺翻译奖"竞赛也于 2010 年上半年举行。这些活动的举办，无疑对重新认识与评价海伦·斯诺提供了可能。

长期以来，海伦·斯诺及其中国作品，并不为人所熟知，她被称为"一位未被颂扬的伟大女性"。当年熟悉斯诺夫妇的人都会认为海伦与埃德加·斯诺才均力敌："埃德加·斯诺的事业，也就是海伦·斯诺的事业，两个斯诺，在事业上是不可分的。"⑤ 然而，海伦·斯诺的名字却没有在两个斯诺共同完成的事业上出现。比如《西行漫记》的作者只有埃德加·斯诺 1 人；采访鲁迅的提纲应是海伦·斯诺所做；"工合"的发起与推动中的作用；"一二·九"学生运动的最早传播者等。实际上埃德加·斯诺与海伦的婚姻，也成就了他后来的事业。安危认为，他当时已经准备回美国，如果没有海伦和他一起工作，他很可能在

---

① 陆璀在"海伦·福斯特·斯诺纪念大会"上的讲话。1997 年 10 月于北京。

② 海伦·福斯特·斯诺著，刘炳章、王中一、隋丽君、卢佩文、王培清、房志平译：《重返中国》，中国发展出版社 1991 年 9 月第 1 版。

③ 见《人民日报》（海外版）2007 年 9 月 4 日第 4 版。

④ 见《人民日报海外版》2002 年 01 月 21 日第 4 版。

⑤ 张西望：《海伦·斯诺的新闻修养》，《报刊之友》2001 年第 3 期。

1932 年初就已经回国了。那样的话，以后的事就将完全不一样了。①

海伦·斯诺在中国，特别是到延安的采访影响了她整个一生，她所做的一切，也对当时的历史产生了一定的影响。英国《经济学家》认为，“斯诺夫人的这部著作（《红色中国内幕》）以及她的另外大约 40 部著述，主要是写中国的，如今已被认为优于她丈夫的作品。”安危在《伟大的女性》中写道：“海伦·斯诺的著述，如今已被公认为优于她丈夫的作品……一位聪明而有才干的女性，如果碰巧身边另有一位才干相当的男士的话，往往会有被夺去光彩的危险”。② 美国康州首府《哈特福德日报》在 1997 年 1 月 14 日的专题报道中称：“海伦是一位将西方世界介绍给毛泽东，同时向西方报道 30 年代在中国发生的重大历史事件的先驱记者。”③ 笔者认为，海伦·斯诺作为两次被提名诺贝尔和平奖、第一个获得中国“理解与友谊国际文学奖”的美国记者，她对中国有着深刻的理解。海伦·斯诺在中国的五本采访笔记，真实地记录了在抗日战争发生前后中国的社会变迁，对中国现代文学艺术、学生民主运动、政局变化、苏区社会景况、中国的经济发展等进行了深刻的解读。海伦·斯诺是第一个把中国左翼画家和现代中国文学运动介绍到西方的外国记者；她支持和传播了“一二·九”运动；她向世界预报了西安事变；她向全中国和西方世界宣传毛泽东和抗日救国十大纲领；她倡议工业合作运动（以下简称“工合”），创办了中国工业合作社，并促成罗斯福、蒋介石和毛泽东共同支持这一事业来振兴遭受战争破坏的中国经济……

---

① 休·伯金著，赵文滨、蔡颖颖、林京京译：《目击中国革命——海伦·斯诺在华岁月和情感而程》，《百年潮》，2001 年第 8 期。

② 《讣闻：海伦·斯诺》，凌扬译自英国《经济学家》杂志，1997 年 1 月 25 日。安危主编，《伟大的女性——纪念海伦·福斯特·斯诺》，陕西旅游出版社 1997 年 10 月第 1 版，第 266 页。

③ 马珂：《海伦·斯诺谢世引起世界关注》，安危主编：《伟大的女性——纪念海伦·福斯特·斯诺》，陕西旅游出版社 1997 年 10 月第 1 版，第 270 页。

第七章 斯诺研究的启示

埃德加·斯诺生活在一个与今日截然不同的世界。然而，就解决国际关系间存在的问题而言，政治领域与对外传播领域存在着惊人的相似之处。斯诺用他自身的实例为我们指明了未来对外传播发展的方向。埃德加·斯诺正是远在大多数人之前就明白了这个道理。他意识到了中美两国之间存在着的差异，并能从现实出发，试图缩小不同观念与看法间的差距。针对当时的政治形势，斯诺接纳了现实的解决方案，而不是要求中国仿照美国追求并实施民主制度，从而将他的价值观融入他所历证的中国现实。他对新闻事件的理解在很大程度上得益于他对中国文化的投入。这有助于他从中国人的历史背景来理解当时发生的事件，使他的写作空间更加广阔。通过解读当时中国政治形势，斯诺可以用更准确更具包容性的观点来描述中国社会的前进方向，这对他的预见与洞察能力大有裨益，使他能够准确地预见到其后中国历史上的许多重大事件。在中国，斯诺被人们视为是中国人民与西方世界沟通的桥梁。中共领袖视他为“最伟大的外国记者和我们最好的外国朋友”。为了增进中美两国人民之间的理解、友谊与合作，他不惧艰难险阻，置生死于度外。

正如20世纪30年代美国驻华外交官约翰·谢伟思所说：作为记者，他对帮助西方认识和了解中国国内所发生的巨变作出了（而且不断作出）不可比拟的贡献。……许多西方人被誉为中国的朋友和解释者。但是，埃德加·斯诺很可能是历史上第一个既被现代中国又被西方一致确认不疑地列入这一范畴的人。[①] 斯诺对中美关系产生的深刻影响，不是偶然，而是历史的必然。刘力群研究员认为，斯诺成功的经验，向我们展示了许多支配和影响他的社会因素。一个新闻记者能否获得成功，

---

① 裘克安：《斯诺在中国》，三联书店1982年版，第345－346页。

与从事其他各种职业的人一样，都要受到社会客观条件的支配和影响，而且更有赖于一定的社会条件。因为对于新闻工作者来说，客观事实是第一性的，新闻报道是第二性的。没有重大客观事件的存在，也就不会产生重大的新闻报道，新闻记者的成功也就会受到限制。一般来说，伟大的新闻记者总是伴随着伟大的社会变革而产生的，社会变革越剧烈，越深刻，越能造就优秀的新闻记者，为他们提供锻炼、实践和大显身手的社会舞台。在与刘力群研究员的访谈中，笔者探讨了斯诺成功的四个外部因素：社会的需要、社会可能性、社会的促成、社会的教育。① 在社会的需要方面，一是世界人民反法西斯侵略争取世界和平的需要，二是中国人民抗日救国的需要，三是国内外各界要求澄清事实、了解真相的需要。在社会可能性方面，一是重大新闻事件的客观存在，二是边界出现松动，三是苏区处于暂息状态。在社会的促进方面，一是英美报刊出版商的赞助，二是中国共产党的促成。在社会的教育方面，一是家庭和学校教育，二是中国社会和中国人民的教育。当然，斯诺的主观因素起到了同样重要的作用，对事实真相客观如实的报道，对真理孜孜不倦的追求，对中国人民深厚的感情，正如斯诺自己所说："如果说我确实写过一些对中国有益的东西，那仅仅是因为我倾听了中国人民诉说他们切身的情况，这就是真理所在。我尽量如实地、坦率地把我所听到的写出来。"② 斯诺对中美关系的影响，给今天的中国非常宝贵的启示。

在2007年中国埃德加·斯诺研究中心的年会上，与会学者们一致认为，在斯诺研究中，最重要的是探讨斯诺精神的现实意义，就是要通过研究提炼出最能反映其本质的精神核心，赋予时代价值，成为一种象征意义的"斯诺精神"，再利用各种传播途径来扩大社会影响。那么，什么是斯诺精神？学术界有很多说法，如③：

"求真的客观思想。"（中国人民大学方汉奇教授）

"眼见为实、敢于说实话。"（中国常驻联合国代表凌青大使）

"坚持真理、追求进步的崇高品格，报道实情、维护公正的职

---

① 访谈于2009年2月9日，在刘力群研究员北京的家中。

② ［美］洛易斯·惠勒·斯诺著，王恩光、申葆青、许邦兴、乐山、欧阳达、王学源合译：《斯诺眼中的中国》，中国学术出版社1982年2月第1版，第265页。

③ 这些观点均选自北京大学举办的"让世界了解中国——斯诺百年国际学术研讨会"上学者们的大会发言和提交的论文，作者大多是国内外新闻与传播学界的知名学者，观点具有代表性。学者们的文章题目在此不再一一列出。

业道德，深入实际、注重调查的优良作风，不惧压力、不畏艰险的奋斗精神。”（中华全国新闻工作者协会主席、北京大学新闻与传播学院院长邵华泽教授）

“对国际人民同情的精神”（斯诺母校密苏里大学新闻学院副院长索森教授）

“跨越国界来报道事实。”（美国国际传媒与交流研究协会主席莫拉那）

“坚持一种文化多元化的理念。”（北京大学副校长何芳川教授）

“记者的历史感。”（中国社会科学院新闻研究所所长尹韵公教授）

“责任心和爱心。”（清华大学新闻与传播学院副院长熊澄宇教授）

“对新闻采用公正、认真的态度。”（新加坡南洋理工大学传播与信息学院副院长郝晓鸣副教授）

“情真意切的人文精神。”（中国传媒大学国际传播学院院长蔡帼芬教授）

“从人道主义原则出发的‘世界公民’观念。”（武汉大学新闻与传播学院副院长单波教授）

“追求进步和正义奋斗不息的精神。”（河北大学新闻传播学院乔云霞教授）

“人道主义、自由主义思想和高度的政治、社会责任感，执著追求真理、进取不止的探索精神。”（西北大学文博学院李云峰教授）

“深入调查研究，做到如实报道。超越意识形态，进行独到分析。理解不同国家，争取和平共处。努力坚持真理，献身人类进步事业。”（北京大学历史学系张注洪教授）

“坚持中美人民友好的精神。”（中国国际友人研究会理事武际良研究员）

“人道主义精神和新闻价值高度契合。”（华中科技大学新闻与信息传播学院吴廷俊教授）

“时代的慧眼、深入一线采访的精神、正义感。”（中国传媒大学新闻传播学院副院长雷跃捷教授）

“人道主义、人文主义。”（天津师范大学新闻传播学院副院长马艺教授）

“冒险精神。”（西北大学新闻传播学院王春泉教授）

从上面可以看出，学者们对“斯诺精神”的总结大体可分为四类：密苏里人的求实精神、新闻记者的职业精神、新闻作品的人文精神、国际主义的人道精神。我认为，若要“斯诺精神”像“雷锋精神”一样广为流传，必须提炼其精神核心。人们一说“雷锋精神”，马上想到的就是全心全意为人民服务，通俗点就是做好人好事。而“斯诺精神”，笔者认为最核心的应该是“用事实说话”。从斯诺对中美关系的影响角度，认为，凭借“斯诺精神”他做到了向世界说明真实的中国，让世界把目光投向中国。几十年前斯诺做到了，今天我们更有必要做到向世界说明中国的和平发展，使更多友好的目光投向中国。斯诺突破重重障碍来华采访红色根据地，他同时跨越了文化和意识形态的差异，将当时中国的真实情况介绍给世界。今天的中国，更应该以更加开放的胸怀，努力引导各方面客观理性地看待中国的发展和国际作用，以“和而不同”的理念，营造友善的国际舆论环境。

第一节 呼唤“斯诺式”的记者

让世界了解中国，今天比斯诺的时代更重要。方汉奇先生曾经在2005年斯诺百年诞辰国际学术研讨会上“呼唤斯诺式记者的诞生”，“这是为两国人民伟大的长期友好和世界长期发展的善良人们的共同愿望”。那么，今天的中国还有可能产生斯诺吗？所谓“时势造英雄”，当年的斯诺是占尽了天时、地利、人和。所谓天时，就是在中国共产党最需要对外宣传的时候，斯诺出现了，并得到了空前绝后的最高规格的接待：政治局集体讨论斯诺的问题、毛泽东第一次披露自传、共产党四大领袖的夫人为斯诺歌唱、1960年和1970年斯诺两次在天安门城楼与毛泽东并肩参加国庆活动。所谓地利，就是苏区被国民党严密封锁下，斯诺遇到了千载难逢的机会，与红军达成边界停火联合抗日协定的东北军和西北军帮助斯诺顺利进出苏区，而苏区又恰逢长期战争中的暂息状态，中共众多的领导人与斯诺能够有长时间的较为集中的谈话。所谓人和，就是在宋庆龄的帮助下进入苏区，与毛泽东、周恩来建立了亲密的关系，从蒋介石到宋氏四兄妹、从罗斯福到麦克阿瑟、从甘地到日本天皇、从斯大林格勒到朝韩的“三八线”，斯诺可以与各国的领袖平等对话。

方汉奇先生从主观和客观两个方面分析了斯诺成功的原因："斯诺在大革命时期就对中国的情况非常熟悉，长征还没开始，苏区还没有，所以他对国共两党之间的历史恩怨，由合作到分裂的背景非常清楚，他又有燕京大学新闻系任教的平台，他既有这样的身份，又是自由职业者，没有政治色彩，又是新闻工作者，是新闻教育工作者，对中国的情况了解，这是主观上的原因。客观上讲，中国共产党需要对外宣传的渠道，范长江只是在国内宣传，而中国共产党非常需要让国际上知道中共的政策，所以斯诺是非常受欢迎的，等于送上门来的，中共中央才会非常重视。中共领导都愿意与他谈，而且谈得很深，没有顾虑。毛主席就谈得非常深，从小谈到整个成长过程，那些元老级的共产党人也很配合，那是我们宣传的需要，这个机会难得。再加上斯诺当时对红军对边区对中共领导人比较公正、客观、公平的说明，他就是报道事实，在别人很多偏见时他没有偏见。实际上，他的意识形态，主流思想还是西方的。西方记者尊重事实，他善于捕捉战机，有新闻记者的敏感，是各种因素造就的，时势造英雄，这种机会不会再出现，不会复制。但今天，斯诺式的记者在局部出现还有可能，还有这样的机会，我们现在的西藏就像当时的边区，被妖魔化很严重。比如西藏这个问题如果好好报道，原原本本地报道，又有一定影响的记者，他如果有斯诺客观公正的态度，就可以成功。他的意识形态是不能改变的，但他可以遵守新闻记者的职业道德，不说瞎话，讲事实。现在的西方就是不讲事实，就是非常片面地强调达赖的影响。现在西藏的状况，我们缺少正面的，缺少斯诺式的记者，所以今天仍然呼唤斯诺式记者，但到现在还没出现。如果有更多对中国持公平公正客观态度，尊重事实的记者，就不会得出西方媒体现在的结论，所以今天仍然呼唤斯诺式的记者，虽然不会有斯诺那么好的机会，但'斯诺'还会存在。"

今天的西藏问题、农村问题、人权问题是西方了解最少的，也是最不准确的。近日，在外国使节观看了有关西藏的图片展览后，很多人惊呼西藏的现实与本国媒体的报道相差甚远。所以，在这些经常被西方人误读的地方，仍然有可能产生"斯诺式"记者的空间。在中国和平发展的今天，硬实力的迅速增强，相应要有软实力的提升，这是一个国家战略的问题。呼唤"斯诺式"的外国记者，要有"和而不同"的理念，也就是在不同的意识形态下，保持用事实说话的态度。

一、硬实力与软实力的共同提升

今天，中国所面临的世界是一个以“和平与发展”为主题的世界，中国遇到了一个前所未有的和平发展战略机遇期，所面临的威胁是近代以来最少的。在过去的四分之一个世纪里，在总体和平的国际环境中，以和平的方式，中国取得了令人瞩目的成就：中国经济的快速发展，是从 1978 年邓小平提出改革开放政策后开始的。改革开放 30 多年来，中国人民找到了适合本国国情的发展道路，始终坚持以经济建设为中心，不断深化市场取向的改革，积极实施全方位的对外开放，中国的社会生产力显著提高，综合国力大为增强，人民的生活不断改善。从 1978—2011 年，中国国内生产总值从 1 473 亿美元增长到 73 011 多亿美元，在世界各国中排第二位。进出口总额从 206 亿美元增长到 36 421 亿美元，中国已成为世界第一大出口国和第二大进口国。这些成绩的取得确实令人自豪。① 然而，这些具体的数字显示的，是中国的硬实力，提升对外传播实力指的是国家的软实力。② 国家硬实力的增强，并不意味着软实力自然而然就会强大，事实上，软实力的强大有赖于“扩散”和“广泛传播”，只有当自己的文化与价值在国际社会广为流行并得到普遍认同的时候，软实力才算是真正提升了。而这正是国际传播的重要责任。③ 有一句话叫做“弱国无外交”，这话是有几分道理的——任何有作为的外交都是建立在一定的实力基础上的。传播也是这样。有人把信息的流动比喻成一个连通器中的液体流动：只有当一端的位差水平高于另一端时，流动才能够产生。换言之，传播在国际上的影响力是和国家的综合国力相适应的，如果我们是一个经济政治和文化上微不足道的小国的话，即使你把你的报纸电视广播送到别人家门口，别人也不会对你有多大的兴趣。只有当你的经济、政治和文化实力在世界上举足轻重时，你的声音才有可能是人们“必听”的。

但是，国力并不决定一切，它甚至并不是决定传播影响力的第一位

---

① 蔡武：《和平发展是中国现代化的必然选择》，参见 http：//www. chinadaily. com. cn/hqzg/2007 –04/17/content_ 853188. htm。

② 最早提出软实力的是美国学者约瑟夫·奈，他是哈佛大学肯尼迪学院院长，曾在克林顿执政期间任国家情报委员会主席和助理国防部长。

③ 程曼丽：《国际传播学教程》，北京大学出版社 2006 年 4 月第 1 版，第 214 页。

重要的因素。① 关于这一点，日本就是一个很好的说明。日本的经济实力早就位居世界第二了，但是，它在国际舞台上的声音呢？似乎和它的经济地位极不相称。原因可能有很多，但一个最为重要的原因在于它缺少自身话语的独特的核心价值。从目前世界传播的格局上看，不但中国人的国际形象基本上是由 CNN、美联社、《纽约时报》等少数西方媒体所塑型的，而且即使是我们自己的国际观在很大程度上也是由上述媒介所塑型的。问题的关键在于，在国际传播领域，目前的“游戏规则”基本上是由西方的主流媒介所确立的，它塑型了人们信息消费的胃口，决定着传播致效的话语方式。这是我国传媒“走向世界”时必须正视和顺应的。

当前对外传播的环境和条件，同当年斯诺访问陕北红区、国民党当局新闻封锁下红区的对外传播环境和条件相比，显然有天壤之别。中国对于自身同外国的关系，也产生了全新的观念。“让世界了解中国，让中国了解世界”的目标已是家喻户晓，国外对中国的认知也已有了很大改观。根据英国 BBC 国际台 2005 年 3 月份公布的一项对 22 个国家进行的调查结果，在被调查的国家中，14 个国家的大多数调查对象认为中国在世界上的影响主要是正面的。调查还显示，对于在世界上的作用的正、负问题，中国的国际形象优于美国和俄罗斯。在对中国日益强大的经济的态度问题上，被调查国家中，对于如果中国“经济上变得比现在更强大得多”的看法问题，有 16 个国家的调查对象中正面看法占上风。而在对于中国的军事力量的态度问题上，调查结果则显示出国际上对中国强大后何去何从依然是担心的。对于如果中国“军事上变得比现在更强大得多”的看法问题，有 17 个国家的调查对象中负面看法占上风。这项覆盖五大洲、样本人数达 22 953 人的调查是 BBC 国际台委托全球舆论调查公司（Globe Scan）和美国马里兰大学国际政策态度项目研究组联合展开的。②

然而，以美国为首的西方媒体在国际舆论格局中占有垄断地位，美国的全球传播办公室，专门负责对外宣传，其功能是使美国的媒体有效

---

① 喻国明：《是什么妨碍了中国的声音在世界的传播——关于对外的一点断想》，龚文库主编：《百年斯诺》，北京大学出版社 2006 年 12 月第 1 版，第 383 页。

② 张咏华：《试论信息化时代“让世界了解中国”的多种渠道》，龚文库主编，《百年斯诺》，北京大学出版社 2006 年 12 月第 1 版，第 389 页。

地宣传美国和美国文化，输出美国的价值观。由于社会制度的不同、意识形态的对立以及冷战思维的延续，美国仍将中国视为一个敌对势力，中国的繁荣强大是它所不愿看到的。这似乎是当今中美关系的症结。①新加坡《联合早报》曾指出，冷战结束以后，有些过度亲美的中国知识分子一心期盼能与美国建立真正的战略伙伴关系，另有些学者苦心孤诣地想对西方分而制之。两种倾向都属不明时势。②“和而不同”，为我们解决这个问题提供了思想依据。

中美两国有着广泛的共同利益。两国因不同的历史背景和现实国情而存在着各种差异，包括意识形态、社会制度、发展模式的差异，但这些不应该成为双方交流与合作的障碍，更不能成为相互对抗的理由。中美两国不仅是“利益攸关者”，更是“共同建设者”，是“建设性合作伙伴”。③ 对外传播是一个国际间行为体互动的过程，只有不断修正自己、改变自己进而影响世界，才能更好地塑造国家形象。对外传播不光是由“世界怎样看待和对待中国”决定的，也是由“中国怎样看待和对待世界”决定的，更是由“中国怎样看待自己”决定的。中国不是通过自己的政治实力、经济实力或者军事实力影响世界，中国是通过改变自己进而影响世界的。

不同的国家、不同的人们，在不同的时期对中国的看法都不相同。中国在和平发展时期应有的对外传播战略不是求同，而是求和，用平等和包容的精神谋求和谐相处、共同发展。全球化进程中文化交流是其突出的特点，文化之间的碰撞不可避免。中国给世界提供的资源是“和而不同”的理念。早在2000多年前，中国古代思想家就提出“和实生物”、“和而不同”等思想，主张国家之间、民族之间、人与人之间和谐共处，不同文明之间和谐共存，人与自然和谐共生。“和”是中华文化的精髓，是中国人民奉行的崇高价值。以和为贵、和而不同的和谐精神，在中国历史上曾经起了促进民族团结，增强民族凝聚力，实现睦邻

---

① ［美］温特著，秦亚清译：《国际政治的社会理论》，上海人民出版社2000年12月第1版，第42页。

② 《不要夸大东西矛盾》，http://news.sina.com.cn/w/2003-08-04/16041475575.html.

③ 《国新办主任蔡武在美介绍中国和平发展观》，《中国青年报》，2006年10月27日。

友好的积极作用。①“和而不同”的理念，为中国和平发展中应有的对外传播战略提供了指导思想。

二、思想的独立与人文精神的自觉

西方对斯诺的评价在“二战”期间和新中国成立后两极分化，现在很多西方人特别是西方的记者和学者认为斯诺是“共产党的走狗”，斯诺也因为中国友人的身份被强化而在美国媒体上失去话语权，描写新中国的《大河彼岸》和《漫长的革命》在美国的影响无法与《红星照耀中国》相提并论，而斯诺最终也只能以作家而不是记者的身份重返中国。就连美国有些人也认为这是荒唐的：在 1972 年斯诺逝世当月出版的美国《国会参议院纪录》中，富布赖特参议员向尼克松总统的报告称：“1944 年斯诺与谢伟思、戴维斯、包瑞德以及在美使馆工作的其他成员为我国政府作出过对中国形势真实可靠的分析。我们的政府拒绝他们的忠告。我们的人民为政府的错误判断付出并还在继续付出代价。”②在访谈中，方汉奇先生和武际良研究员都认为，这个问题是需要对美国提出希望的。

方汉奇先生认为③：到中国来访问的美国的记者们，首先是美国人，他们理所当然地认同美国的主流价值观和意识形态。我们不能要求美国的记者们改变他们的立场和观点。只是期望他们发扬他们前辈的好的作风，少一点先入为主的成见和想当然的随声附和，多一点务实的报道，少一点“妖魔化”的恶意攻讦，在和谐的氛围中和和平的环境下，共同发展，这是符合世界各国人民的利益的，也是符合中美两国人民的利益的。这是古往今来的明智的政治家们的共同追求。新闻媒体和新闻记者们在这方面是可以有所作为的。全世界的新闻工作者，特别是中美两国的新闻工作者，应该为此而努力。武际良研究员认为④，应该寄希望于美国人民，他介绍说，美国埃德加·斯诺纪念基金会创立者格雷·戴蒙德大夫在 1994 年写的一篇题为《中国重新登上世界舞台》的长文中写道：“12 亿人民已经成为现代化的，对世界开放的社会。那里有巨

---

① 温家宝在 2009 年 1 月 31 日同西班牙青年学生的座谈。http://news.xinhuanet.com/newscenter/2009-02/01/content_10742328.htm.

② 《红色中华散记》“代前言”，第 8 页。

③ 访谈于 2009 年 3 月 31 日进行，在方汉奇教授北京的家中。

④ 访谈于 2007 年 10 月 23 日进行，在武际良研究员北京的家中。

大而能干的劳动力资源，工人和消费者。他们有要加入和赶上21世纪的行列的不可抑制的愿望。他们正在按照自己的规则和所下的定义在重返世界。他们已经走上世界舞台，作为一个稳定的、团结的、勤劳的、讲道义的文明大国，他们一定会作为另一个主要伙伴出现在世界舞台上。美国和中国：西方和东方。那就是未来的现实。”他语重心长地告诫他的美国同胞：“我们的思想应该集中到那个未来，替我们的孩子们着想，而不是老想着如何去遏制中国人，如何用我们的定义去规范他们。”“中国这个民族，文化、文明又回来了。一个叫做中国的社会制度又重返世界舞台。学会与它共处，学会尊重它吧。”“不要把我们扯进我们—他们的武器竞赛中去，不要用过去50年用过的那些手段去遏制他们吧，接受他们的不同之处。让我们相互尊重，相互学习。”武际良研究员认为，对于那些今天还在鼓噪“中国威胁论”，千方百计要遏制中国“和平崛起”的人来说，戴蒙德大夫的话是对他们的忠告。

斯诺是通过环境选择来跨越文化的障碍。从美国到上海、从上海到北平、从北平到陕北，随着物质条件的依次递减，而精神世界的认同与满足程度却随着他从东向西的跨越步步增加，依次攀升。成就斯诺，是中国共产党宝贵的经验。当著名记者西奥多·怀特在斯诺之后10年到达中国，一位美国将军告诉他：“中国共产党的军队所拥有的唯一力量，是美国的新闻记者对美国人所讲述的有关他们的事情。像你和埃德加·斯诺之类家伙，谈论着共产党的游击队和他们所控制的地区，你们这些家伙使他们获得了力量。”① 在斯诺的影响下，卡尔逊写了著名的《中国的双星》，贝特兰的《华北前线》被看作《西行漫记》的姊妹篇，爱泼斯诺的《中国未完成的革命》、福尔曼的《北行漫记》到后来索尔兹伯里《长征——前所未闻的故事》等著作，以及活跃在陕北、华北、华中多个抗日根据地的外国记者史沫特莱、斯特朗、贝尔登、拉铁摩尔、比森、贾菲、汉森、白劳德、斯坦因、斯蒂尔、托平等，写出了各种形式的报道或论述，在国内外舆论中形成了中国“红区热”。《红星照耀中国》一书不仅在美国和英国的舆论上产生了影响，更重要的是造就了众多的“埃德加·斯诺”们，进而影响了中美两国的政府。

斯诺始终保持用事实说话，源于他的独立性。我们在讲埃德加·斯

---

① ［美］伯纳德·托马斯著，吴乃华、魏彬、周德林译：《冒险的岁月——埃德加·斯诺在中国》，世界知识出版社1999年7月第1版，第10页。

诺时，很难把他归于某一个报纸或杂志。斯诺不愿意只为哪一家报纸工作，正因为如此，他摆脱了媒体带给他的限制，新中国成立以后他以作家的身份来到中国，并且拒绝了中国政府多次资助他的好意，自始至终保持了独立性，按照自己的意愿进行写作，这一点非常重要。今天国际传媒当中一个制约因素就是，有很多大的媒体结合在一起，而他们的媒体文化会阻碍像斯诺这样具有个性的人的发展。随着媒体和科技日新月异的发展，媒体传播能力越来越强，但是，也造成了思想独立和人文精神的压制。已经去世的历史学家何芳川教授认为，在全球化时代，大众传媒最根本的要素是它的文化底蕴或者是文化自觉，这种理念在当前来说，一种是文化的单边，一种是文化的多元。我们从埃德加·斯诺那里能够传承到的很重要的一点，就是在全球化之下的大众传媒，坚持一种文化多元化的理念。① 斯诺来到中国时是一个年轻的记者，他尊重中国文化，中国当时还处在一个被压迫、受侮辱的状态，为了民族的命运在抗争，为了理想的明天奋斗的时候，埃德加·斯诺尊重这些文化，他用一种多元的文化理念支撑他深入了解真实、深刻的中国，一个未来充满希望的中国，成就他写出了传世之作《西行漫记》。今天，在全球化背景下的大众传媒，提倡的应该是这种人文精神。

三、一个世界多个声音

赵启正任国务院新闻办主任期间曾在不同场合多次呼吁需要更多的斯诺来说明今日之中国，但这并不容易。向世界人民表达一个中国，世界人民能够准确认识中国，才能正确对待中国；中国也需要了解世界，才能正确对待世界。可是，由于其他国家的人民对中国了解很少，有一些是片面的，有些是误解的，致使中国对外传播自己的信息也越来越困难。汉语使用的人口居世界之最，但使用的国家很少。中国对外传播的困难还在于，我们现在所提供的信息和外界想要了解的信息有时不能产生交集。要准确地把握外界对中国的信息需求，还要进一步了解国际社会的文化背景。总的来说，了解中国真实情况的外国作家，他们写的关

---

① 引自何芳川在 2005 年 7 月 19 日“全球传播与大众媒介”（Global Communication and the Media）主题圆桌会议上的发言。

于中国的作品，才能够超越这一文化障碍。① 实践证明，友好的境外新闻记者的声音是中国进行对外传播的一个有效途径。斯诺1936年的陕北之行以及后来写成的震动世界的《西行漫记》一书，对报道中国共产党领导的中国革命根据地的真相，展示中国的光明未来和希望所在，起了不可磨灭的作用。而事隔30多年，他又于1970年访华后透露了中美关系将有一个大的发展的信息，在改善两国关系和促进中美人民友好事业方面作出了新的贡献。②在这里需要注意的是，1960年，当中国共产党领导人在中断了20多年的联系后，再次求助于斯诺时，他们显然希望斯诺能够在美国为新中国进行宣传。然而，虽然斯诺就此又写出了《大河彼岸：今日红色中国》一书，但这次宣传没有任何效果。如果说1970年斯诺最后一次访问新中国促成了两国领导人的握手，但中美建交却又晚了将近10年。这是因为，斯诺已经被美国人订上了"中国共产党的朋友"的标签，对斯诺频频发出的信号，美国政府没有足够的重视。

不同的时代，"斯诺"应该有不同的定义。当《江泽民传》出来之后，很多媒体都称呼罗伯特·劳伦斯·库恩为"当代斯诺"。每每谈到这里，他总是很认真地解释："一开始人们把我比喻成斯诺，我很吃惊。因为，斯诺在中国和美国有不同的含义。"库恩很直率地说，斯诺在美国是挨批评的，大家觉得他被利用了，而在中国，却是赞扬的意思。"在我看来，美国人对他的看法是有失偏颇的，我认为他是一个有贡献的人，"他强调，"我不会把自己比作斯诺或者其他的名人，我就是我，我写的故事，是真实的故事，我要把发生在中国的一切，介绍到西方国家去，我喜欢充当中西交流的桥梁。"③ 库恩"害怕被中国思维同化"，"我的优势是每次我来中国都只待两个星期，所以我能够在体会中国文化同时，保持思维的独立"。所以，今天的斯诺，应该是保持"和而不同"思想的斯诺。联合国曾经发表过专门的文章，叫"一个世界多个声音"，所谓"一个世界多个声音"是对差异的承认。交流、沟通、理解，是人类社会发展的一个非常重要的环节和内容。现在我们谈中国的

---

① 赵启正：《向世界见证中国》，《百年斯诺》，北京大学出版社2006年12月第1版，第5页。

② 王炳南，《在北京纪念斯诺逝世十周年大会上的开幕词》，《纪念埃德加·斯诺》，新华出版社1984年版。

③ 参见http：//www. chinaelections. org/NewsInfo. asp？ NewsID =143719.

和平发展，谈世界文化的并存，就是要求同存异。斯诺有很多的言行给我们带来启示，他热爱中国，但是他同样热爱美国，在热爱中国和热爱美国这样一个平台上，站在整个人类文化的共同点上，达到沟通和了解，更多的还是承认差异。

第二节　展示一个真实的中国

斯诺成为一个著名的记者，很重要的是他跨越了国界来报道中国的事实，当时的中国也向斯诺展示了客观真实的东西。今天在西方，特别是在美国，人们已经非常注意看中国的消息，但从常理来讲，他们可能很少会去看中国的新华社或者中新社在西方的报道，而更多关注的是本国媒体和本国记者对中国的报道。随着中国经济实力的增长和在国际舞台地位的提高，相信会有越来越多的斯诺式记者来到中国。然而，应该怎样向这些“斯诺式”的记者展示一个真实的中国呢？向世界说明真实的中国，一是要转变传统的传播观念，二是要研究新时期的特点，特别是在网络时代如何应对全球化与本土化的双重考验。

一、传播观念的转变

进入21世纪，经济全球化、信息网络化，已经把世界连成一体，文化的发展将不再是各自封闭的，而是在相互影响中多元共存。中国的对外传播要进入国际舆论的主流环境，只有增强相互的理解，才能更加接近。“和而不同”，就是要转变对外传播的观念，以此来转变受众的观念。

宣传式的对外传播片面性较大，因为这种做法不符合外国媒体和受众接受新闻的心理习惯，使他们不仅对我国媒体报道的具体事实将信将疑，而且可能对我国媒体的整体公信力产生质疑乃至反感，往往使我国对境外的“正面宣传”产生了始料未及的“负面效应”。新华社在一项调查中反映如下①：

新加坡《联合早报》刊登的一篇评论说：“中国发生了令人难

① 新华社“对外宣传有效性调研”课题组：《我国媒体对外宣传报道存在的主要问题及成因》，《中国记者》，2004年第2期。

以想象的巨大变化，但中国依然存在着很多问题和困难……外国人既不应当只挑中国的毛病而抹杀它的成就，中国也不应该只炫耀自己的成就而不让外国讲它的缺点。”“用宣传来夸大成就或掩饰缺点，其效果只能适得其反。”《联合日报》国际版的一位责任编辑也指出：“如果老是说好的，不说问题或者淡化问题，时间长了，读者就会产生不信任感，这又可能被别人误导。”原国务院新闻办主任赵启正曾说：“我们愿意介绍一个真实的中国，既愿意介绍中国的进步，也愿意说明中国的缺点和不足。”① 中国的对外宣传策略应当锁定“真实”二字，这其实具有很重要的战略意义。宣传，就是“以我为主”的说服运动。长期以来，我们在与西方的交往中有一个误解，就是将中文的“宣传”与英文中的“propaganda”看作了对应词。“宣传”一词至少从推翻满清的民主革命时期就开始流行，有公布、推广、说明、教育等诸多含义，是一个褒义词。英文的“propaganda”却是与夸张、谎言、极权等联系在一起，在大多数情况下都是贬义词。我们把“宣传”译为“propaganda”时很容易引起西方受众的反感，他们在解读我们传播的信息之前就产生了抵触情绪。将“宣传”译为“propaganda”就是因为对客方缺乏了解。② 其实，向外国受众说明自己、表达自己的看法，让世界了解自己，这是完全正当的行为，所有的国家都需要宣传自己，不过他们不称“宣传”，而叫“公关”，或别的什么名称。从传播行为上看，这两者没有本质的区别。然而从传播中的主客双方关系的角度看，“宣传”和“公关”这两个词又是有区别的。“宣传”更强调主方的意志和行为，带有主方主导（source oriented）的色彩；而“公关”从字面上讲是维护、调整、改进主客双方的关系，带有平等互动的含义，使客方产生受到尊重的感觉。

美国《世界日报》记者指出，“中国媒体的对外报道，往往是用对国内受众的宣传口气来向外国受众宣传中国的观点、立场，意识形态色彩太重，观点太直白，语气太生硬。不要说那些对中国有成见的人，就是对中国不反感的人也难以提起兴趣，更不用说接纳（这些观点）

---

① 赵启正：《中国政府愿意在传媒领域开展国际合作》，《北京青年报》，2005 年 5 月 17 日。

② 赵焕新：《赵大使的传播艺术》，《对外大传播》，2005 年第 6 期，第 29 页。

了”。转变对外传播的观念，要建立健全对外传播的工作机制，包括对外传播的统筹协调机制、各级政府和部门的对外新闻发布机制、重大突发事件对外新闻报道应急机制、信息反馈机制等。原国务院新闻办主任赵启正在一次接受采访中向记者表示：要编辑说明中国的书籍、杂志、音像资料、影片资料，适时举行新闻发布会，包括邀请各部部长、各省省长直接出面，因为他们的信息更全面、更准确。近年来中国兴起了一个“新闻发言人热”，全国从上至下建立了各级新闻发言人制度。去年一年中国中央和地方政府共举行新闻发布会900多场，目的是通过媒体“回答国际舆论对中国提出的问题”，“提供最好的信息源”。① 另一方面，要不断组织有关部门一起发布多种有关中国国情的白皮书。白皮书影响很大，每次发布后，全世界主要的通讯社都会及时报道，世界主要国家的许多机构甚至政府也会有所评论。白皮书尽量多说明事实，说明中国的现行政策，多用数据，力求准确、朴素、及时，留下相当空间请读者自己去评判。② 2000年，赵启正在华盛顿发表了“中华文化美国行”活动的第一场演讲。美国媒体评价说，赵的风趣、务实、不回避矛盾，纠正了某些美国人以往对中国的偏见。赵启正回忆说：“为了完成此次活动的系列演讲，我读了大量书籍，请教了许多研究美国问题的专家和历史学家，并征求了美国友人的意见。我只想表达200年以来我们对美国人民和美国看法的发展和变化。这种发展变化是比较复杂的，因为中美之间发生了很多事情。我们对美国人民在科学技术上的创造性，对于他们开辟西部的拓荒精神表示钦佩，是美国人民自己创造了一个繁荣的美国。但过去一个时期西方媒体在对中国大量的报道当中掺杂了太多的误解乃至误导，我们不希望媒体这样做。我们觉得应该加强中西方之间的交流，也包括民间交流。外国人应该到中国来看看，和马路上任何一个普通的中国人自由交流，这都是有效地消除这种误解的方法。”③ 对外传播要进行受众特点研究和传播效果研究，才能成功地进行国家形象塑造。

二、应对网络时代

网络时代给我们带来了多重的考验：全球化与本土化，内宣即外

① 赵焕新：《赵大使的传播艺术》，《对外大传播》，2005年第6期，第30页。

② 赵启正：《向世界说明中国》，《华人时刊》2003年第12期。

③ 赵启正：《向世界说明中国》，《华人时刊》2003年第12期。

宣，二元社会的状态，传播主体的变化等。对比斯诺时代，今天记者的影响力越来越大，过去因为时间空间的限制，人们只能看到有限的媒体、有限的新闻。然而在互联网上，你看到的信息再也没有时间和空间的限制，不用花费一分钱去买报纸或杂志，可以看到世界各地大大小小的媒体报道内容。大的通讯社和媒体不再具有绝对垄断的地位，一个地方小报纸的文章，互联网上都能找到，哪怕是一个偏僻城市的报纸上的文章，只要受到网民的关注与追捧，在社会上甚至国际上也能产生巨大影响。2008 年，奥运报道、灾难报道、危机报道中互联网已经成为人们了解事件真相的最主要渠道，胡锦涛在视察人民日报和央视时都着重强调互联网的作用：互联网已成为思想文化信息的集散地和社会舆论的放大器，我们要充分认识以互联网为代表的新兴媒体的社会影响力，高度重视互联网的建设、运用、管理，努力使互联网成为传播社会主义先进文化的前沿阵地，提供公共文化服务的有效平台，促进人们精神生活健康发展的广阔空间。[①] 有人说，在美国总统选举中，罗斯福是凭借了广播的力量，肯尼迪是凭借了电视的力量，而奥巴马是凭借了互联网的力量，媒体技术的发展与变革会对社会政治经济和人们的生活产生巨大变化。2007 年 9 月初，美国联邦选举委员会（FEC）已裁定政治博客属于媒体[②]，这意味着这种媒体的信息传播将在虚拟世界和现实社会中产生越来越大的影响。技术革命带来社会变革，特别是以互联网、手机等为代表的新媒体，又是具有颠覆性的变革。

埃德加·斯诺给我们作出的贡献是他对时间和空间的认识。今天，信息传播速度越来越快，而且记者们现在通行于全世界各地所需时间越来越短，在时间和空间格局发生变化的时候，大众传媒，尤其是电视、广播、报纸、杂志在互联网的推动下发展，我们不仅可以看到外国的媒体在世界各地做报道，而且可以看到不同国籍的记者在某一个小时或者某一周可能同时在某个城市里面报道，而且马上可以跑到世界的另外一个城市报道。现在媒体的速度，是我们文化的一个特点，媒体的文化就是一种速度的文化。[③] 但是在速度越来越快的时候，埃德加·斯诺提醒

---

① 胡锦涛 2008 年 6 月 20 日在人民日报社考察工作时的讲话。http://politics.people.com.cn/GB/1024/7408514.html.

② 程曼丽：《新媒体对政府传播的挑战》，《对外大传播》，2007 年第 12 期。

③ 引自莫拉那在 2005 年 7 月 19 日“全球传播与大众媒介”（Global Communication and the Media）主题圆桌会议上的发言。

我们真正去了解文化的差异，怎么去了解不同国家文化方面的差异。

在全球化的时代，新闻媒体责任重大，媒体对受众的影响比斯诺的时代大不相同。全球化的发展使人们对全世界的事情、各个不同国家的事情都希望有一个很正确的了解，近 200 多个国家有不同的民族文化、不同的生活习惯、不同的语言、不同的宗教，如何使这些不同的群体都可以互相之间有正确的了解，网络时代为此提供了可能。笔者认为，在中国的未来发展中，农村问题和农村传播研究会最受外国媒体的关注，随着解决“三农”问题、社会主义新农村的建设，这个世界上最为庞大的群体发生着前所未有的变化。美国《福布斯》杂志评选出了 2008 年中国 10 个变化最大的农村，《福布斯》杂志撰文指出，中国正经历着人类历史上范围最大的工业化进程。中国由一个以农业为最明显特征的国度展开成为一个多数人口居住在农村的强大经济体。国度实力的强大从根本上改动了农村的容颜。据悉，《福布斯》杂志本次是根据国际耗费总值、市场范围以及农村的变化程度来评选的。[①] 目前的“三电”下乡，电视在农村的作用是最重要的，媒体深刻地影响着农民，是信息的力量，营销传播的力量启动了农村的变革，特别是农村产业结构的变革。信息就是生产力，将来互联网进入农村后，农村会实现跨越式发展，这种发展变革的结果将是我们无法预料的。这种变革，也将是中国最引人瞩目的时代特征，必将成为西方媒体捕捉的焦点。

斯诺总是能够利用所能够找到的最好方法来实现沟通和传播。今天科学技术的发展，带来了媒介形态的变化。我们谈地球村，谈网络，谈数字化、信息化，但这些技术的发展都是在过程之中，我们是不是可以去思考一下，像斯诺曾经做的那样，寻求最可能的手段去争取最好的效果，把这种沟通和理解做到极致？目前没有任何一个国家对新媒体的研究在理论构建上是成熟的，对中国而言，如何利用新媒体来展示真实的中国是一个具有挑战的课题。在新时期构建现代传播体系，构建全球化时代以中国为主体的新的传播秩序，迎来了前所未有的机遇。过去中国是国际传播格局中的被动方，现在须加强对外传播来影响别人。

“二战”时期，中国共产党对外宣传的成功，成就了众多的“斯诺”，这是我们的宝贵经验。未来中国重视的领域，应该是政府的信息传播，也就是国家形象与政府传播。原有的新闻发言人制度，已经不能

---

① 引自 http：//www. 3gcast. cn/article/a5/57779. html.

满足国家形象和政府传播上的全部需求，还要提高同媒体打交道的能力，尊重新闻舆论的传播规律，要与媒体保持密切联系。①

三、话语权与“中国威胁论”

怎么样让世界知道中国？怎么让真实的声音传出去？现在的信息科技非常发达，互联传输速度越来越快，传输的内容也越来越多，但并不能保证真实的东西能够很快、很好地传出去。随着中国的发展，主观和客观上都会获得更多的话语权，但中国的发展同时会带来“中国威胁论”的强化，这种冷战思维的延续特别是在西方媒体中挥之不去。2009年4月2日的20国伦敦金融峰会前夕，在世界各大媒体对峰会的预测和分析中，中国都是重要话题之一，称“中国充当领军人”。② 而中国也高调发出了自己的声音，这是以前从来没有过的：中国人民银行行长周小川呼吁创造一种新的国际储备货币，最终取代美元。国务院副总理王岐山在英国《金融时报》发表文章指出：国际社会应该推进国际金融体系的改革，增加发展中国家在全球经济体系的角色和声音。世界各大媒体在这次峰会上广泛关注中国：英国《独立报》评论说，伦敦的视野肯定会集中在首相布朗和英国上。此外吸引他们注意力的还有两个国家——美国和中国，而这两国才是可以决定世界未来的力量。美国《巴伦周刊》发表《中国向G20“大迈进”》、新加坡《联合早报》发表《中国高度自信与美博弈》、英国《泰晤士报》发表《G20：中国和美国是真正的“救世主”》、美国《外交政策》发表《中国是新美国吗》、英国《新政治家》发表《美国权力的终结》、英国《金融时报》发表《中国能给G20带来什么》。英国时政周刊杂志《新政治家》最新一期的封面文章分析说，G20峰会最重要的背景其实是世界领导权力的转换：金融危机宣告美国实力的下行，已经丧失了其领导能力。最有可能接过美国的枪的就是中国，但中国还没有准备好扮演自己的角色。英国《泰晤士报》网站使用这样一个标题：《中国想要影响力，并且有钱买到它》。如今，曾经富有的国家意识到，他们很需要中国的钱，但这要付出很大代价。目前的形势很明显，IMF（国际货币基金组织）的钱无

---

① 习近平2009年3月1日在中央党校春季学期开学典礼上的讲话。http：//politics. people. com. cn/GB/1024/8886848. html.

② 摘自《法制晚报》，http：//fzwb. ynet. com/article. jsp？oid =49938187&pageno =1.

力支持所有需要帮助的国家，而中国有钱。要中国在 IMF 内发挥作用，需要给其一个理由，而代价将是更多的影响力。按照 IMF 的规定，美国享有 17% 的投票权，而中国只有 3.7%，这些注定要发生改变。美国著名财经杂志《巴伦周刊》认为，2008 年中国向世界展示了一届无与伦比的北京奥运会。随着经济实力的发展，中国在世界经济危机中向西方和美国展现了史无前例的勇气和谋略。中国也在全球货币和金融系统的改革上采取了一系列的措施，做出了很好的榜样。但是却不像前苏联的赫鲁晓夫半个世纪前向美国发出的高谈阔论“我要埋葬你”那般的狂妄。相反，中国对世界经济体系的意见是具有其复杂性和敏锐性的，中国在运用中国人特有的智慧在与世界“交心”，而不以全球最大的债主的身份孤芳自赏。

让世界了解中国的真实情况很重要，但今日的中国已经不是斯诺那个时代的中国，斯诺当时看到的是落后的国家，今天的中国是一个正在崛起的大国，我们能够为世界和平和共同发展做出我们自己的贡献。中国对全世界不是威胁，而相反是一个机遇。中国的和平发展，为世界提供了广大的市场，中国的发展对世界是一个机遇，这需要媒体正确的报道。长期以来，中国缺少话语权，难以成为世界传播的中心，而是处在边缘地带。据报道，中国将投入 450 亿来建设对外传播的媒体①，美国《侨报》发表评论说，中国正在利用自己的经济影响力，拓展国际话语权。甚至有外国媒体提出建议，中国媒体可仿效卡塔尔半岛电视台，建中国版的 CNN。② 目前，新华社、人民日报、中央台等大力发展驻外记者，为让世界了解真实的中国创造外部条件。中国政府要加快“走出去”步伐，加强外语国际频道建设，拓展与外国主要电视机构的合作，大力推动电视节目海外落地，使我们的图像、声音更广泛地传播到世界各地，进入千家万户。③ 需要指出的是，中国如何走出去，不是传播力的加强，而是影响力的加强，这样做到底效果如何？如果 450 亿在天上飘着，不入眼，不入耳，不入心，产品没人看，看了没人信，就得不偿

---

① 《中国耗资 450 亿启动国家公关战略重塑形象》，http://news.sina.com.cn/c/sd/2009-03-10/095417375413.shtml.

② 《中国酝酿国家公关战略争夺国际话语权》，http://news.sina.com.cn/c/sd/2009-04-14/094517606005.shtml.

③ 李长春 2008 年 12 月 20 日在纪念中国电视事业诞生暨中央电视台建台 50 周年大会上的讲话。http://politics.people.com.cn/GB/1024/8563595.html.

失了。

中国在争取话语权，这是和平发展的需要，因为随着全球经济格局的根本转变，加速了中国在世界舞台上的崛起。英国《金融时报》认为，“中国承担重要的国际角色，无论它自己喜欢与否，中国都不得不扮演更大的国际角色”。[①] 西方提出“中国威胁论”，是因为中国的经济发展速度之快让人感到有压力，但中国并没有因为经济的发展而获得应有的“话语权”，这是意识形态的差异造成的。斯诺对中国共产党的报道跨越了意识形态，曾经在西方引起积极的反响，他的成功是我们的宝贵经验：我们展示一个真实的中国，还要西方能够接受真相。

第三节 以世界的眼光讲述世界

建构对外传播战略，必然要强调人的因素，特别是对外传播队伍的建设。传播者的主体是新闻记者，邵飘萍认为记者是“布衣之宰相，无冕之帝王”。他在《新闻记者之地位与资格》一文中引用拿破仑的话说：“新闻记者之一团，不具何等武装，却比一联队之精强敌兵为可惧。”[②] 对于外交记者，早在1923年京报馆出版的《实际应用新闻学》中，邵飘萍就认为，国家社会所受言论界之影响，其责任大半外交记者负之。“不仅关于国内也，世界外交上之大问题，帝国主义者准备大战争之阴谋，每因新闻访员之一电，足以左右之，揭破之，使局势根本变化。直接间接影响于国势之盛衰，人类之幸福。故如世界各国历次之会议，各国新闻访员之活动，其势力每与代表公使不相上下。”对外传播要关注两支队伍：一是传统意义上的对外传播队伍，另外一支就是争取对中国进行友好传播的境外传播机构和人员。

对外传播者要“外知世界、内知国情”。“外知世界”就要了解世界的发展变化和各个国家不同的文化模式；“内知国情”就是要知道中国的实际情况。谈中国国情，就要求对中国的政治、经济、文化的掌握达到相当的广度与深度，必须以充分的信息数据为根据，即使稍微失真

① 引自《参考消息》，2009年4月6日第8版。

② 邵飘萍：《新闻学总论》，“国立法政大学”新闻学讲义1924年6月版，北京大学新闻学研究会2008年重印。

的宣传也会影响到全部报道的可信度。全世界200多个国家和地区，民族、文化、社会制度不同，我国的对外传播者必须研究这些国家迥异于中国的政治、经济、文化背景。培养内知中国，外知世界的新闻传播人才，还要加强对外传播的理论研究，加大对外传播事业的投入，不断增强和壮大对外传播事业的实力。

然而，据有关调查,①《中国日报》从1981年创刊到2002年调离编辑部的人员达360人，20年间流失的人员相当于两个编辑部。新华社对外部从1990年至2002年共招收英语专业毕业生128人，而在这期间离开对外部的英文采编人员达130多人。中国国际广播电台1976年时曾有外文干部860人，到2002年外文干部只有576人。该台一位负责人说："调入的是不稳定的待培新手，流失的是年轻骨干，退休的是高水平专家。"中央外宣机构是这样，地方媒体也不例外。上海电视台外语部除部主任外，其余工作人员没有一个是在该台工作5年以上的。外宣人才的流失，主要原因一是待遇，二是环境。建立对外传播人才的培养、选拔、管理和激励机制，已经成为对外传播队伍建设急迫的任务。

报道中国的境外记者在中国的对外传播中所起的作用也应该成为我们研究的对象。当代中国同世界的关系发生了历史性变化，中国的前途命运日益紧密地同世界的前途命运联系在一起，中国的发展离不开世界，世界的繁荣稳定也离不开中国。为我国的和平发展营造良好的国际环境，舆论环境是极为重要的方面。2008年10月17日，国务院总理温家宝签署中华人民共和国第537号国务院令，公布《中华人民共和国外国常驻新闻机构和外国记者采访条例》。新条例于10月17日起施行，《外国记者和外国常驻新闻机构管理条例》和《北京奥运会及其筹备期间外国记者在华采访规定》同时废止。② 新条例是本着改革、开放、进步的精神制定的。新条例将《北京奥运会及其筹备期间外国记者在华采访规定》的主要原则和精神以长效法规固定下来，为外国新闻机构和外国记者在华采访提供了便利。新条例同1990年公布的条例相比有了重大变化。比如，外国记者来华采访不再必须由中国国内单位接待并陪

---

① 新华社"对外宣传有效性调研"课题组：《我国媒体对外宣传报道存在的主要问题及成因》,《中国记者》, 2004年第2期。

② 参见 http://news.sina.com.cn/c/2008-10-18/103516478923.shtml.

同，外国记者赴开放地区采访，无需向地方外事部门申请等。对外国媒体不设限在奥运会后确定为长效法规执行，使政府能力的养成成为一个长期的任务。现在，政府部门在作出决策之前往往要咨询媒体，对传播效果进行判断。另外，随着媒体融合，把传媒集团做大做强提高传播能力的同时，以孔子学院等形式来传播中国文化提升文化软实力，以及中国出版物的推广计划，甚至零版税的做法，也是中国加快对外传播的具体举措。今天，中国越来越需要世界上其他国家的理解，我们需要有更多的斯诺能够把和平发展的中国的真实情况介绍给他的人民。选择与当地媒体合作，进入当地的传播网络，直接面对主流社会的大量观众，是实现对外传播本土化的一个方面。同时，与国外媒体记者之间的交流是对外传播的有效途径，与我们合作的媒体人士活跃在本国的大众传播机构，有能力影响一个国家的政治经济决策、社会价值取向、时尚潮流和舆论动态①，这是实现对外传播本土化的一个关键因素。

“让世界了解中国”，这个了解应该是真实的，但是同时还应是全面的。从斯诺的角度来讲，应该说他了解到很多中国的真实一面，比如说他到了上海、广州，看到了广州、上海繁华的一面，也看到上海、广州城乡差距的一面。但是斯诺了解的不是片面的，而是全面的。斯诺不仅到了上海和广州，还到了陕北，他不仅看到了国民党，还看到了共产党。他总是全面地探索事实的真相，而不是片面地、局部地或者戴有色眼镜看待这些问题。在探索事情真相的过程当中，斯诺的思想发生着转变。

让世界了解中国，怎么样了解中国？了解一个什么样子的中国？斯诺是我们的榜样，就是历史感地看待问题。斯诺的历史感超过了一般的记者，他对很多历史事件的评价，比如他认为“一·二八”意味着中国军队开始有勇气进行抗争，另外预测皖南事变，预测德国突袭波兰，预测美国和苏联对日宣战……斯诺除跟三教九流的人打交道，他还和各个国家的高层打交道。甘地遇刺时，斯诺正在和尼赫鲁谈中国的时局。一般的记者难以拥有斯诺这种特殊的话语权，斯诺达到的高度，就是他的历史感使然。外国记者能够像斯诺一样找到一个绝好的采访机会，让世界更好地了解中国，需要的也是这种历史感。

有人说，一个外国记者真正做到斯诺的话，首先他要爱中国才能报

---

① 谢水兔：《媒体对外传播的有效途径》，《中国广播电视学刊》，2001年第1期。

道真实的中国。龚文庠教授曾经批评过这个观点[①]：第一，对外表达我们国家主要还是要靠我们自己的力量；第二，如果一个外国记者要真实报道中国的话，我们不一定要求他爱中国、爱我们的党。但是他必须要爱真理、爱自己的职业。对于斯诺来讲，我们对于他的最高评价是：他是中国人民伟大的朋友。但是中国人朋友非常多，我们为什么会记住他呢？还是因为他在新闻事业里面的光辉业绩，他在特殊的时间里，让世界了解中国真实的一部分。所以，斯诺精神的核心就是“用事实说话”，这是斯诺给今天和平发展的中国对外传播战略的启示。

斯诺的研究对于我们今天如何利用外国媒体更有力地向国际社会传播中国的声音，有着现实性的启示和意义。

首先，我们需要为外国媒体创造条件，使他们更多地了解中国，从而及时有效地传播中国。

外国记者是“向世界说明中国”的极其重要的通道，正是有了这个特殊群体的存在，世界各国才能了解洞察到近代中国社会的深刻变化。今天，改革开放的中国走进了新的社会转型期，有史以来最多的外国记者涌入中国。这为中国政府“以更加开放的姿态向世界传播中国的声音”带来了机遇。国家硬实力的增强，并不意味着软实力自然而然就会强大。事实上，软实力的强大有赖于“扩散”和“广泛传播”，只有当自己的文化与价值在国际社会广为流行并得到普遍认同的时候，软实力才算是真正提升了。而这正是国际传播的重要责任。[②] 随着中国的飞速发展，它在国际舞台上的声音似乎和它的经济地位极不相称。从目前世界传播的格局上看，中国人的国际形象基本上是由 CNN、美联社、《纽约时报》等少数西方媒体所塑造的，这是我国“走向世界”时必须正视的现实。因此，深入研究外国驻华记者，尊重他们“寻求真相的独立声音”，主动创造机会让外国记者了解中国，有助于更有效地向世界说明中国，塑造积极的国际形象。

其次，我们呼唤更多的斯诺，以“寻求真相的独立声音”为己任，努力成为中国与世界交流的桥梁。

由于中西方在政治制度、文化特征、媒介环境、新闻价值观等方面

---

① 引自龚文庠在 2005 年 7 月 19 日“全球传播与大众媒介”（Global Communication and the Media）主题圆桌会议上的主持词。

② 程曼丽：《国际传播学教程》，北京大学出版社 2006 年 4 月第 1 版，第 214 页。

的诸多差异，彼此在交流中始终存在鸿沟和隔膜，甚至经常产生矛盾和冲突，因此，外国记者须像斯诺一样，真正深入到中国社会，参与式地了解社会真实情况，努力消除由于文化差异造成的障碍，并客观真实地进行传播。斯诺在80年前全面、深入地记录并传播了中国的社会变迁。今天，驻华外国记者最关注的仍然是中国的社会变迁。只有深入到社会生活中，才有可能真实地记录一个社会的发展变化，并理解变化背后的多重因素，全面、客观地进行报道。

我们现在呼唤或再造更多的斯诺，是努力使他们成为中国与世界交流的架桥人，因为我们已经可以在政策上进行调整，为外国记者提供更好的“寻求真相的独立声音”环境。

最后，我们在为外国媒体营造更加自由的环境的同时，需要掌握对外传播的话语权。

随着驻华外媒机构采访活动空间的日益扩大，普通民众同外媒的接触越来越频繁，政府部门应越来越主动地掌握对外传播的话语权。外国驻华记者迎来了近几十年中国涉外媒体环境最为宽松自由的时期。在这样的一个时期，政府对于对外传播的话语权的掌握显得尤为重要。CNN驻北京分社社长吉米认为，中国政府已经开始明白这个道理，要更及时、更快地发布消息。

美国著名记者、普利策奖评委会原主席西摩·托平认为：取消对外国记者的限制表现了中国的进步，“中国应该包容地接受外界的评价，不论是褒奖，还是批评。这正能显示中国的自信”。①

斯诺研究给我们的启示是，我们不仅欢迎更多的斯诺，也应为更多的斯诺提供更多的服务和更好的环境。

---

①　陈开和：《悄悄的变革：外国记者在华的“自由之路”》，《世界知识》，2008年第22期。

结 论

斯诺是个象征性极强的符号，在中国和西方，不同的时期有不同的评价标准，但“斯诺精神”应该是中外新闻记者统一的从业标准，那就是“用事实说话”。斯诺的职业操守和奉献精神以及对周围人的帮助都应是现代记者们学习的榜样。斯诺的报道实事求是，内容有褒有贬。自始至终，他都不愿压抑自己的报道而向政治或社会压力低头。他离开了安全而舒适的港口城市，来到外国人罕至的地方，只为挖掘中国人民真实的经历，从而向全世界进行报道，采访对象既包括爱国主义者，也包括日本帝国主义者，还包括共产主义者。由于斯诺的至高声望，美国国内许多新闻机构及政府部门都向他抛来了橄榄枝，但他拒绝了这些威望极高的职位，只为不停止前行的步伐，继续他的调查和报道。他想要成为报道故事的人，而不是舒舒服服地坐在播音室或办公室里解说或分析这些故事。他屡次前往其他人认为太危险而不敢涉足的险境。当然，他的冒险精神也是促使他这样做的原因，但是渴望亲眼看到并和他人一起分享真相的这种愿望才是驱使他身入险境的支配性动力。

埃德加·斯诺声名鹊起，其部分原因是由于他恰于国际交流发展的重大时刻投身新闻现场。身处东西方信息流网络不断扩张的中心位置，斯诺成为那些想要访问中国或涉足中国政治问题的人们的非官方调解人及中间人。尽管他认为自己的影响微不足道，而更愿意把中国的事情写下来，从而在美国人与中国之间进行调解，然而他的名字本身就是一张畅通无阻的通行证，他尽己所能为此努力着。他还将自己视为非官方特使，充当普通美国人的眼睛和耳朵。他深感责任的艰巨，向美国政府和其他外国政府询问他能为时局做些什么。斯诺说他毕生都在避免掌握权力，他不能替美国政府说话。而同时，他也承认“没人能完全避免因掌握权力而承担的责任”。他的行为举止和他对待工作的严肃作风都证明了这句话。

新中国成立以后，斯诺又三次访问中国，以极大的热情报道人民群众的成长和发展，陆续完成了《大河彼岸》一书和新闻纪录影片，特别是反映中国革命历史进程的纪录片，更有助于外国友人了解新中国。纵观斯诺的一生，有三分之二的时间与中国人民和中国革命建设事业息息相关，或者是生活在中国，或者是关注和报道中国。他在临终前留下最后一句话："我热爱中国。"斯诺不愧为中国的至交。① 斯诺曾经说过："中国是世界上充满了新事物的地方。"中国人民对斯诺也怀有同样深厚的感情，从1894年第一个美国记者到中国采访到现在，来中国采访过的美国记者已经数以千百计，而斯诺是他们当中最杰出几个人当中的代表。我们感谢斯诺，感谢他为上个世纪的中国所做的求真的报道。同时，也呼唤能够有更多的斯诺式的记者诞生。这是追求中美两国人民长期友好和平发展的善良的人们的共同愿望。②

埃德加·斯诺在中国和他的祖国都成为了一个传奇，因为他总是在正确的时间和正确的地点调查主要新闻领域的合适人选，他"用事实说话"的职业精神和职业道德使他受到人们的尊敬和信任。斯诺给我们如下经验。

一是对文化的了解。作为国际记者，要尽可能准确地报道异国情况，就需要与当地人民交流，懂得当地习俗，并且掌握一些当地语言和文化的知识，因为这些知识可能在一定程度上与其本土语言和文化相背。否则，"任何个人的背景和经历都会影响其感知世界的方式，即使是处于报道现场的记者也不例外"。③"如果不懂得当地语言和文化，国际记者就只能依靠翻译，以及其他一些有限的间接信息来源。"④ 当年，大多数在中国的外国记者还只是以通商口岸为基地，从国民政府和军阀中讲英语的代表那里，甚至从他国外交官那里获取新闻的时候，斯诺学习了中国普通话和深入了解中国文化，不仅能帮助他了解另一种文化，而且有利于他避免因为文化差异而影响报道。

二是对社会发展规律的捕捉。"新闻总是以社会秩序为焦点，同时也关注政府是否有能力建立或恢复社会秩序之类的问题。等秩序恢复

---

① 凌青：《斯诺：中国人民的朋友》，《百年斯诺》，北京大学出版社2006年12月第1版，第9页。

② 方汉奇：《感谢斯诺》，《百年斯诺》，北京大学出版社2006年12月第1版，第8页。

③ Doris Graber, *Processing the News*, New York: Longman, 1984.

④ Jonathan Kwitney, *Endless Enemies*, NY: Penguin, 1986, pp376 - 377.

后，新闻故事结局也回归正常。”① 从某种意义上讲，斯诺对当时纷乱复杂的旧中国的报道，正好遵循了这条规则。在授权新闻报道方面，授权方是有所期盼的：他们期盼国际记者能够成为一个与外界沟通的渠道，成为一位信使。同时对于记者而言，这种特殊授权，很可能带来重大的独家新闻。中共领导人希望把他们的故事传出去，于是斯诺入选当上了他们的信使，他们的沟通桥梁。

三是超越意识形态。斯诺的报道所产生的影响，远超过其他西方记者的报道，是因为他作为西方记者是以自己独特的眼光冷静观察，他没有在异国的环境中丧失自己的判断力，也没有通过自己的西方观念对当地的政治经济和文化妄下判断。

当然斯诺也有教训。在从事新闻报道工作的过程中，斯诺也有了自己偏爱的主张，他对中国的拥护，特别是对新中国的报道，使他的观点在美国成为与公认标准相反的独立见解，他的作品都是当时被禁止的主题，斯诺自身的声望也遭到质疑。FBI 在对法西斯和共产主义的破坏性活动的调查中，保留的斯诺案底多达 555 页，其中 484 页泄露到众议院非美活动调查委员会手中。虽然他从未被起诉，但他的名字总是出现在人们的视线中，多国大使馆都禁止他的作品流通，斯诺的作品几乎无法发表。这种思潮延续到今天美国媒体的“妖魔化中国”、西方学者对斯诺的误读等，都可以从这里得到启示。

斯诺在中美关系方面产生了重要的影响。70 年前，美国记者斯诺跨越了文化和意识形态的差异，将当时中国的真实情况介绍给世界，特别是作品《红星照耀中国》，向全世界介绍了中国共产党领导的革命根据地的真相，对中美关系产生了影响：一是使中国共产党的外交思想传递到美国，二是使罗斯福调整了对华政策。新中国成立以后，斯诺又通过三次访问中国，把西方不了解的新中国的真实情况以及决策者的思维传递给美国政府和人民，并最终帮助促成尼克松的破冰之旅，为中美建交做出了历史贡献。在中国，斯诺被视为中美沟通的桥梁；在美国，他的作品成为美国政府了解中国重要的资料。斯诺得到了毛泽东、周恩来等中共领导人的信任，也是数名美国总统钦点的信息来源。罗斯福三次在白宫会见了斯诺，并征询了他的意见，后来他们继续了这种通讯联系。尼克松在 1972 年访华之前曾写信给斯诺，对斯诺为改善中美关系

① Lance Bennett. *News*：*the Politics of Illusion*（4th ed）. New York：Longman，2001，p40.

所做的孜孜不倦的努力表示感谢，认为他杰出的事业受到人们广泛的尊敬与感激。基辛格表示斯诺的文章在尼克松总统的文件中也有引用。今天，斯诺及其作品仍然在美国继续发挥着影响，1998 年，美国总统克林顿访问北京之前也阅读了《红星照耀中国》一书。[①] 斯诺的校友迪恩·威廉姆斯曾说过："不放眼世界，就不是记者。"[②] 斯诺"用事实说话"的精神使之成为一名值得信赖的记者，是中国人民的朋友，也是美国人民的骄傲。2009 年 3 月 7 日上午 10 时，中国外交部部长杨洁篪就外交政策和对外关系回答记者提问时表示，中国愿意同美国、同世界其他国家一起在国际金融危机的惊涛骇浪中同舟共济[③]，携手共进。中国的和平发展需要更多"斯诺式"的记者，以"和而不同"的理念，来说明真实的中国。今天，中国更需要广泛地得到国际社会的认同，来保证中国的国家安全、解决中国面对的全球性挑战，使中国对世界、对全人类作出更大的贡献。

对斯诺的研究，尚有大量的资料等待挖掘，特别是英文资料，在美国密苏里大学，保存着斯诺的日记、笔记、演讲稿、采访稿、著作手稿、信函、剪报、杂志文章、出版物共计 718 类，以及 173 张照片、49 盘录音、1 200 英尺计 1 600 段电影胶片，绝大多数资料是没有公开过的，也没有被译为中文。在访谈中，方汉奇先生建议在北京大学也应该成立一个这样的纪念室，集中陈列斯诺的相关文物；在临湖轩挂一个牌子，放上当年斯诺在这里为学生展示苏区采访的照片；在北大新闻学研究会立一个斯诺的铜像，让更多的青年学生了解斯诺的伟大贡献……

正如傅斯年所谓的"上穷碧落下黄泉，动手动脚找东西"。只有动手动脚，到处去挖掘史料，收罗史实，才具备进行史学研究的条件，努力探寻并逐步靠近历史原貌。[④] 在本书的写作中笔者感觉到，这只是斯诺研究的一个开始，越多地挖掘和整理斯诺的第一手材料，越能够接近事实，越有助于还原一个真实的斯诺。

---

① Betty Winfield, *Edgar Snow and the Foreign Correspondence*，《百年斯诺》，北京大学出版社 2006 年 12 月第 1 版，第 341 页。

② 原文是"He who has not set eyes on the outside world is not a journalist."

③ 希拉里·克林顿国务卿访华之际，温家宝总理对她引用"同舟共济"一词表示赞赏，一度为媒体热议。

④ 丁贤勇：《笔谈抗日战争与控中国社会变迁》，《抗日战争研究》，2008 年第 2 期。

参考文献

一、中文图书文献

1. 埃德加·斯诺著，宋久、柯楠、克雄译:《复始之旅》，《斯诺文集Ⅰ》，新华出版社 1984 年 8 月第 1 版。

2. 埃德加·斯诺著，董乐山译:《红星照耀中国》（又名《西行漫记》，《斯诺文集Ⅱ》，新华出版社 1984 年 8 月第 1 版。

3. 埃德加·斯诺:《为亚洲而战》，《斯诺文集Ⅲ》，新华出版社 1984 年 8 月第 1 版。

4. 埃德加·斯诺著，新民译:《大河彼岸》（又名《今日的红色中国》，《斯诺文集Ⅳ》，新华出版社 1984 年 8 月第 1 版。

5. 埃德加·斯诺编，文洁若译:《活的中国》，湖南人民出版社 1983 年 4 月第 1 版。

6. 埃德加·斯诺译著，刘力群选编，洪允息等译:《斯诺通讯特写选》，新华出版社 1985 年 12 月第 1 版。

7. 埃德加·斯诺译著:《毛泽东一九三六年同斯诺的谈话——关于自己的革命经历和红军长征等问题》，人民出版社 1979 年 12 月第 1 版。

8. 埃德加·斯诺录，翟象俊译:《毛泽东口述传》，The autobiography of Mao Tse-Tung as told to Edgar Snow，复旦大学出版社 2003 年版。

9. 埃德加·斯诺著，董乐山译:《西行漫记》，外语教学与研究出版社 2005 年 7 月第 1 版。

10. 埃德加·斯诺著，奚博铨译:《红色中华散记》，江苏人民出版社 1992 年 3 月第 1 版。

11. 埃德加·斯诺著，胡为雄译:《漫长的革命》，新疆大学出版社 1994 年 9 月第 1 版。

12. 爱德加·斯诺著，贺和风译:《漫长的革命》，东方出版社，

2005 年 11 月第 1 版。

13. 艾尔·巴比著，邱泽奇译：《社会研究方法基础》，华夏出版社，2004 年 4 月第 1 版。

14. 安危主编：《伟大的女性——纪念海伦·福斯特·斯诺》，陕西旅游出版社 1997 年 10 月第 1 版。

15. 伯纳德·托马斯著，吴乃华、魏彬、周德林译：《冒险的岁月——埃德加·斯诺在中国》，世界知识出版社 1999 年 7 月第 1 版。

16. 彼得·兰德著，李辉、应红译：《走进中国——美国记者的冒险与磨难》，文化艺术出版社，2001 年版。

17. 陈真等编：《中国近代工业史资料》（第 1 辑），三联书店 1957 年版。

18. 程曼丽：《国际传播学教程》，北京大学出版社 2006 年 4 月第 1 版。

19. 丁晓平：《记者之王——埃德加·斯诺在中国》，新世界出版社 2005 年 4 月第 1 版。

20. 杜恂诚：《民族资本主义与旧中国政府》，上海社会科学院出版社 1991 年版。

21. 费正清：《美国与中国》，世界知识出版社 2002 年 1 月第 1 版。

22. 费正清：《伟大的中国革命》，世界知识出版社 2001 年 6 月第 1 版。

23. 龚文庠主编：《百年斯诺》，北京大学出版社，2006 年 12 月第 1 版。

24. 海伦·斯诺著，剑华、安危译：《毛泽东的故乡》，华中师范大学出版社 1993 年 10 月第 1 版。

25. 海伦·斯诺著，剑华、安危译：《七十年代西行漫记》，陕西人民出版社 1981 年 11 月第 1 版。

26. 海伦·福斯特·斯诺著，仲伦、剑华、安危译：《中国为民主奠基》，陕西旅游出版社，2007 年 8 月第 1 版。

27. 海伦·斯诺著，安危译：《延安采访录》，贵州人民出版社 1989 年 5 月第 1 版。

28. 海伦·福斯特·斯诺著，张士义、张存香译：《红都延安采访实录》，中国社会出版社，2004 年 1 月第 1 版。

29. 海伦·斯诺著，安危、杜夏译：《我在中国的岁月》，中国新闻出版社 1986 年 9 月第 1 版。

30. 海伦·福斯特·斯诺著，刘炳章、王中一、隋丽君、卢佩文、王培清、房志平译：《重返中国》，中国发展出版社 1991 年 9 月第 1 版。

31. 海伦·福斯特·斯诺著，汪溪、方云、阎绍生译：《一个女记者的传奇》，新华出版社 1986 年 8 月第 1 版。

32. 海伦·福斯特·斯诺著，《中国新女性》，中国新闻出版社 1985 年 7 月第 1 版。

33. 海伦·斯诺著，华谊译：《旅华岁月——海伦·斯诺回忆录》，世界知识出版社 1985 年 10 月第 1 版。

34. 亨利·基辛格著，杨静予等译：《白宫岁月》第 2 册，世界知识出版社 1980 年版。

35. 黄华：《亲历与见闻——黄华回忆录》，世界知识出版社 2007 年 8 月第 1 版。

36. 克莱格著，舒暲等译：《支援中国 1937 ~ 1949：回忆一次被遗忘了的英国人民援华运动》，中国大百科全书出版社 1998 年 3 月第 1 版。

37. 纪念斯诺学术讨论会筹委会、华中师院科研处编印：《纪念斯诺学术讨论会论文·资料集》，未出版，1982 年。

38. 姜文华主编，章清编：《胡适学术文集·哲学与文化》，中华书局 2001 年版。

39. 鲁迅：《鲁迅全集》，人民文学出版社 1981 年版。

40. 洛伊斯·惠勒·斯诺著，董乐山译：《“我热爱中国”——在斯诺生命的最后日子里》，生活·读书·新知三联书店 1978 年 10 月第 1 版。

41. 洛伊斯·惠勒·斯诺著，废名译：《我的丈夫和中国》，广角镜出版社 1977 年 1 月第 1 版。

42. 洛伊斯·惠勒·斯诺著，王恩光、申葆青、许邦兴、乐山、欧阳达、王学源合译：《斯诺眼中的中国》，中国学术出版社 1982 年 2 月出版。

43. 刘继南主编：《大众传播与国际关系》，北京广播学院出版社 1999 年 12 月第 1 版。

44. 刘力群主编：《纪念埃德加·斯诺》，新华出版社 1984 年 8 月第 1 版。

45. 刘力群等编：《斯诺在内蒙古》，内蒙古人民出版社 1987 年 12 月第 1 版。

46. 刘家泉：《宋庆龄传》，中国文联出版公司，1988 年出版。

47. 马珂译：《忘年之交——海伦与安危两地书》，陕西旅游出版社 2003 年 1 月第 1 版。

48. 尼克松著，裘克安译：《尼克松回忆录》（中册），商务印书馆 1979 年版。

49. 尼姆·威尔斯著，陶宜、徐复译：《续西行漫记》，生活·读书·新知三联书店 1991 年 3 月第 1 版。

50. 尼姆·威尔斯著，马庆平、万高潮译：《红色中国内幕》，华文出版社 1991 年 3 月第 1 版。

51. 尼姆·威尔斯著，华侃译：《西行访问记：红都延安秘录》，中国青年出版社 1994 年 9 月第 1 版。

52. 尼姆·威尔斯（海伦·斯诺）、［朝］金山合著，赵仲强译：《阿里郎之歌——中国革命中的一个朝鲜共产党人》，新华出版社 1993 年 6 月第 1 版。

53. 裘克安：《斯诺在中国》，生活·读书·新知三联书店 1982 年 3 月第 1 版。

54. 斯诺等著，刘统编辑注释：《早年毛泽东》，广西人民出版社 2005 年 1 月第 1 版。

55. 斯诺、谢伟思等：《想念周恩来》，香港万源图书公司 1976 年 12 月第 1 版。

56. 斯诺等：《周恩来访问记》，香港万源图书公司 1976 年 8 月再版。

57. 斯诺：《美国友好人士斯诺访华文章》，生活·读书·新知三联书店 1971 年版。

58. 斯诺：《我在旧中国十三年》，生活·读书·新知三联书店 1973 年 3 月第 1 版。

59. 史诺著，思三译：《中国的新西北》，平凡书店 1937 年版。

60. 塔奇曼著，汪溪等译：《逆风沙——史迪威与美国在华经验》，重庆出版社 1994 年 5 月第 1 版。

61. 谭外元、郭六云编著：《斯诺》，辽海出版社 1998 年 10 月第 1 版。

62. 王海光：《从革命到改革》，法律出版社 2000 年版。

63. 王奇生：《党员、党权与党争》，上海书店出版社 2003 年版。

64. 王秀鑫、郭德宏：《中华民族抗日战争史》，中共党史出版社 1995 年出版。

65. 魏宏运、左志远：《华北抗日根据地史》，档案出版社 1990 年出版。

66. 武际良：《十个美国人的中国情缘》，华艺出版社 2000 年 10 月第 1 版。

67. 武际良：《斯诺与中国》，中国社会科学出版社 2005 年 9 月第 1 版。

68. 武际良：《报春燕纪事——斯诺在中国的足迹》，南海出版公司 1992 年 4 月第 1 版。

69. 谢莉尔·福斯特·毕绍夫编撰：《架桥——海伦·福斯特·斯诺生平图集》，美国夏穆威家史出版社 1997 年出版。

70. 严中平等：《中国近代经济史统计资料选辑》，科学出版社 1955 年版。

71. 杨伯溆：《全球化：起源、发展和影响》，人民出版社 2000 年 1 月第 1 版。

72. 叶丽主编：《来自异国的朋友——在中国有过特殊经历的外国人》，解放军出版社 1993 年 2 月第 1 版。

73. 伊·卡思：《毛泽东的胜利和美国外交官的悲剧》，群众出版社 1990 年版。

75. 尹均生主编：《二十世纪永恒的红星》，华中师范大学出版社 1998 年 9 月第 1 版。

76. 尹均生，安危：《埃德加·斯诺》，人民日报出版社 1996 年 1 月第 1 版。

77. 袁成毅、荣维木等：《抗日战争与中国现代化研究》，国家图书馆出版社 2008 年 12 月第 1 版。

78. 约翰·马克斯韦尔·汉密尔顿著，沈蓁、沈永华、许文霞译：《埃德加·斯诺传》，学苑出版社 1990 年 6 月第 1 版。

79. 章伯锋、庄建平：《抗日战争》（第 2 卷），四川大学出版社 1997 年版。

80. 章有义：《中国近代农业史资料》（第二辑），三联书店 1957 年版。

81. 张志安、叶柳：《中国怎么样？——驻华外国记者如何讲述中国故事》，南方日报出版社 2009 年 10 月第 1 版。

82. 张注洪：《当代著名学者自选集 · 张注洪卷 · 燕园求是集》，兰州大学出版社 2003 年 1 月第 1 版。

83. 张注洪主编：《中美文化关系的历史轨迹》，南开大学出版社 2001 年 12 月第 1 版。

84. 赵佳楹编著：《中国现代外交史》，世界知识出版社 2005 年 5 月第 1 版。

85. 赵荣声：《沿着斯诺的足迹》，气象出版社 1996 年 1 月第 1 版。

86. 中共中央宣传部干部局组织编写：《新时期宣传思想工作》，学习出版社 2001 年 4 月第 1 版。

87. 中国三 S 研究会编：《〈西行漫记〉和我》，国际文化出版公司 1991 年 2 月第 1 版。

88. 中国三 S 研究会编：《敬礼，三 S》，中国新闻出版社 1985 年 4 月第 1 版。

二、中文期刊文献

1. 阿荣：《斯诺与中国的不朽情怀》，《档案时空》，2004 年第 7 期。

2. 艾北：《韦尔斯与〈续西行漫记〉》，《新闻战线》，1979 年第 4 期。

3. 爱泼斯坦：《纪念海伦 · 斯诺》，《今日中国》（中文版），1998 年第 1 期。

4. 安广禄：《〈西行漫记手稿〉而复得记》，《文史春秋》，2005 年第 10 期。

5. 安危：《未被颂扬的伟大女性——〈西行漫记〉与海伦 · 斯诺》，《中国记者》，1988 年第 7 期。

6. 安危译：《鲁迅同斯诺谈话整理稿》，《新闻学史料》，1987 年第 3 期。

7. 巴边：《把报道作品和历史著作区别开来——关于〈西行漫记〉答问》，《 读书》，1980 年第 11 期。

8. 白夜：《白夜给海伦 · 福斯特 · 斯诺的信》，《国际人才交流》，

1990 年第 5 期。

9. 鲍世修：《海伦·斯诺女士对中国红军将领采访报道的重大时代影响和历史作用》，海伦·斯诺国际学术研讨会，2007 年，北京。

10. 伯纳德·托马斯、刘力群：《成功之星照耀斯诺》，新闻记者，1989 年第 8 期。

11. 蔡德亿：《胡愈之与〈西行漫记〉》，《今日浙江》，2004 年第 3 期。

12. 曹国辉、李俊杰、周岩：《寻找“原汁原味”——再谈重印〈毛泽东自传〉的有关问题》，《中国图书评论》，2004 年第 8 期。

13. 陈宝光：《超越国界的友谊——看〈毛泽东与斯诺〉》，《电影》，2001 年第 2 期。

14. 陈龙娟：《斯诺的三次访华与中美建交》，《石油大学学报（社会科学版）》，1998 年第 4 期。

15. 陈龙娟：《斯诺夫妇与中国工业合作化运动》，《党史研究与教学》，1999 年第 5 期。

16. 陈梦熊：《萧乾与〈西行访问记〉》，《出版史料》，2003 年第 1 期。

17. 陈默金：《一生与中国相连——斯诺小传》，《党史纵横》，2000 年第 3 期。

18. 陈尚忠：《做被历史铭记的记者》，《新闻战线》，2004 年第 12 期。

19. 陈漱渝：《〈西行漫记〉的成就和疵点》，《齐齐哈尔大学学报（哲学社会科学版）》，1989 年第 3 期。

20. 陈秀霞：《斯诺和〈西行漫记〉》，《国际新闻界》，1987 年第 1 期。

21. 陈秀霞：《我所知道的斯诺与海伦》，《纵横》，2003 年第 2 期。

22. 陈韦友：《海伦·福斯特·斯诺纪念会在京举行》，《友声》，1998 年第 1 期。

23. 陈开和：《悄悄的变革：外国记者在华的“自由之路”》，《世界知识》，2008 年第 22 期。

24. 程道才：《〈西行漫记〉——镌刻 30 年代中国史的不朽文献》，《当代传播》，1997 年第 5 期。

25. 池琳：《爱的奉献——记海伦·斯诺与南希·法南的友谊》，

《友声》，2000 年第 2 期。

26. 崔利民：《外国人眼里的长征》，《文史精华》，1996 年第 11 期。

27. 邓黔生：《斯诺写作〈西行漫记〉的心理历程》，《贵阳金筑大学学报》，1999 年第 1 期。

28. 邓晓丽：《一生致力于中国的女作家——海伦·福斯特·斯诺》，《中国妇运》，1996 年第 2 期。

29. 丁贤勇：《笔谈抗日战争与控中国社会变迁》，《抗日战争研究》，2008 年第 2 期。

30. 东平：《"她对中国人民有深厚的爱"——纪念国际友人海伦·斯诺》，《国际人才交流》，2007 年第 10 期。

31. 窦其文：《毛泽东同志早年在北京的报刊活动》，《新闻与写作》，1984 年第 1 期。

32. 杜若：《一个美国梦想家的中国历程》，《国际人才交流》，1994 年第 12 期。

33. 杜永和：《新闻报告〈西行漫记〉成名探因》，《军事记者》，2001 年第 10 期。

34. 范用：《在孤岛上海出版的三部名著》，《出版史料》，2003 年第 4 期。

35. 冯琳：《斯诺夫妇与抗战中的中国工业合作社》，《百年潮》，2005 年第 12 期。

36. 冯挚：《斯诺小客厅与一二·九运动》，《百年潮》，2007 年第 11 期。

37. 高永：《寻找旧中国的窗口——斯诺编译鲁迅作品》，《党史纵横》，1997 年第 1 期。

38. 葛娴、陆宏德：《"我热爱中国!"——马海德谈斯诺》，《新闻战线》，1982 年第 2 期。

39. 龚举善：《巾帼巨笔写春秋——海伦·斯诺及其〈毛泽东的故乡〉》，《郧阳师范高等专科学校学报》，1997 年第 4 期。

40. 关悦：《新闻真实与历史真实之辨——对〈西行漫记〉成功因素的案例分析》，《今传媒》，2005 年第 4 期。

41. 郭可：《从〈新华日报〉办报经验看我国对外传播》，中华传媒网，www. mediachina. net。

42. 故垒:《海伦·斯诺:记者生涯因中国而灿烂》,《中华新闻报》2005 年 10 月 26 日第 F03 版副刊·旧新闻。

43. 海伦·福斯特·斯诺、刘立群:《斯诺是怎样去陕北的》,《新闻实践》,1987 年第 1 期。

44. 海伦·斯诺、安危:《永远闪烁的红星》,《中国记者》,1988 年第 7 期。

45. 何洪泽、周德武:《海伦·斯诺获殊荣》,《友声》,1996 年第 5 期。

46. 何满子:《〈西行漫忆〉小引》,《文学自由谈》,1996 年第 3 期。

47. 何新宇:《斯诺与"红军小号手"照片》,《党史文汇》,2005 年第 5 期。

48. 侯少文:《西方学者研究毛泽东思想的状况与方法》,《毛泽东思想研究》,1987 年第 3 期。

49. 侯健美:《海伦·斯诺:真正到达并记录了延安的人》,《党史文苑》,2007 年第 12 期。

50. 胡鞍钢:《中国是一个迅速崛起的传媒大国》,中华传媒网。

51. 胡国枢:《〈西行漫记〉的出版与"复社"》,《学术月刊》,1983 年第 7 期。

52. 胡为雄:《〈红星照耀中国〉中关于毛泽东生平篇的若干史实考略》,《中共党史研究》,1996 年第 2 期。

53. 黄钢:《纪念〈西行漫记〉发表 50 周年》,《瞭望》,1988 年第 27 期。

54. 黄绍清:《妙笔摇曳 睿智生辉——〈西行漫记〉"政论艺术"浅赏》,《阅读与写作》,1998 年第 8 期。

55. 黄生甫:《斯诺故乡行》,《传媒观察》,1997 年第 5 期。

56. 姬乃军:《神秘女人的采访秘闻》,《党史天地》,1995 年第 4 期。

57. 佳人:《第一位披露中国红军状况的外国人》,《世界文化》,2001 年第 3 期。

58. 江宛棣:利用网络媒体进行对外宣传的几点体会,bbs. cctv. com. cn

59. 江文:《〈西行漫记〉的书名及其版本》,《出版史料》,2004 年第 1 期。

60. 江沛：《全面抗战与中国社会变迁特征述论》，《历史教学》，2005 年第 9 期。

61. 蒋建农：《斯诺的陕北之行及其著作的流传》，《党史博览》，2002 年第 12 期。

62. 金坚范：《海伦，依然是强者》，《友声》，1996 年第 4 期。

63. 金坚范：《听从心灵的召唤》，海伦·斯诺国际学术研究会，2007 年，北京大学。

64. 雷向晴：《“斯诺百年”中国传媒人的思考》，《对外大传播》，2005 年第 7 期。

65. 雷珍：《永不磨灭的红色记忆》，《西部大开发》，2006 年第 11 期。

66. 李建平：《海伦·斯诺纪念活动在美国举行》，《友声》，1997 年第 4 期。

67. 李放放：《埃德加·斯诺的生平及著作》，《中共山西省委党校学报》，1993 年第 6 期。

68. 李宏学：《试论优秀新闻作品的历史性》，《运城学院学报》，1987 年第 2 期。

69. 李良玉：《记载 1936 年 7 月 16 日毛泽东与斯诺谈话的四个文本》，《福建论坛（人文社会科学版）》，2001 年第 5 期。

70. 李仕生：《名记者必备的素质——从斯诺〈西行漫记〉的采写谈起》，《经济与社会发展》，2004 年第 2 期。

71. 李文乾：《〈神灵之手〉：西方最早介绍红军长征内幕的书》，《党史博览》，1998 年第 9 期。

72. 梁光弟、彭加瑾、钟艺兵、陈剑雨、王人殷：《〈毛泽东与斯诺〉：回眸红色岁月铸就的友情》：《电影艺术》，2001 年第 4 期。

73. 梁志群：《永恒的红星——纪念〈西行漫记〉发表 60 周年国际学术会议综述》，《外国文学研究》，1997 年第 4 期。

74. 梁志群：《海伦·斯诺女士纪念座谈会综述》，《外国文学研究》，1997 年第 1 期。

75. 凌扬：《海伦·斯诺——人民友谊的忠实架桥人》，《对外大传播》，1997 年第 6 期。

76. 刘长乐：《向世界发出华人媒体的声音》，《第二届世界华文传媒论坛论文集》。

77. 刘奋之：《周恩来接待斯诺访华内情》，《炎黄春秋》，2003 年第 1 期。

78. 刘刚：《历史性的发现——外国著名记者眼中的毛泽东》，《党史纵横》，1993 年第 4 期。

79. 刘洁：《〈西行漫记〉中的“小人物”形象分析》，《新闻前哨》，1998 年第 2 期。

80. 刘力群：《“我要尽快奔向大海”——斯诺来华前给父母的一封信》，《新闻记者》，1992 年第 4 期。

81. 刘力群：《斯诺陕北之行自述（续）》，《新闻战线》，1987 年第 5 期。

82. 刘祎、穆雷：《斯诺婚姻与海伦·斯诺的文学创作》，《海南大学学报（社会科学版）》，1997 年第 1 期。

83. 柳森、贾少学：《〈西行漫记〉为什么没有报道王稼祥》，《党史纵横》，2004 年第 7 期。

84. 娄胜华：《斯诺夫妇：留在中国的人生足迹》，《紫金岁月》，2000 年第 9 期。

85. 露易丝·惠勒·斯诺、于友：《斯诺热爱中国的一生》，《国际新闻界》，1988 年第 3 期。

86. 卢晴：《斯诺：“西行”之外的传奇》，《国际新闻界》，1997 年第 2 期。

87. 路元：《鲁迅同斯诺谈了些什么——访鲁迅与斯诺谈话录的发现者安危》，《中国记者》，1987 年第 1 期。

88. 吕斌、程道才：《不朽的新闻巨著 高尚的职业修养——纪念〈西行漫记〉发表 60 周年国际学术会议综述》，《新闻记者》，1998 年第 2 期。

89. 吕宛如：《海伦·福斯特·斯诺与工合》，《中国集体经济》，2000 年第 12 期。

90. 栾保俊：《“三 S”的启迪》，《新闻记者》，1988 年第 4 期。

91. 罗建华：《缅怀一代驻华外国记者》，《新闻前哨》，2005 年第 12 期。

92. 马珂：《海伦·斯诺：终身热爱中国》，《当代世界》，1998 年第 1 期。

93. 马玉卿：《最早向世界宣传长征的人》，《人民论坛》，1996 年第 10 期。

94. 穆雷、刘祎：《海伦·斯诺笔下的中国》，《外国文学》，1995 年第 2 期。

95. 穆雷、刘祎：《评〈我在中国的岁月〉的三个中译本》，《上海外国语大学学报》，1994 年第 2 期。

96. 穆雷、刘祎：《斯诺、海伦和中美文化交流》，《海南大学学报（社会科学版）, 1995 年第 3 期。

97. 穆雷：《人生有限　事业常青——记传记文学翻译家安危》，《语言与翻译》，1995 年第 3 期。

98. 孟红：《一二·九运动中的斯诺》，《党史纵览》，2005 年第 12 期。

99. 南平：《新闻正义——电脑时代看斯诺》，《五邑大学学报（社会科学版）》，1999 年第 4 期。

100. 南希·法南：《沿着海伦·斯诺的足迹》，《友声》，1999 年第 6 期。

101. 乔云霞：《埃德加·斯诺对中国文化的接受与传播》，《河北大学学报（哲学社会科学版）》，2003 年第 4 期。

102. 邱健：《西方记者眼中的周恩来》，《今日中国（中文版）》，1998 年第 8 期。

103. 饶春球、方应成：《报告文学的艺术丰碑——试析〈西行漫记〉的主体、客体辩证统一艺术》，《广播电视大学学报（哲学社会科学版）》，2002 年第 3 期。

104. 饶春球：《领潮头 扫绝艳——试析〈西行漫记〉文化通约性的独特方法》，《郧阳师范高等专科学校学报》，1997 年第 4 期。

105. 单文俊：《宋黎与海伦·斯诺》，《党史纵横》，2003 年第 9 期。

106. 申黎明：《有这样一位美国人》，《 21 世纪》，1996 年第 5 期。

107. 沈薇：《毛泽东交友》，《中国人才》，1997 年第 11 期。

108. 沈晓夫：《第一位披露中国红军状况的外国人》，《海内与海外》，2003 年第 7 期。

109. 石锋：《一次难忘的经历——送蒋使陈副院长返西安、陪美记者埃德加·斯诺二访延安》，《 陕西档案》，2000 年第 2 期。

110. 时殷弘等:《21 世纪前期中国国际态度、外交哲学和根本战略思考》,《战略与管理》2001 年第 1 期。

111. 史安斌:《软包装与硬内核——透视美国对外传播战略与技巧》,《国际先驱导报》2003 年 08 月 04 日。

112. 舒暲:《中国就是我的家》,《友声》, 2004 年第 5 期。

113. 隋玉洁、宋坚:《让世界重新了解中国——简论斯诺对中国的最后一次采访》,《国际新闻界》, 1987 年第 3 期。

114. 孙春旻:《作为历史叙事的〈西行漫记〉》,《广播电视大学学报(哲学社会科学版)》, 2006 年第 1 期。

115. 田子渝:《相逢贵相知——毛泽东与斯诺的友谊》,《党史天地》, 1995 年第 2 期。

116. 陶正洲:《斯诺夫人采访毛泽东》,《青年记者》, 1994 年第 1 期。

117. 汪文汉:《斯诺和他的〈西行漫记〉》,《语文教学与研究》, 1982 年第 4 期。

118. 王长生、赵淑云:《西安事变前后的海伦·斯诺》,《党史博采》, 1994 年第 12 期。

119. 王长景:《毛泽东同志究竟何时完成了伟大转变》,《殷都学刊》, 1985 年第 2 期。

120. 王大海:《一位优秀的美国女记者——悼念海伦·福斯特·斯诺》,《新闻爱好者》, 1997 年第 3 期。

121. 王福时:《我陪海伦·斯诺访延安》,《百年潮》, 2002 年第 12 期。

122. 王福时:《尼姆·威尔斯谈〈西行漫记〉及其他》,《读书》, 1979 年第 5 期。

123. 王家平:《20 世纪前期欧美的鲁迅翻译和研究》,《鲁迅研究月刊》, 2005 年第 4 期。

124. 王火炬:《从〈西行漫记〉看新闻作品的历史价值》,《郑州大学学报(哲学社会科学版)》, 1999 年第 4 期。

125. 王鹏:《斯诺选编的英译本〈活的中国〉出版前后》,《钟山风声》, 2002 年第 6 期。

126. 王续添:《地方主义与民国社会》,《教学与研究》, 2000 年第 2 期。

127. 王维新:《抗战中的珍贵文献——外国记者报道中国抗战和延安革命根据地的著作》,《山东图书馆季刊》, 2005 年第 4 期。

128. 王贤琳:《我与海伦·斯诺》,《现代妇女》, 1997 年第 9 期。

129. 王增明:《斯诺著作中的陕北体育见闻》,《体育文化导刊》, 1985 年第 1 期。

130. 王真:《为传播〈西行漫记〉亲历的一场斗争》,《今日中国(中文版)》, 1989 年第 7 期。

131. 魏龙泉:《关于海伦·福斯特·斯诺》,《出版史料》, 2005 年第 3 期。

132. 魏龙泉:《海伦·斯诺的两封信》,《出版史料》, 2005 年第 3 期。

133. 魏东、玉科:《斯诺〈西行漫记〉中的税收史实》,《税收与社会》, 1994 年第 9 期。

134. 巫云仙:《论斯诺陕北之行的历史影响》,《国际政治研究》, 1997 年第 1 期。

135. 吴孟雪:《抗战期间来华美国人士对中共的认识评价及其意义》,《江西社会科学》, 1995 年第 9 期。

136. 吴松江:《试论美国报告文学作家独立的思想意识传统》,《广播电视大学学报(哲学社会科学版)》, 2003 年第 3 期。

137. 吴松江:《斯诺的语言风格浅析》,《外国文学研究》, 1988 年第 2 期。

138. 吴松江:《斯诺精神——新闻记者和报告文学作家的镜与灯》,《福州大学学报(哲学社会科学版)》, 2005 年第 3 期。

139. 吴紫辰:《中国外交思想的演变:从“和平共处”到“和平发展”》,《战略与管理》, 2002 年第 2 期

140. 武际良:《海伦·斯诺的中国情结》,《炎黄春秋》, 1997 年第 7 期。

141. 武际良:《斯诺和海伦的婚恋》,《纵横》, 1999 年第 6 期。

142. 武际良:《良师益友四十年:斯诺与宋庆龄》,《人物》, 2003 年第 9 期。

143. 萧超然:《一个可信的自我判断——简析〈西行漫记〉关于青年毛泽东的思想发展的记述》,《中共党史研究》, 1993 年第 3 期。

144. 肖乾:《斯诺夫人海伦访问记》,加拿大《中报》周刊, 1980

年第7期。

145. 小鹿，《纪念〈西行漫记〉发表50周年》：《中国记者》，1988年第6期。

146. 谢骏：《斯诺、韦尔斯为报道红色中国所付出的代价》，《中国社会科学院研究生院学报》，2005年第3期。

147. 谢水兔：《媒体对外传播的有效途径》，《中国广播电视学刊》，2001年第一期。

148. 辛彬：《韬奋与斯诺》，《新闻大学》，1982年第4期。

149. 新华社：对我国媒体对外宣传报道有效性的基本评价：《中国记者》2004年第二期。

150. 休·伯金，赵文滨、蔡颖颖、林京京译：《击中国革命——海伦·斯诺在华岁月和情感历程》，《百年潮》，2001年第8期。

151. 徐成：《第一位向世界客观介绍红军长征的外国人》，《党史博采》，1996年第11期。

152. 徐兴学：《向世界宣传红军长征的第一人》，《钟山风雨》，2005年第2期。

153. 徐雨：《“五四”前后马克思主义书籍的翻译和中外文化交流》，《出版参考》，1999年第9期。

154. 徐重庆：《中美文化关系史上的重要篇章——鲁迅与斯诺的革命友谊》，《文史哲》，1977年第3期。

155. 闫丽娟：《为了全人类共有的精神财富——斯诺与索尔兹伯里的“长征情结”透视》，《社科纵横》，1996年第5期。

156. 阎丽娟：《第一个向世界报道红军长征的人——斯诺与他的〈西行漫记〉》，《党风通讯》，1996年第10期。

157. 杨发祥：《战争与社会变迁——以民国初期的南北战争为例》，《江西师范大学学报（哲学社会科学版）》，2008年第4期。

158. 杨剑波：《八千里风风雨雨——横穿中国徒步采访漫记》，《新闻实践》，1992年第8期。

159. 姚群民：《红军长征早期报道述论》，《南京社会科学》，2004年第10期。

160. 姚振田：《梅花香自苦寒来——电视剧〈西行漫记〉导演史践凡随行录》，《中国电视》，1994年第4期。

161. 叶明：《记〈西行漫记〉中毛主席的扮演者李克俭》，《中国电视》，1994 年第 7 期。

162. 易涤非：《论新闻的历史真实性》，《声屏世界》，1997 年第 4 期。

163. 殷月兰：《关于 1936 年毛泽东与斯诺谈话的两点考证》，《党的文献》，2003 年第 6 期。

164. 尹均生：《杰出的新闻记者斯诺和报告文学〈西行漫记〉——纪念埃德加・斯诺逝世十周年》，《华中师范大学学报（人文社会科学版）》，1982 年第 2 期。

165. 尹均生：《人类军事史上的伟大奇迹——三位美国记者笔下的中国工农红军长征》，《十堰职业技术学院学报》，2006 年第 5 期。

166. 尹均生、龚举善：《试论〈西行漫记〉的生命意念与人类意味》，《荆门职业技术学院学报》，1998 年第 3 期。

167. 尹均生：《〈西行漫记〉——跨越时空的划时代巨著——纪念〈西行漫记〉发表 60 周年》，《理论月刊》，1998 年第 1 期。

168. 尹均生：《〈西行漫记〉与毛泽东和中国革命——纪念斯诺采访毛泽东 55 周年》，《外国文学研究》，1991 年第 3 期。

169. 尹均生：《〈西行漫记〉中文版出版前后》，《编辑学刊》，1999 年第 4 期。

170. 尹均生：《百年斯诺　史铸辉煌——纪念国际报告文学家斯诺诞辰 100 周年》，《广播电视大学学报（哲学社会科学版）》，2005 年第 1 期。

171. 尹均生：《海伦・斯诺与〈毛泽东的故乡〉》，《党史天地》，1994 年第 2 期。

172. 尹均生：《中国情结书写传奇一生——纪念美国记者、报告文学家海伦・斯诺逝世十周年》，海伦・斯诺国际学术研究会，2007 年，北京大学。参见《广播电视大学学报》，2007 年第 1 期。

173. 尹均生：《海伦，中国远隔重洋呼唤您——悼海伦・斯诺女士》，《出版科学》，1997 年第 4 期。

174. 尹均生：《记者斯诺的成功之路——纪念斯诺采访毛泽东 60 周年》，《出版科学》，1996 年第 3 期。

175. 游国斌：《斯诺报道中的新四军》，《福建党史月刊》，2003 年第 4 期。

176. 于斌：《〈西行漫记〉手抄本的诞生》，《党史纵横》，1993 年第7期。

177. 于行前：《迫害刘志丹的执行者不是张敬佛——〈西行漫记〉中一段史实的补正》，《炎黄春秋》，1997年第8期。

178. 于友：《〈西行漫记〉和胡愈之》，《国际新闻界》，1989年第1期。

179. 于友：《斯诺当年为何会想到访问陕北？——〈埃德加·斯诺传〉读后》，《传媒观察》，1994年第12期。

180. 余建亭：《回忆毛主席在延安会见海伦·斯诺及其他》，《理论导刊》，1989年第10期。

181. 余建亭：《继〈西行漫记〉之后——回顾海伦·斯诺访问延安》，《中共党史资料》，2005年第3期。

182. 余新惠：《海伦·福斯特和鲁迅的友谊》，《重庆教育学院学报》，1999年第4期。

183. 余一卒：《尼姆·威尔斯和鲁迅的友谊》，《中外文化交流》，1998年第4期。

184. 袁本文：《周恩来与西方新闻记者》，《北方工业大学学报》，1999年第2期。

185. 袁武振：《预报西安事变的美国女记者——海伦·斯诺西安事变前对张学良的采访》，《新闻知识》，2001年第5期。

186. 袁成毅：《笔谈抗日战争与控中国社会变迁》，《抗日战争研究》，2008年第2期。

187. 曾成贵：《抗日战争与中国社会变迁——纪念抗日战争胜利60周年学术研讨会综述》，《江汉论坛》，2005年第9期。

188. 曾伟：《新西行漫记：三个老外的长征之旅》，《民族团结》，1997年第6期。

189. 詹世忠：《斯诺的新中国之行》，《福建党史月刊》，2002年第1期。

190. 詹文莉：《试论斯诺新闻伦理准则的形成和表现》，《张家口师专学报》，1996年第2期。

191. 张东：《走近两颗伟大的心灵——影片〈毛泽东与斯诺〉观后》，《当代电影》，2001年第4期。

192. 张功臣：《西方对华报道史上的一座里程碑——斯诺和〈西行漫记〉》，《当代传播》，1996年第4期。

193. 张珂：《他用摄影镜头记录和宣传中国革命——纪念斯诺诞辰100周年》，《新闻知识》，2005年第8期。

194. 张石山：《斯诺"害怕"》，《咬文嚼字》，1999年第4期。

195. 张威：《1936：斯诺赴延安采访的台前幕后》，《新闻记者》，2005年第10期。

196. 张西望：《海伦·斯诺的新闻修养》，《报刊之友》，2001年第3期。

197. 张小鼎：《〈西行漫记〉在中国》，《中国出版》，1979年第6期。

198. 张小鼎：《〈西行漫记〉在中国》，《纵横》，2006年第10期。

199. 张小鼎：《〈西行漫记〉在中国——〈红星照耀中国〉几个重要中译本的流传和影响》，《出版史料》，2006年第1期。

200. 张晓莉：《海伦·斯诺与"一二·九运动"》，《文博》，1998年第4期。

201. 张雪琴：《斯诺笔下的红军东征》，《党史文汇》，1996年第6期。

202. 张雪琴：《〈西行漫记〉中的山西人》，《沧桑》，1994年第4期。

203. 张雪琴：《斯诺笔下的红军东征——重读〈红星照耀中国〉》，《晋阳学刊》，2003年第3期。

204. 张雪垠：《国外研究毛泽东著述概观》，《图书馆学研究》，1999年第2期。

205. 张昭梅：《国外毛泽东思想研究分析》，《毛泽东思想研究》，1988年第4期。

206. 张注洪：《斯诺访问新中国与中美关系的发展》，《北京党史》，2001年第1期。

207. 张注洪：《当代中国史研究中的文献史料问题》，《当代中国史研究》，2006年第5期。

208. 赵德教：《鲁迅与斯诺的交往》，《殷都学刊》，1995年第4期。

209. 赵良：《埃德加·斯诺：一位属于中国西部的美国人》，《新西部》，2003年第2期。

210. 赵启正：向世界说明中国：《华人时刊》2003年第12期。

211. 资中筠，《海伦·斯诺——不寻常年代的一次不寻常访问》，《百年潮》，1997 年第 3 期。

212. 周亨友：《〈西行漫记〉的信息学内涵》，《广播电视大学学报（哲学社会科学版）》，2001 年第 1 期。

213. 周洪钧：《〈西行漫记〉与中美关系》，《复旦学报（社会科学版）》，1985 年第 1 期。

214. 周瑾：《闪耀在世界的"红星"》，《对外大传播》，2005 年第 7 期。

215. 周胜林：《这些外国名记者何以令人崇敬?》，《报刊之友》，1997 年第 3 期。

216. 钟功奇、邱长福：《谁是〈西行漫记〉封面上的红军号兵》，《党史天地》，1999 年第 10 期。

217. 朱鸿召：《奔向延安热土》，《炎黄春秋》，1997 年第 5 期。

218. 朱清河：《名记者应具备的职业品质——纪念斯诺诞辰 100 年》，《新闻前哨》，2005 年第 7 期。

219. 朱有华：《做执著的新闻工作者——读索尔兹伯里的〈长征——前所未闻的故事〉有感》，《传媒观察》，1996 年第 11 期。

220. 朱子奇：《海伦·福斯特·斯诺和她的六首诗》，《友声》，1997 年第 6 期。

221. 卓爱平：《"不到延安看不到新中国"——外国记者笔下的延安》，《党史文汇》，1999 年第 12 期。

222. 卓爱平：《外国记者眼中的延安》，《文史精华》，1999 年第 11 期。

三、英文文献

1. An Wei, *Ageless Friends—Helen Snow and An Wei letters*, Shanxi Tourism Press, 2007.

2. Betty Winfield, *Edgar Snow and the Foreign Correspondence*, Communicating Across Cultures: Edgar Snow as an Example, Peking University Press, 2006.

3. Bernard Thomas, *Season of High Adventure*, *Edgar Snow in China*. Univ. of California press, 1996.

4. Chen Xiu xia, *Snow's Unique Contributions—In communicating to the*

World about the Chinese Revolution, *in Promoting Sino-US understanding and better ties*, Communicating Across Cultures: Edgar Snow as an Example, Peking University Press, 2006.

5. Chen Xiuxia, *In Memory of Helen Foster Snow Bridge Builder of Sino-US Friendship*, *Helen Foster Snow* Seminar-Peking University, September 3, 2007.

6. Earl Babbie, *The Practice of Social Research*, 9th ed. , Tsinghua University Press, 2003.

7. Edgar Snow, Author on China, Is Dead, *The New York Times*, 18, February, 1972.

8. Edgar Snow, *Interview with Mao*. New Republic. Feb. 17, 1965.

9. Edgar Snow, *Journey to the beginning*. New York: Random House.

10. Edgar Snow, *Red star over China*, New York: Grove Press, 1968.

11. Edgar Snow, *Random notes on red china*. Cambridge: Harvard University.

12. Edgar Snow, *Red China Today*. New York: Vantage Books, 1970.

13. Edward L. Farmer, "From Admiration to Confrontation," *Media Studies Journal* 13: 1 Winter 1999.

14. Deng Wu, *A Comparison of American and Chinese Media's Coverage of Edgar Snow after His Death*, Communicating Across Cultures: Edgar Snow as an Example, Peking University Press, 2006.

15. Edgar Snow, *The battle for Asia*, New York: Random House, 1941.

16. E. Grey Dimond, *Ed Snow before Paoan*: *the Shanghai years*, Kansas City, Mo. : Edgar Snow Memorial Fund, Inc. , 1994

17. Evgeny Zaytsev, *Edgar Parks Snow* (1905—1972) *war correspondent*: *View from Russia*, Communicating Across Cultures: Edgar Snow as an Example, Peking University Press, 2006.

18. Farnsworth, *Edgar Snow Stakes His Claim as a Worldwide Journalist*, *Communicating* Across Cultures: Edgar Snow as an Example, Peking University Press, 2006.

19. Felix Greene, *A Curtain of Ignorance*, Garden City, NJ: Doubleday & Co. , 1964.

20. Foster Rhea Dulles, *American Policy Toward Communist China*,

New York: Thomas Y. Crowell Company, 1972.

21. Gerbner, and Herbert I. Schiller, eds. , *Triumph of the Image: The Media's War in the Persian Gulf—A Global Perspective*, Boulder CO: Westover Press, 1992.

22. Hamid Mowlana, *The Role of Media in Contemporary International Relations: Culture and Politics in the Crossroads*, Communicating Across Cultures: Edgar Snow as an Example, Peking University Press, 2006.

23. Hamid Mowlana, "Roots of War: The Long Road of Intervention," in Hamid Mowlana, George Gerbner, and Herbert I. Schiller, eds. , *Triumph of the Image: The Media's War in the Persian Gulf—A Global Perspective*, Boulder CO: Westover Press, 1992.

24. Helen Foster Snow, *My China Years*, William Morrow and Company, 1984.

25. Helen Foster Snow, *My China Years*, Foreign Languages Press, Beijing, 2004.

26. Helen Foster Snow, *Women in Modern China*, Foreign Languages Press, Beijing, 2004.

27. Jerry Wayne Ashe, "*The China News Ban*," *unpublished master's thesis*, West Virginia University Press, 1967.

28. John Maxwell Hamilton, *Edgar Snow, a biography*, Bloomington: Indiana University Press, 1988.

29. John S. Service, *Edgar Snow: some personal reminiscences*, Berkeley, California: Center for Chinese Studies, University of California, 1972.

30. Karen E. Hyer, *Hannah Davis Foster, Cedar City's Pioneer Woman activist; Helen Foster Snow's Mother and Role model, Helen Foster Snow: an Introduction to Her Life and Legacy*, a Symposium, Charles Hunter Room, Hunter Conference Center, Southern Utah University, November 11, 2009.

31. Kelly Ann Long, *The Accomplishments of Helen Foster Snow in China, Helen Foster Snow: an Introduction to Her Life and Legacy*, a Symposium, Charles Hunter Room, Hunter Conference Center, Southern Utah University, November 11, 2009.

32. Lei Gong, Edgar *Snow and other foreign correspondents in Xi'an Mutiny*, Communicating Across Cultures: Edgar Snow as an Example, Peking U-

niversity Press, 2006.

33. Lois Wheeler Snow, *Edgar snow's China: a personal account of the Chinese revolution compiled from the writings of Edgar Snow*, New York: Random House, 1981.

34. Mary Clark Dimond, *Edgar snow* 1905—1972, Edgar Snow Memorial Fund, 1980.

35. Mao's Columbus, *Time*, 28, February, 1972.

36. Memories of Edgar Snow, *Beijing Review*, 15, February, 1982.

37. Michael Guhin, *John Foster Dulles*, New York: Columbia University Press, 1972.

38. Nency Welson, Speech, *Helen Foster Snow Seminar-Peking University*, September 3, 2007.

39. Nym Wales [Helen Foster Snow], *My Yenan Notebooks*: "News from Edgar Snow" .

40. Nym Wales, *Red Dust: Autobiographies of Chinese Communists*, Stanford, Calif. : Stanford

41. Nym Wales, *China Builds for Democracy: A Story of Cooperative Industry*, Foreign Languages Press, Beijing, 2004.

42. Nym Wales, *Inside Red China*, Foreign Languages Press, Beijing, 2004.

43. Pole Hyer, *Helen Snow's Mormon Connection*, Helen Foster Snow Seminar-Peking University, September 3, 2007.

44. Pole Hyer, *Helen Snow and Mormon Connection*, *Helen Foster Snow: an Introduction to Her Life and Legacy*, a Symposium, Charles Hunter Room, Hunter Conference Center, Southern Utah University, November 11, 2009.

45. Peter Rand, *China Hands, The Adventures and Ordeals of the American Journalists Who Joined Forces with the Great Chinese Revolution.* New York: Simon Schuster, 1995,

46. Peter A. DeCaro, Politics in the Crossroads, *Communicating Across Cultures: Edgar Snow as an Example*, Peking University Press, 2006.

47. Peter A. DeCaro, *Edgar Snow's Emerging China*, *Communicating Across Cultures: Edgar Snow as an Example*, Peking University Press, 2006.

48. Robert M. Farnsworth, *From vagabond to journalist: Edgar Snow in*

Asia, 1928—1941, Beijing: Foreign Languages Press, 2003.

49. S. Bernard Thomas, *Season of high adventure: Edgar Snow in China*, Berkeley: University of California Press, 1996.

50. Rewi Alley, *An Autobiography*, Foreign Languages Press, Beijing, 2004.

51. Rewi Alley, *Yo Banfa!*, Foreign Languages Press, Beijing, 2004.

52. Sharon Crain, *the 100th Anniversary Celebration of the Life of Helen Foster Snow*, 1907—2007, Helen Foster Snow Seminar-Peking University, September 3, 2007.

53. Sheril Foster Bischoff, Some Thoughts on Edgar and Helen Snow, *Communicating Across Cultures: Edgar Snow as an Example*, Peking University Press, 2006.

54. Sheril Foster *Bischoff*, *Bridging: A Photo Essay on the Life of Helen Foster Snow*, Shumway Family History Services.

55. Stephen R. Mackinnon, *Press Freedom and the Chinese Revolution in the 1930s*, *Media & Revolution*, Comparative Perspectives, 1995.

56. Stephen J. Farnsworth, *Seeing Red: FBI and Edgar Snow*, Journalism History, 2002's fall issue.

57. Thomas, S. Bernard, *Season of High Adventure: Edgar Snow in China*, University of California Press. Revolution, Comparative Perspectives, 1995.

58. The Man Who Knew Mao, *Newsweek*, 28, February, 1972.

59. Wan Xing editor, *China Remembers Edgar Snow*, Beijing Review, 1982.

附录一 埃德加·斯诺年表①

1905 年

7 月 19 日② 生于美国密苏里州堪萨斯城。父亲詹姆斯·埃德加·斯诺，母亲安娜·凯瑟林·埃德尔曼，姐姐米尔特丽德，哥哥霍华德。

1923 年（18 岁）

在堪萨斯西港中学毕业。

开始在堪萨斯城初级学院学习，至 1925 年，其间曾为学报工作。

1925 年（20 岁）

春季 在纽约哥伦比亚大学新闻学院选两门课。

秋季 进入 1908 年创立的世界第一所新闻学院——密苏里大学新闻学院学习，担任《堪萨斯星报》校内通讯员。③

---

① 本年表力求全面而简明，并侧重斯诺对中美关系影响的有关事件及其著作发表情况。目前出版物中的斯诺年表主要有如下 5 个，本年表将指出其中部分说法上的错误：1. 万冈，埃德加·斯诺生平、著述简表，刘力群主编，《纪念埃德加·斯诺》，新华出版社 1984 年 8 月第 1 版，第 515 页。2. 奚金芳，斯诺与中国革命关系大事记，埃德加·斯诺著，《红色中华散记》，江苏人民出版社 1992 年 3 月第 1 版，第 281 页。3. 武际良，埃德加·斯诺生平年表，《十个美国人的中国情缘》，华艺出版社，2000 年 10 月第 1 版，第 57 页。4. 尹均生、安危，生平年表及著作，尹均生、安危著，《[美] 埃德加·斯诺》，人民日报出版社 1996 年 1 月第 1 版，第 244 页。5. 中国 3S 研究会编，三 S 著作目录，《敬礼，3S》，中国新闻出版社，1985 年 4 月第 1 版，第 99 页。

② 《中国大百科全书·新闻出版》中有关斯诺条目中“1905 年 7 月 11 日出生”有误，见《中国大百科全书·新闻出版》第 303 页，中国大百科全书出版社 1990 年 12 月第一版。

③ 尹均生、安危的斯诺生平年表及著作中“后转入哥伦比亚大学分校继续读新闻，至毕业”有误。

1926 年（21 岁）

在纽约司克威尔兄弟广告公司工作。

1928 年（23 岁）①

2 月 15 日　启程开始旅行。在夏威夷时，他写了一篇关于冲浪运动和当地风土人情的通讯《在胡拉的土地上》，被纽约《哈泼斯集市报》发表，他还写了三首诗发表在《火奴鲁鲁广告人》杂志上。在他写的《神与丸偷渡记》中记述了他从船上逃脱的经过。

7 月 6 日②　从日本到达上海，向密苏里同乡、上海《密勒氏评论报》主编兼《芝加哥论坛报》驻华记者约翰·本杰明·鲍威尔递交了密苏里大学新闻学院院长沃尔特·威廉斯的推荐信。鲍威尔安排斯诺协助他编辑《密勒氏评论报》的一期《新中国专辑》，有 198 页的特刊，于 10 月 10 日出版。1928 年 9 月至 1930 年 3 月，担任《密勒氏评论报》助理编辑、代理主编等职，兼任美国《芝加哥论坛报》驻远东记者。

10 月中旬　在南京初次会见蒋介石，采访宋子文、王正廷、孙科等政府官员。交通部长孙科建议他到中国各地旅行观光，进行宣传报道。他从国民党政府注册局得到一份为期 12 个月的广告合同。

12 月 5 日　根据当时有关中国各地灾情的消息和恩斯特·费伯著《中国史》中的史料，撰写出《中国的五大害》一文，在上海《密勒氏评论报》发表。

12 月 30 日　乘火车到山东采访，开始了在中国铁路沿线旅行采访。报道日本人制造"五三"济南惨案的真相，对日本的中国政策提出尖锐的抨击。当时有错误报道称，日军拘留了美国记者"白云"（斯诺最早的中文笔名），出现在青岛、北京、天津、武汉、广州和香港的报纸头版上。消息传到美国，他母亲来电恳求儿子立即回家。

1929 年（24 岁）

上半年　沿中国的沪杭、沪宁、津浦、京沈、沈哈、京绥等铁路线，作了近 13000 公里的旅行采访，文章连续发表在《密勒氏评论报》上。他还访问了日本殖民统治下的朝鲜。

8 月 3 日　《拯救二十五万生灵》发表在《密勒氏评论报》上，呼吁中外社会的救援。他把这次采访称为"我一生中的一个觉醒点，并且是我所有经历中最令我毛骨悚然的"。采访结束返回上海后，他担任了《密勒氏评论报》代理主编

---

① 奚金芳的斯诺与中国革命关系大事记中年份后列出的斯诺年龄全部错误，少了一岁，如"1928 年（22 岁）"有误，应为 23 岁。

② 奚金芳，斯诺与中国革命关系大事记中"1928 年 5 月斯诺从日本至上海……5～8 月，斯诺编《新中国》特刊……8～12 月旅行采访"有误。

	和《芝加哥论坛报》驻华记者。斯诺在灾区结识了路易·艾黎。斯诺还在美国纽约《先驱论坛报》上发表了关于这次灾荒的报道。
夏秋	斯诺再赴东北采访，在沈阳，会见了张学良。他在《满洲走哪一条路》一文中预测日本人不久会武装侵占全东北。
11月9日	在《密勒氏评论报》上发表《中国人请走后门》，强烈地抨击西方人在上海的种族歧视行径。

1930年（25岁）

7月	任美国统一报业协会①驻远东旅游记者，驻北平代表，至1933年。
8月	在《美国信使》第8期上发表了《上海的美国人》一文。文中谴责租界生活是“最丑陋不堪的”。他引起在上海的西方人特别是美国人的恼怒和反对，在租界里受到孤立。
9月25日	离开上海，开始在中国东南沿海、西南地区和东南亚、南亚旅行采访。斯诺用一年多时间，访问了台湾、福建、两广和云南等地。他还与美国博物学家约瑟夫·F·罗克博士的远征队访问缅甸、印度，会见了民族独立运动领袖甘地和尼赫鲁。之后，乘船取道新加坡，返回中国。斯诺除了每天给《芝加哥论坛报》提供最新的消息报道外，也在纽约《先驱论坛报》周刊上发表文章。
10月	在《亚洲》杂志发表了《孔子后裔的名字和声誉》一文。

1931年（26岁）

1月	在《当代历史》杂志上，发表了第一篇关于中国红军的文章《新型盗贼》。文章使用了大量来自上海的第二手资料，不甚准确。
8月	同由美国刚到上海任美国领事馆秘书的海伦·福斯特小姐相识。他们一见钟情，坠入热恋之中。
9月初	随记者团租用的轮船溯长江而上，从东到西采访从镇江到武汉的大片地方发生的中国有史以来最大的洪灾。
9月18日	斯诺从印度返回中国到上海后，经德国《法兰克福报》美籍记者史沫特莱介绍，先后两次访问宋庆龄。他写的《她为中国民众而战一记中国自由运动著名领袖的遗孀孙逸仙夫人》，发表在1933年8月6日《纽约先驱论坛》上。
10月	去东北采访“九一八”战事实况。
12月6日	《中国洪水纪实》发表于美国《纽约先驱论坛报》上（1932年1月23日②上海《密勒氏评论报》也发表了此文）。

---

① 尹均生、安危的斯诺生平年表及著作中“担任美联社远东代表”有误。奚金芳，斯诺与中国革命关系大事记中“美国统一新闻协会”有误。

② 奚金芳，斯诺与中国革命关系大事记中“1931年1月23日”有误。

1932 年（27 岁）

1 月 28 日	亲历日本侵略军由所占上海租界向闸北一带进攻，当晚，他最迅速地发出了第一篇关于这场战争的目击报道，在美国一些大报和英国《每日先驱报》头版刊出。随后，斯诺根据东北和上海之战的实地采访，写他的第一本书——《远东前线》。
7 月 11 日	和宋庆龄、杨杏佛等中外知名人士，一同发起组织牛兰夫妇营救委员会，宋庆龄任委员会主席，斯诺为委员。他于这时期开始编纂以《活的中国》为书名的中国短篇小说选，收入鲁迅、茅盾、巴金、郭沫若、柔石等作家的小说。
12 月 25 日①	与海伦·福斯特在日本东京美国大使馆举行了婚礼。接着，他们在日本各地开始蜜月旅行，之后乘船去南洋群岛、新加坡、香港、澳门等地观光
年底	与姚蓬子（即姚方仁）合作翻译《阿 Q 正传》，通过姚蓬子的联系，与鲁迅多次会面于上海。

1933 年（28 岁）

3 月	与海伦·福斯特安家于北平，住在北京饭店。斯诺接替了美国统一新闻协会驻北平代表之职。此后，他们在北京共住了 5 年。
4 月	住进靠近协和医院的煤渣胡同 21 号一座四合院内。开始为美国《星期六晚邮报》、美国《纽约太阳报》、英国《每日先驱报》撰稿，1934 年至 1937 年任美国《纽约太阳报》特约记者，1932 年至 1941 年任英国《每日先驱报》特约记者。为《星期六晚邮报》撰写《西方国家威信的衰落》一文。
5 月 20 日	《密勒氏评论报》发表斯诺的《五十年对中国的肢解》一文。
8 月	国际统一新闻协会因负债累累解散，斯诺失业。同月，美国《星期六晚邮报》发表了他的《西方国家威信的衰落》一文。不久，他收到该报总编辑洛里默来信，请他继续为该报撰稿。并寄来 750 美元稿费。从此，斯诺为该报写文章达 15 年之久。（该报共为他支付 25 万美元的各种费用。）
9 月	斯诺的第一部著作《远东前线》② 在英国伦敦出版。
12 月 16 日	在《密勒氏评论报》发表《农业中国是如何重建的》报道。在中国满族老师指导下学习中国语言，自称："给精细巧妙的中文迷住了"，掌握了足够应用的普通话。

---

① 武际良的埃德加·斯诺生平年表中"12 月 26 日结婚"有误。

② 奚金芳的斯诺与中国革命关系大事记中和万冈的埃德加·斯诺生平、著述简表中"斯诺的第一部著作《远东前线》在美国出版"正确，因为 *Far Eastern Front*《远东前线》1933 年同时在美国和英国出版，分别为"Harrison Smith & Robert Haas，New York，和 Jarrolds Publishers，London."而尹均生、安危的斯诺生平年表及著作中"《远东前线》1934 年在伦敦出版"有误。

1934 年（29 岁）

1 月　在美国《当代历史》杂志上发表《孱弱的中国强人》① 一文。

2 月　在《星期六晚邮报》上发表《日本建立一个新殖民地》一文。

3 月　就聘于燕京大学新闻系，任讲师，讲授“新闻特写”、“旅游通讯”等课程。他和海伦搬到海淀军机处 8 号（燕京大学南门外）居住。他开始任英国《每日先驱报》记者（共 4 年）。

10 月　采访了蒋介石。蒋亲口向他宣布：“红军已被剿灭”，斯诺认为，如果“宣布的是事实，那么，看来，江西的共产党基地实际已经不存在了。”他只好取消了与史密斯公司的采访写书合同。

12 月　应燕京大学校长司徒雷登邀请，斯诺向全校教师作关于法西斯主义问题的讲座，使人们了解斯诺的反法西斯主义政治观点。

1935 年（30 岁）

1 月　在美国《亚细亚》杂志当年第 1 期上发表《鲁迅——白话大师》一文，后收入《活的中国》一书内。1 月 18 日，鲁迅在致郑振铎的信中写道，“S 君（指斯诺）是明白的，有几个外国人之爱中国，远胜于有些同胞自己。”

夏　斯诺赴东北和日本采访两个月后返北平。

7 月　美国《当代历史》月刊，发表斯诺的《中国书报检查官的处事之道》一文。

11 月　在《旅行》杂志上发表《在古老亚洲的门口》一文。

秋　斯诺夫妇搬家至北平崇文门盔甲厂 13 号居住。斯诺被聘为英国《每日先驱报》的特约记者，并继续在燕大新闻系讲课，参加该校新闻学会的活动。

12 月 8 日　北平学联拟写了宣言，交给斯诺夫妇，他俩连夜译成英文，以备向国外发送。斯诺夫妇把学生送给他们的《平津十校学生自治会为抗日救国争自由宣言》连夜译成英文，交由合众社向国际上报道，并在上海英文报纸《密勒氏评论报》上发表。斯诺在《旅行家》杂志上发表《在古老亚洲的门口》一文。

12 月 9 日　北平学生“一二·九”爱国运动爆发，斯诺夫妇积极支持学生反对日本帝国主义的爱国斗争。斯诺把历史场面摄下，又在当晚起草并打印了给宋庆龄的求援信。他于当日发出的新闻报道中，称“一二·九”为“革命青年大爆发”，是又一次“五四”运动。“这种经历教育了我，使我懂得在革命的所有起因中，知识青年完全丧失了对一个政权的信心，是促成革命的一个要素，对于这个现象，学究式的历史学家往往是漫不经心的。蒋介石的国民党把许多爱国的男女青年赶到了作为中国最后希望的红旗下来。在他

---

① 武际良的埃德加·斯诺生平年表中另一译法《统治孱弱中国的铁腕人物》。

们当中，有一批就是司徒雷登的燕京大学学生。”①

12 月 12 日　斯诺夫妇和一些外国记者出席燕京大学学生自治会举行的外国记者招待会并讲了话。同年底，斯诺在燕大对尼姆说：“像 W. H. 端纳等报人，过去卷入了中国的内部事务，此中原因，现在我明白过来了。当一位你所爱的女子正在遭受侮辱时，你是不可能袖手旁观的。北平就是一位美好的女子。”②

1936 年（31 岁）

1 月　在美国《亚细亚》杂志发表《论鲁迅》一文。

4 月下旬　到上海拜会宋庆龄，请求帮助他去陕北苏区采访。

5 月上中旬　在宋庆龄和地下党组织的帮助和安排下，斯诺与鲁迅再度见面。鲁迅对由斯诺带来的尼姆·威尔斯书面提出的关于中国现代文学的 23 个问题逐一作了回答。

5 月 15 日　在陕北瓦窑堡中共中央收到斯诺通过党的秘密交通送到陕北的采访问题单子。毛泽东、张闻天、博古、王稼祥、凯丰、罗迈（李维汉）、林伯渠、杨尚昆、吴亮平、陆定一等人开会，以“对外邦如何态度——外国新闻记者之答复”为议题，就斯诺提出的 11 个问题进行了讨论。随时准备迎接斯诺的到来。

5 月 19 日　斯诺从上海回到北平。

6 月 6 日　在《星期六晚邮报》上登载《东方即将来临的冲突》一文。

6 月中旬　中共中央通过宋庆龄邀请一位公道的记者和一名医生到陕北去实地考察边区的情况，了解中共的抗战主张。宋庆龄决定安排斯诺和马海德（即乔治·海德姆）医生前往。在宋庆龄的帮助下，斯诺带着北平的一位教授（即东北大学教授徐冰）交予刘少奇授权柯庆施（北方局组织部长）写的致毛泽东的信（用隐形墨水写的介绍信）和接头暗号——半张五英镑钞票，两架照相机，24 个胶卷和足够的笔记本，独自动身去西安。临行前写信给妻子，请她帮助物色一两名燕京大学学生朋友前往。

6 月下旬　到达西安，住周余。他拜访了陕西省绥靖公署主任杨虎城将军，又拜会了陕西省主席邵力子。通过王牧师（董健吾）与党组织联系后，搭乘张学良将军的东北军的卡车，在中共中央政治局委员，保卫局局长邓发的陪同下，经洛川进入红区。

7 月 9 日　周恩来，叶剑英、李克农等至安塞白家坪欢迎斯诺并亲切交谈。周为之安排了旅行路线并派一连红军护送斯诺去保安。

7 月 13 日　斯诺到达中共中央所在地陕西省安塞县的保安。

---

① ［美］埃德加·斯诺：《我在旧中国十三年》，生活·读书·新知三联书店 1973 年出版，第 60 页。

② ［美］埃德加·斯诺：《我在旧中国十三年》，生活·读书·新知三联书店 1973 年出版，第 60 页。

7 月 14 日	中共中央为斯诺和海德姆医生的到来举行了欢迎晚会。
7 月 15 日	对毛泽东首次正式采访（由中央局宣传部长吴亮平作口头翻译，斯诺按吴的口译作笔记）。毛泽东回答了他关于苏维埃政府对外政策的提问。马海德医生参加了斯诺采访毛泽东的所有谈话。7 月 16 日，自晚上 9 时至次日凌晨 2 时，毛泽东同斯诺谈中国抗日战争形势、方针问题。7 月 18 日、19 日晚，毛泽东同斯诺谈苏维埃政府的对内政策问题。7 月 23 日，毛泽东同斯诺谈中国共产党与共产国际、苏联的关系问题，并回答斯诺关于红军何以能够胜利以及抗日战争结束后国内革命的主要任务等问题。
7 月 19 日	与李德（共产国际军事顾问）交谈。
7 月 25 日	在保安访问冯文彬，吴亮平，王观澜、王稼祥，叶剑英和秦邦宪等多人。访问博古。后者用英语向他谈了个人经历；访问林彪，向他谈了个人经历和对红军第 5 次反“围剿”失败的看法，并认为李德（共产国际派驻中共的军事顾问）要对失败负主要责任；访问冯文彬，向他谈共产主义青年团情况；访王观澜，谈中共土地政策及实践；访吴亮平，谈中共的宣传工作；还采访了李德，李承认西方的一套作战方法在中国不一定行得通。到保安不久，斯诺还应时任红军大学校长的林彪邀请去给学员们作了关于“英美对华政策”的演讲。
8 月初	在吴起镇花三天时间，考察了红区的工业。然后花半个月时间，骑马去甘肃采访。黄华陪同采访。①
8 月中旬	到甘肃、宁夏红军前线采访红军将领萧劲光、杨尚昆、彭德怀、邓小平、李天佑、徐海东、刘晓等人。
8 月 16 日	到达红一方面军总部所在地宁夏南部的预旺堡，红一方面军政治部主任杨尚昆向他提供了关于红军的完整统计资料。
8 月 20 日	红军召开欢迎美国朋友斯诺、马海德大会。彭德怀、聂荣臻，左权、朱瑞都出席了大会。
9 月 1 日	继续在宁夏预旺堡，碉堡子，甘肃的河连湾，程家屋，洪德城等地采访和行军，于 9 月 20 日返回陕西吴起镇。
9 月下旬	在保安访问毛泽东，周恩来。分别谈了“工合”和红军在长征中的损失等问题。
10 月初	海伦·斯诺从北平出发去西安，准备赴红区采访，被国民党特务阻拦未成。
10 月 9 日	访问苏区国家保安局周兴，随后访问博古，谈中国苏维埃运动。又同蔡树藩、陆定一、李德等在一起。
10 月 12 日	离开保安，返东北军防区。
10 月 20 日	从保安骑马至洛川，22 日返西安。在他返西安途中惊悉鲁迅逝世。他与姚

① 奚金芳的斯诺与中国革命关系大事记中“8 月 27 日，黄华（时名王汝梅）从北平赶来，在预旺堡与斯诺相会并随后充当他的翻译。”有误。黄华在回忆录中“7 月 20 日到达苏区，经过一天的行程，到了保安县与斯诺住在一起。”见《亲历与见闻——黄华回忆录》第 24 页，世界知识出版社 2007 年 8 月第一版。

莘农（姚克）联名敬送了横批是“鲁迅先生不死”的挽联：译著尚未成功，惊闻陨星，中国何人领呐喊，先生已经作古，痛忆旧雨，文坛从此感彷徨。

10月25日 返抵北平。

10月 《活的中国》① 一书在英国伦敦的乔治. 哈勒普书店和美国纽约的约翰·戴书店出版。斯诺在该书扉页写道：“献给S. C. L（宋庆龄），她的坚贞不屈，勇敢，忠诚和美好的心灵是现代中国最优秀品质的活生生的象征。”

10月27日 传出斯诺已被红军处决的消息。美联社已经在美国发出了电讯报道。斯诺立即出席在美国公使馆举行的记者招待会，在会上他发表了自己红区之行的谈话。这消息通过国外报刊发回中国，在远东各大报刊登载后，立即引起轰动。南京则引起了惊惶失措，国民党新闻局以取消他的记者特权相威胁。但日本和国民党均派人见斯诺，企图探听他越过封锁线的办法。

11月14日、21日 以《毛泽东访问记》为题，在《密勒氏评论报》上首先发表了毛泽东关于个人经历的谈话，并配发了他拍摄的毛泽东头戴红军帽的大幅照片。在国内外引起巨大的反响。

1937年（32岁）

1月 斯诺夫妇与燕京大学进步教授梁士纯、夏仁德、张东荪、姚莘农、贝特兰等办了英文杂志《民主》(Democracy)。该刊主张抗日，内部团结，言论自由。刊登了斯诺关于陕北苏区状况介绍的文章和照片，终于首次在国内冲破了九年来国民党政府对苏区的新闻封锁。

1月21日 在北平协和教会男教友聚会上作了《红党与西北》的长篇报告，与会者二百余人。此文寄上海《大美晚报》主编兰德尔，在该报2月5日发表。同一星期五又在华语学校作了同样内容的报告。

1月24日 陆续在美国外交官谢伟思家里、北京饭店、扶轮社、北平基督教青年会（东单北大街）作了介绍苏区情况的报告，2月5日巴黎《救国时报》和北平英文《北京纪事报》均予以报道。

2月5日 在燕京大学未名湖畔由燕大新闻系召开斯诺苏区摄影展览会，200多位师生参加大会，斯诺首次放映了他拍摄的关于红军生活的纪录影片，并展示了他拍摄的100多张照片。

2月22日 燕京大学历史学会在临湖轩开会，由同学转述斯诺陕北见闻并放映苏区影片和幻灯，与会三百余人。除学生外，清华大学的教授，在北平的电影演员也来参加，放映他制作的苏区生活幻灯片300多张，纪录影片300余尺。

2月 在《亚细亚》杂志发表《来自红色中国的报告》。在美国《生活》画报上

---

① 中国3S研究会编的三S著作目录中“《活的中国》1937年出版”有误。万冈的埃德加·斯诺生平、著述简表中“1936年7月编译的中国现代作家短篇小说选《活的中国》在英国出版”有误。

发表了在陕北革命根据地拍摄的大量照片。南京国民政府外交部情报司司长李迪俊写威胁信给斯诺，说要是再发出此类电讯，将会导致政府方面采取“措施”。后来南京当局发一个禁令给西安的顾祝同：严禁新闻记者进入苏区并随附斯诺为首的八个新闻记者的姓名。国民党当局吊销了斯诺的记者采访证数月之久。

3 月初　在燕京大学美国教授夏仁德家中，斯诺向 20 多位参加过“一二·九”运动的爱国学生介绍苏区见闻，把刚写出的《红星照耀中国》一书的几章英文稿拿来给大家看；他亲自放映所拍摄的纪录影片，把毛泽东送给他的手书《长征》诗展示给大家看。

3 月　斯诺把访问苏区的一些报道文章和正在写作的《红星照耀中国》书稿交由王福时等爱国青年赶译成中文，编辑出版了题为《外国记者西北印象记》一书。书中有记述毛泽东与斯诺的多次谈话《毛施会见记》；斯诺回北平后的演讲稿《红军与西北》、《红旗下的中国》；毛泽东同史沫特莱的谈话《中日问题与西安事变》、美国作家诺曼·汉威写的《中国红军》、《中国红军怎样建立苏区》、《在中国红区里》3 篇有关川陕苏区和红四方面军的见闻。书中附录了陈云（署名“廉臣①”）的《随军西行见闻录》。斯诺还为该书提供了包括他拍摄的毛泽东头带八角红军帽的照片在内的 30 多幅反映红军和苏区人民生活的照片和 10 首红军歌曲，首次发表了毛泽东的《七律·长征》诗，还配有红军长征路线示意图。斯诺还为印刷此书提供了费用，秘密印刷了 5000 册，向北平各图书馆、各大学、进步团体和爱国人士广为散发。同年 4 月、11 月，在上海和西安还出版了此书的翻印本。

3 月 10 日　毛泽东致函斯诺，写道：“自你别去后，时时念到你的，你现谅好？我同史沫得列（特莱）谈话，表示了我们政策的若干新的步骤，今托便人寄上一份，请收阅，并为宣播，我们都感谢你的。”②

4 月 15 日　在《民主》杂志上发表《苏维埃强人》③ 一文。

4 月 27 日　海伦·斯诺为采访中共人物和红区消息，只身冒险取道西安，转赴延安访问。斯诺留北平写《西行漫记》（《红星照耀中国》）书稿。5 月 21 日—6 月中旬，海伦自陕北两次致书斯诺，写道：“陈赓要你特别小心，不要发表任何对蒋介石不利的东西。”“删掉搭救蒋介石的那件事，他在南京同蒋介石的谈话也要删去。”④ 斯诺在《西行漫记》中按此意见作了删节。

6 月 8 日　在《民主》杂志上发表《向鲁迅致敬》一文。

6 月底　收到毛泽东一封信。信中对西安事变后，国共合作抗日的谈判陷入僵局，

---

① 武际良的埃德加·斯诺生平年表中译为谦臣有误。

② 该信影印件存于中国革命历史博物馆。

③ 武际良的埃德加·斯诺生平年表中译为《苏维埃巨人》。

④［美］海伦·斯诺致埃德加·斯诺的信，1937 年 5 月 21 日、6 月 18 日，转引自安危《〈西行漫记〉与海伦·斯诺》一文，《纪念〈西行漫记〉发表五十周年学术讨论会论文》，1988 年 6 月。

蒋介石对东北军施行分化瓦解、改编、调离；对红军再次实行封锁包围的不祥事态表示“焦虑和担心”，并答复了斯诺提出如何摆脱当时中国的危机等问题。

7 月 6 日　致函许广平，代表他和海伦·斯诺欣然应邀参加鲁迅纪念委员会。

7 月 7 日　卢沟桥事变发生。斯诺在日军召开的记者招待会上发出了正义的呼声：“为什么要在中国领土上进行军事演习？为什么借口军士失踪动用大兵？为什么侵略军不撤兵回去，反叫中国守军撤出北平？”①“现在，中国的事业也就是我的事业了，我并且把这份感情，同反对世界上的法西斯主义、纳粹主义和帝国主义的决心联系起来。”② 同期，因“七七事变”的关系，斯诺和同事们办的进步刊物《民主》停刊。

7 月 18 日　“鲁迅先生纪念委员会”在上海成立。蔡元培和宋庆龄分别担任正副主席。成员有：茅盾、巴金、郭沫若、许广平、周建人、冯雪峰，姚克等六七十人，其中在为数有限的外国作家和友好人士成员名单中就有“施乐”（斯诺的中文名）。

7 月 31 日　北平陷落。斯诺的住所住满了被日寇列入黑名单的政治流亡者、教授和学生，包括东北大学代校长王卓然。他协助他们乔装成乞丐、苦力或小贩逃出北平，有的去参加游击队。抗日游击队在斯诺住所设置了无线电台。

夏　在北平近郊会见在西山养病的邓颖超，并让邓化装成他家保姆一同去天津，让她在他的朋友詹姆斯·贝特兰（英国记者）帮助下，安全越过战线，返回延安。同月，毛泽东致信斯诺，答复了他提出的如何摆脱当时中国的厄运（指东北军被瓦解后蒋介石再度封锁延安）的良策等问题。

7 月—11 月　在美国《新共和》杂志发表了《毛泽东自传》（7—10 月号），《苏维埃中国》（8 月号），在《美亚》杂志发表《与毛泽东的一次谈话》（8 月号），在《星期六晚邮报》发表《我访问了红色中国》（11 月号），在《亚洲》杂志发表了《长征》（11 月号），伦敦《每日先驱报》在第一版上刊登斯诺关于红区采访的一组文章的同时，提升斯诺为该报驻远东首席记者。

9 月 6 日　斯诺从天津打电报给正从延安往山西前线的尼姆·威尔斯，“你仍可取道青岛而回，欲行从速，否则今年恐不能回。”③ 19 日，与贝特兰一同去西安，斯诺会到正在患痢疾的尼姆·威尔斯。21 日，斯诺夫妇赴青岛休假一周。

9 月底　斯诺赴上海，为英国《每日先驱报》采访“八一三”以后的中国战讯。尼姆·威尔斯回北平休养和搬家。10 月，斯诺夫妇又在上海公共租界重新安家，他们怀着对红军将领和战士的无限敬意，向友人介绍在红区的见闻。

10 月　《红星照耀中国》一书英文本由伦敦戈兰兹公司出版。

---

① 《纪念埃德加·斯诺》，新华出版社 1982 年版，第 34 页。

② ［美］埃德加·斯诺，《我在旧中国十三年》，生活·读书. 新知三联书店 1973 年版，第 93 页。

③ ［美］尼姆·威尔斯著，《续西行漫记》，生活·读书. 新知三联书店 1991 年 3 月第一版。

11月2日　斯诺在上海会见宋庆龄，采访到在西安事变期间，她拒绝在孔祥熙要她在谴责张学良的声明上签字的经过，深为敬佩。

11月　斯诺通过在上海的八路军代表潘汉年同延安取得无线电联系，发出了他给毛泽东的信，介绍卡尔逊去延安访问。他随即接到了欢迎往访的答复。几天后，卡尔逊持斯诺给周恩来的信去南京会见了周，在周恩来的帮助下，卡尔逊成功地踏上了去延安的访问之路。

11月　斯诺夫妇在上海发起了中国工业合作社（全称为“中国工业合作协会”），路易·艾黎召集并写出计划，斯诺修改好计划后送《密勒氏评论报》打印成小册子，拿到上海各界人士中传阅。

1938年（33岁）

1月　美国兰顿出版社《红星照耀中国》美国版①（新增了第13章“旭日上的阴影”）出版，立即在美国成为有关远东的非小说作品中的畅销书。

2月　《西行漫记》②（即《红星照耀中国》）中译本在上海出版。这是在斯诺支持下，胡愈之组织了新闻界王厂青，林淡秋、陈仲逸、章育武、吴景崧、胡仲持、郭达、傅东华、邵宗汉、倪文宙、梅益、冯宾符等12人，由读者组织起来的非盈利性的“复社”出版。斯诺作序并对原著作了文字上的增删，增加了多幅照片。此书仅在上海就发行了5万本。

春　斯诺、托卡尔爵士把“工合”计划带给武汉国民政府。斯诺积极筹集“工合”资金，物色人选，建立机构。他以取得华侨和美国友人资助为主要集资渠道，取得国民政府蒋介石和行政院长孔祥熙同意后试行，政府将拨专款一百万元（未全部支付），调艾黎任技术总顾问。斯诺夫妇为此献出了自己大部积蓄作为“工合”资金。

4月3日　斯诺夫妇出席在上海锦江饭店举行的一次晚餐会上成立了推动中国工业合作社的第一次委员会。梁士纯任主席，英国驻中国大使馆秘书约翰·亚历山大任秘书，斯诺、海伦，胡愈之、卢广绵、徐新六，龚普生等为委员。

5月初　在上海圆明园路沪江商学院演讲，指出“中国的唯一出路只有抗战”。

5月　在《亚洲》杂志发表《中国新四军》。

6月　为宣传“工合”斯诺撰写了一本名为《人民的反击——中国工业合作社的经历》的小册子，他和艾黎付了印刷这本小册子中英文版的费用；在《亚洲》杂志发表《中国的日本人联盟》一文。

6月14日　宋庆龄领衔邀请中外知名人士建立抗日国际统一战线组织“保卫中国同盟”

---

① 美国学者在该书的版本方面有错误的表述，“The Chinese version of *Red Star* came out before the English edition, serving to give authentic information about the Chinese Communists.” BettyWinfield（斯诺母校美国密苏里大学新闻学院教授），*Edgar Snow and the Foreign Correspondence*，《百年斯诺》，北京大学出版社2006年12月第1版，第332页。

② 中国3S研究会编的三S著作目录中“《西行漫记》1937年出版”说法有误。尹均生、安危的斯诺生平年表及著作中“《中国的红区》（中文版）1938年在中国出版”待考证。

（简称“保盟”）。同时发表《保卫中国同盟成立宣言》。斯诺从上海赴香港积极支持该同盟工作。

7月　美国《每日先驱报》委任斯诺为战地记者。他从香港乘飞机至汉口，住海军青年会。中国青年记者协会集会欢迎他与史沫特莱。斯诺此行取得了蒋介石、宋美龄、孔祥熙等对“工合”的支持。

8月5日　在汉口参加中国工业合作协会成立活动，筹备建立全国组织。“工合”由孔祥熙任理事长，路易·艾黎任代理总干事兼国民政府行政院技术顾问，斯诺为“工合”的宣传者和争取外国支持的发言人。同月，斯诺在汉口会见了蒋介石。文章《富有斗争精神的中国委员长》，发表在美国《外交》季刊上。在汉口，斯诺曾会见周恩来、邓颖超，还会见了叶剑英、博古、叶挺、项英等中共领导人。当时华侨送来6万元，指定在安徽新四军里建立一个“工合”中心，为此，斯诺与新四军司令员项英谈“工合”的事，然后返上海。项英向他谈了新四军的组建、坚守华南苏区的经过及他个人的经历。周恩来把毛泽东于5、6月间在延安所作《论持久战》的演讲文本送给斯诺，斯诺返回香港后，在爱泼斯坦协助下，把《论持久战》译成英文发表。

9月初　斯诺接艾黎急电，要他立即赴汉口。经与宋庆龄商定，由斯诺赴汉口实地了解“工合”的存在问题。

9～10月中旬　斯诺飞抵汉口。他为“工合”事再次会见蒋介石，以取得支持。又会见新四军军长叶挺。随后返香港，回上海。

10～12月　上海形势日益严重。斯诺与梁士纯一同离沪飞香港。他在香港协助宋庆龄处理“保盟”事务，并一同酝酿成立“工合”国际促进委员会，然后转道昆明赶重庆，以取得国民政府的支持。他随后赴成都考察。在此期间，斯诺写信给毛泽东，寄去“工合”组织章程并向之全面介绍“工合”事业，以期在陕甘宁边区广泛开展此项运动。

1939年（34岁）

1月　与宋庆龄等一同在香港倡导并发起成立了中国工业合作协会国际促进委员会。宋庆龄任名誉主席，英国主教何明华任主席，路易·艾黎为实地工作秘书，斯诺为该委员会委员、发言人。其时，斯诺努力宣传“工合”事业，设法从宋子文处取得了中国银行的20万元法币（合4万美元）的贷款后，立即汇给艾黎，帮助他度过了创办工业合作社初期的难关。斯诺把纽约《先驱论坛报》的职务移交给鲍威尔，然后偕同尼姆·威尔斯同赴马尼拉，开展“工合”国际宣传运动。

春　受宋庆龄委托，斯诺夫妇在马尼拉组成了有百余人参加的工业合作社国际推进委员会。菲律宾总督夫人塞尔担任名誉主席，博雷博士任主席。总干事为但诺尔先生。同期，斯诺与美国“工合”推进委员会、英国“工合”推进委员会（对外名“英中合作发展公司”，设于伦敦）为“工合”募集捐款，支持中国抗战。斯诺夫妇在菲律宾碧瑶风景区暂时安家。

夏　　从香港飞抵重庆。他从重庆乘汽车，经成都，过剑门关，入陕西省考察，从褒城到汉中，沿着“建有‘工合’的路线走了几百英里”，到达“工合”城宝鸡。在宝鸡会见了路易·艾黎。斯诺送了几百美元给艾黎建造“工合”办事处，又捐了246元（合30美元）给一个孤儿训练学校。他在考察了“工合”运动后，从宝鸡到达西安。自1939年秋至1943年5月，“工合”多次改组，孔祥熙与艾黎之间真假搞“工合”的矛盾，表现在组织领导人的问题上。艾黎任“工合”视察，梁士纯任总干事（后为顾问）。

9月中下旬　　斯诺在延安参加了群众集会——陕甘宁边区政府欢迎国民党中央慰劳团大会。他听到了国民党元老张继在会上的热情而坦诚的演讲，感慨颇深。斯诺还与国民党军事委员会第一厅厅长、复兴社的贺衷寒将军会晤。几天后，他又参加了延安各界欢迎东北军何柱国将军的盛大宴会，并应邀在会上讲话。

9月下旬　　以“工合”国际委员会代表身份，经西安赴延安访问10多天。毛泽东在9月23、24日同他进行了两次正式谈话并多次闲谈。内容从罗斯福的外交政策、美国民主党和共和党的分歧、中国工业合作社运动，国共关系统一战线中的新问题，到欧洲战事，苏联对欧洲的政策及其对中国的影响。毛泽东公开声明，支持在陕甘宁边区建立“工合”工业合作社。并同意斯诺把他的声明发表给海外华人以取得支持。29日，毛泽东在延安举行的欢迎会上称斯诺是共产党人的好朋友，并且说：“《西行漫记》是真实报道了我们的情况，介绍了我们党的政策的书，这本书是外国人报道中国革命最成功的两部著作之一”。①

1940年（35岁）

1月　　在美国《新共和》发表《斯大林愿意叛卖中国吗?》，并在中国采访华北游击战争和游击队。

4月　　在《星期六晚邮报》发表《蛟龙舐吮自己的创伤》一文。

7月　　经香港去菲律宾碧瑶，与海伦·斯诺相聚并写作《为亚洲而战》一书。在菲律宾马尼拉等地从事“工合”国际协会的工作。不久返香港。在香港为“工合”募集资金。同年，斯诺曾到中国各地参观工业合作协会创办的工厂,当时中国16个省内已有2 300个这样的工厂。有25万人依靠在“工合”做工为生，还有四万名家庭工业的纺织工，接受“工合”的订货织造军毯。中国工业合作协会设法获得了政府同意，把活动扩展到黄河以东。

10月　　在《亚洲》杂志发表《中国的分裂潮流》一文。

12月初　　斯诺陪海伦·斯诺去上海，把她送上返回美国的轮船，然后去香港。12月

---

① 吴亮平：《给斯诺翻译毛泽东的谈话》，尹均生编《斯诺怎样写作》，湖北人民出版社1986年版，第49页。

下旬，他在一篇报道中写道：他担心中国“内战可能会在更大规模上重新开始”。

1941年（36岁）

1月 皖南事变发生。斯诺从香港发出多篇电讯，斯诺报道了事变真相。重庆国民党政府再度断然否认曾发生任何事件，而且再次取消了他的记者权利。

2月 斯诺被迫离开中国返回美国。第四部著作《为亚洲而战》① 在美国出版。书中描述了1937年卢沟桥事变后日本帝国主义大举侵华的情况。也写到新四军的成长和抗战。书中着重介绍了‘工合’运动的兴起与发展，还报道了作者1939年重访解放区的见闻。当这部著作的部分内容最早发表于美国《星期六晚邮报》上后，使美英香港等地给中国的捐款大大增加。

3月 在纽约，兰多姆出版公司举行记者招待会，向美国社会公众介绍斯诺并推销《为亚洲而战》。银行家凯利·格雷厄姆设宴款待斯诺夫妇。在华盛顿，罗斯福总统夫人埃莉诺会见了斯诺夫妇，全国各报同时作了报道；据《华盛顿邮报》报道，在一次杜邦财团举行的茶会上，人们“聚集在斯诺的周围”，他成了当时的新闻人物。许多报刊纷纷要求斯诺写文章。《星期六晚邮报》双周刊发表了他的《太平洋的危机》，《幸福》月刊要求他写了一篇关于“美国怎样才能采取主动”的长篇文章。斯诺备受重视，各日报经常有关于他的活动的报道。

4月 在《亚洲》杂志上发表《在中国是内战吗?》一文。

6月 金贝尔的费城书店举行《为亚洲而战》一书签名招待会。斯诺在会上预言：在4个月内，几乎可以肯定在今年年内，美国将向日本宣战。这年夏天和秋天的大部分时间，斯诺在美国各地的军营里作调查，了解部队的士气和战备情况。斯诺采访了许多美军官兵，其中包括乔治·巴顿和奥尔马·布莱德雷将军。为《星期六晚邮报》写了一篇关于美国武装部队情况的文章。文中斯诺提出中国的“八路军的确有些好东西值得我们学习。”

7月 在《亚洲》杂志上发表《中国与世界战争》一文。12月7日，日本人偷袭珍珠港，美国总统罗斯福在国会向日本宣战，应验了斯诺在半年前的预测。

1942年（37岁）

1942年初 斯诺重访中国，在重庆会见了宋庆龄。会同了老朋友马海德、史沫特莱，艾黎等，支持中国的抗战事业。②

2月24日 美国总统罗斯福第一次接见斯诺。当罗斯福得知斯诺夫妇参加发起的“工合”运动，是在国统区和共产党区都进行活动的组织时，他表示要实际给

① 尹均生、安危的斯诺生平年表及著作中“《粉碎希特勒的国际联盟：反对轴心国政治进攻的策略》1941年在纽约出版，《枯萎的大地》1941年在伦敦出版”待考证。

② 《邓小平在宋庆龄副主席追悼会上的悼词》，《光明日报》1981年6月4日。

予支持。斯诺向罗斯福总统阐述了中国共产党的两个阶段革命纲领等政治主张。

3 月直至 1946 年　任美国《星期六晚邮报》世界记者，离开美国到印度、缅甸、伊朗、伊拉克、苏联、法国、德国、波兰、奥地利和中国等地进行采访。4 月，到印度访问了甘地、穆斯林领袖真纳和国大党领袖尼赫鲁等人。他向尼赫鲁递交了罗斯福总统的信。在印度停留期间，斯诺曾以驻印度美军司令部随军记者身份和其他一些记者乘飞机到中国重庆采访。

春　斯诺在进入及离开苏联前后，均曾路过重庆作短暂停留，继续关切中国的抗日战争和“工合”运动。但在他 1941 年离开中国后，蒋介石就下令查禁他的《西行漫记》等书籍文章，并视其为不受欢迎的人。斯诺在重庆受到冷遇，不予采访的方便，只住了一周。他会见了宋庆龄及马海德、史沫特莱、路易·艾黎等老朋友后离去。

8 月 8 日　在《星期六晚邮报》发表《我们能从中国期待什么?》一文。通过埃文思·卡尔逊向中国孤儿捐赠了一张 1 000 美元的支票。

10 月　从伊朗进入苏联采访。

1943 年（38 岁）

1 月　斯诺到达苏联，正值斯大林格勒战役获得胜利之时。他在战地采访了苏联红军，写出《苏联怎样把希特勒打翻了》的报道文章在《星期六晚邮报》上发表。他认为，“全世界的命运正取决于德国与苏联的战争。”

2 月　在顿河前线和斯大林格勒采访苏联红军。从苏联返回美国途中在中国作短暂停留。从 1943 年到 1945 年，斯诺在《星期六邮报》上发表了许多关于苏联的报道，如《俄罗斯将军是哪种类型的人?》、《红色婚姻是否变成蓝色?》、《与俄罗斯先生和太太在家中相会》等文章，以促进盟国在战时的团结和理解，强调美苏两国将来在和平中进行合作的极端重要性。返回美国后，任美国《星期六晚邮报》副主编至 1951 年。

7 月　斯诺第一次访问英国，会见采访了英国许多著名的军政人物。

1944 年（39 岁）

1944 年 5 月　在《亚洲》杂志发表《中国游击区的工业》一文。

《人民在我们一边》① 在纽约出版。此书系斯诺在珍珠港事件后直到 1944 年期间对印度、苏联和中国国统区采访的回顾。其中揭露了国民党政府的腐败，批评了蒋介石的著作《中国之命运》。

5 月 26 日　美国总统罗斯福第二次接见斯诺。在谈到中国问题时，罗斯福说：“我在开罗曾告诉蒋介石夫妇，他们必须设法同共产党合作。我说我们不会陷入那

---

① 尹均生、安危的斯诺生平年表及著作中“《繁荣与奴役》1945 年在伦敦出版”，实际仍是此书内容，书名改变而已。“《美国记者中国红区印象记》1944 年在中国出版”待考证。

里的内战，我们希望中国能团结抗日。”还告诉斯诺，蒋介石已同意让美国派一个军事观察组去延安，并让记者进入延安。

6月 从美国再次到苏联采访，后到波兰、法国、德国、奥地利等地进行采访。

兰多姆出版公司再版斯诺的《红星照耀中国》。该书在美国重印6次，总共销售27000多册。

1945年（40岁）

3月3日 美国总统罗斯福第三次接见斯诺。总统说：“我很欣赏你的《人民在我们一边》一书。它使我在‘昆西号’轮船上直到半夜都没有睡觉。”并告诉斯诺，他准备在对日战争最后阶段直接给中共以援助。遗憾的是，一个月后，罗斯福因脑溢血逝世，美国直接援助八路军的打算被搁置了起来。

5月12日 在《星期六晚邮报》发表《中国必须变红吗?》一文。

《苏联力量的格局》在纽约出版。内容主要介绍苏联人民的反法西斯斗争。书中“两个中国”这一章是关于国共两党的对比。此书在日本翻译出版后，斯诺曾指定将所得部分收入交给了中国一所孤儿院。

9月 赴沙特阿拉伯采访。访问印度、中国昆明，然后去泰国、缅甸、菲律宾访问。

12月初 去日本和朝鲜采访。

1946年（41岁）

年初在朝鲜采访。回国后用六个月时间写《斯大林需要和平》一书。主张继续执行罗斯福的“宏图”来发展美国同俄国和中国的关系。

1947年（42岁）

1月 美国总统杜鲁门接见斯诺。斯诺提出了对美国外交政策的看法。杜鲁门临别时对他说：“你知道，我并没有要求担任这一职务。罗斯福知道什么时候死去合适。你想当英雄，就要死得其时。要是罗斯福还活着，他自己也会发现他和我的困难处境完全一样。”

2月 《斯大林需要和平》一书在纽约出版。

12月中旬 再次到印度和东南亚进行采访。

1948年（43岁）

1—3月 在印度同印度总理尼赫鲁讨论国际形势，其中谈及中国时，斯诺认为，蒋介石政权“在精神上已经吃了败仗，大战期间就看得出来”。①

---

① 《斯诺文集》Ⅰ，新华出版社1984年版，第446－447页.

1949年（44岁）

4月9日 在美国《星期六晚邮报》发表《中国会成为俄国的卫星国吗?》。此文通过对中、美、苏三国政治和意识形态的比较研究，得出了“中国将成为第一个不听莫斯科发号施令的共产党大国”的结论，又从七个方面作出分析，并肯定中国的新民主主义革命的发展道路。他认为，中共不会听命于莫斯科，中共胜利在望。同年，麦克阿瑟将军的司令部情报人员诬称艾格尼丝·史沫特莱战前参加了苏联在中国的间谍网，斯诺在《民族》杂志上发表文章为她辩护。同时，安娜·路易斯·斯特朗被苏联当局作为“间谍”逮捕并驱除出境。

5月 与海伦·福斯特离婚。

6月 与洛伊斯·惠勒结婚。他们先后生育了一儿一女，儿子克里斯多弗，女儿珍妮弗·西安。

1950年（45岁）

在《民族》周刊上发表文章，建议杜鲁门政府制定新的外交政策，立即承认中国共产党领导下的新中国。

1月28日 在联合国安全理事会会议大厅旁听中华人民共和国代表团团长伍修权发表演讲，控诉美国政府派兵侵占中国领土台湾。这一年里，斯诺曾写信给毛泽东热烈地祝贺新中国成立，希望能重返中国会见老朋友，并表示想为毛泽东作传搜集资料，还把一张新婚后的全家合影照片送给毛泽东。这封信是由陈翰笙返回中国时捎来的。

1951年（46岁）

2月 因不同意在《星期六晚邮报》追随麦卡锡主义的编辑方针，辞去副主编职务。

1952年（47岁）

毛泽东邀请斯诺访问新中国。但朝鲜战争期间，美国政府限制美国人去中国，而未能成行。

1953年（48岁）

11月14日 在美国《民族》杂志发表《中国革命》一文。

1954年（49岁）

4月24日 在《民族》杂志发表《红色中国在日内瓦》一文。

1955 年（50 岁）

11 月 12 日　在《民族》杂志发表《新中国利用幻灯的巡回讲演》。斯诺又给毛泽东寄了一封信，表达他重访中国的愿望。

1956 年（51 岁）

美国《时代》杂志刊登了一篇所谓共产党中国发生了“人类历史上规模最大的、有计划的大屠杀”的报道。斯诺对此作了调查，发现这一消息来源于“一位上了年纪的国民党外交官”，他给编辑部寄去一封抗议信。

1957 年（52 岁）

收到由路易·艾黎寄给他的中国作家协会和中国人民对外文化关系协会邀请他和他家人访问中国的邀请信。斯诺当时正在撰写《复始之旅》一书，他回答艾黎说，时间选择很不凑巧。“现在，我只能够说，一俟完成这里的工作……我便将尽快动身去远东。”

任哈佛大学中国政治经济研究会特别顾问。

《红色中华散记》① 在美国由哈佛大学出版。书中整理了他在 1936 ~ 1945 年有关中国解放区的第一手采访笔记，是过去写《红星照耀中国》时未曾利用的珍贵史料。

1958 年（53 岁）

7 月 29 日　斯诺给路易·艾黎写信。针对有人贬低《红星照耀中国》的价值，写道：“这本书的观点和我收集的材料，不仅是正确的和具有预见性的，而且还表明了八路军之所以能打胜仗是由于得到人民群众的支持。这是国内具有历史根源的、站在进步一边的各种力量对反动势力进行斗争的合乎逻辑的必然结果。”②

50 年代中　斯诺多次申请访问中国，遭到美国政府国务院的拒绝。因为国务卿约翰·福斯特·杜勒斯禁止一切美国人到中国访问，并下了“不准出版有关中国书籍的禁令”。

《复始之旅》③ 出版。这是他的自传。书名取自中国古代庄子的话“消息盈虚，终则有始。”书中记述了斯诺结婚前的流浪不定的生活，北京定居，二

---

① 另一中译书名为《红色中国杂记》，党英凡译，1983 年群众出版社出版。《红色中国散记》为奚博铨译，江苏人民出版社 1991 年出版。

② 爱泼斯坦：《回忆斯诺》，《光明日报》1982 年 2 月 14 日。

③ 奚金芳的斯诺与中国革命关系大事记中和尹均生、安危的斯诺生平年表及著作中“《复始之旅》1959 年出版”有误。

次大战及战后各时期的活动与经历。他在书中写道“我感兴趣的主要是人民”。

1959 年（54 岁）

自1951年至1959年，斯诺一直遭受到美国国内反共和敌视新中国的反动势力的迫害。他的名字被列入“一批成分复杂的共产党人和自由主义分子”之中，刊登在报纸上。他的工作和生活受到来自社会政治方面的极大伤害。他的著作在美国很难出版，他的书被图书馆的书架上取走，他立即写信给艾森豪威尔总统表示抗议，才使他的书重新放回。

由于受美国反共势力的迫害，他毅然举家由纽约迁往瑞士，以寻求减少限制的环境。他家先住在瑞士日内瓦圣瑟谷山中，后搬至沃德州埃辛斯的一个农舍中。

兼任美国《展望》杂志记者和法国《新直言》周刊记者。这一年里，斯诺曾在《美国政治与社会科学院纪事》双月刊上发表了一篇文章，再次呼吁美国政府承认中华人民共和国。他还在《民族》周刊上发表了论述1955年非殖民化意义的分为三部分的连载文章。该文在劳伦斯·S·迈耶主持的第二届和平竞赛中获得五等奖。

1960 年（55 岁）

在毛泽东和周恩来的亲自安排下，斯诺作为路易·艾黎的“私人客人”访问新中国。美国国务院被迫于6月中旬批准斯诺访华，在美国《展望》杂志赞助下，实现了对新中国的第一次访问。

6月28日—11月15日　作为美国《展望》杂志记者第一次访问新中国，会见了毛泽东、周恩来等中国领导人。

8月29日　斯诺和周恩来、邓颖超、外交部长陈毅和夫人张茜一起乘专用列车游览了密云水库，周恩来就中美关系、国内经济困难等问题同斯诺谈了话。10月18日，周恩来又同斯诺进行一次正式谈话。斯诺写下了一万多字的谈话记录。

10月1日　斯诺应邀出席新中国成立11周年庆祝大会。在天安门城楼上，他会见了阔别21年的毛泽东。毛泽东对斯诺说，“这期间，你没有变，我也没有变。”10月22日，斯诺应邀到毛泽东在中南海的寓所作客并长谈。自6月28日至11月15日，斯诺访问了19个城市，寻访了他在旧中国时留下过足迹的地方。他广泛接触了工农兵学商各界人士，访谈了70多人。在上海，宋庆龄生病住院，斯诺未能见到她。他写了一封信并送上一篮鲜花表示慰问。宋庆龄立即给他回了一封热情洋溢的长信，写道：“生命是短促的，而历史是永远的。历史必定沿着一个方向——向着人民和为和平和社会主义斗争的最后胜利的道路前进的，让人们说埃德加·斯诺曾帮助人民寻找这条道路”。斯诺向中国革命博物馆捐献了30年代他在中国拍摄的纪录影片和照片底版，其中包括摄有毛泽东、周恩来和其他人的全部镜头，斯诺还给朱德带来一只金表，它是用已故艾格尼丝·史沫特莱遗产的钱遵照她生前遗愿购买的。中国政府曾提出要负担斯诺访华旅行的全部费用，并付给他拍摄的影片照片的版税，斯诺全部拒绝接受。

12 月　为了在促进中美关系正常化方面起积极作用，斯诺在返回日内瓦与家人作短暂的团聚之后匆匆赶往纽约，会见了刚刚被新当选的美国总统肯尼迪提名的国务卿腊斯克，闻述后来日见端倪的中美关系的进程，然而腊斯克对斯诺的意见毫无兴趣。同一时间，斯诺曾写信给毛泽东，建议中国政府允许一些美国科学家、医生、商人到中国作私人访问，以增进美国人民对新中国的了解。他促成纽约著名律师伦维尔·克拉克于 1964 年访问中国。

1961 年（56 岁）

1 月 31 日　《展望》杂志发表了斯诺采访周恩来谈话长达 12 页的文章。编者在前言里写道，“他们所说的大部分事情可能易于被标以‘红色中国的宣传’……然而我们感到对美国人民和政府来说，尽可能地去了解这些人和他们的态度是极端重要的。”斯诺的文章刊出后，遭到了美国一些人和台湾国民党的激烈攻击。斯诺在《关于发表周恩来采访记和其他材料的声明》中指出：“我与这些中国人，彼此都非常熟悉，他们并不指望我发表他们所喜欢见报的那种报道。他们知道，我或许会报道他们不喜欢或希望最好不提的事情……然而他们确实相信我不会歪曲事实，不会杜撰编造，不会孤立地报道某件事，不会脱离历史深度和背景，不作比较地、片面地对事物进行阐述。”①

1962 年（57 岁）

年初　斯诺第 1 次访问新中国后写的《大河彼岸：今日红色中国》② 一书出版。在书中，他以极大热情介绍了新中国。他记录了他与毛泽东、周恩来的谈话。书中最后一章分析了美国、苏联同中国的关系，主张美国对华友好。在完成书稿后，在美国各地作了 15 周的旅行，并作了 38 次演讲。尽管他多次遭到新麦卡锡分子的纠缠和亲国民党分子的骚扰，他还是千方百计地向美国人民介绍和解释新中国的真实情况，为增进美国人民对新中国的了解而奔走呼号。此书第 1 版就印刷发行了 13 500 册，第 2 次印刷也很快销

① ［美］埃德加·斯诺，《采访周恩来及其他中国领导人》，1960 年 12 月 4 日安娜·路易斯·斯特朗档案，北京国家图书馆存。

② 中国3S研究会编的三 S 著作目录中“《大河彼岸》1961 年出版，《今日红色中国：大河彼岸》1970 年出版”有误。The Other Side of the River：Red China Today 是 1962 年在 New-York：Random House 出版，1970 年再版。万冈的埃德加·斯诺生平、著述简表中“再版时改为《今日红色中国：大河彼岸》”有误。

售一空。美国一些报刊纷纷发表评论。

1963 年（58 岁）

年初　　斯诺在美国作了又一次旅行演讲，以推销《大河彼岸：今日红色中国》一书，1965 年初，此书售出 21 000 多册，并翻译出版了德、法、日、意、瑞士、以色列等国文字的多种版本。

5 月 10 日　　斯诺写信给毛泽东，在谈到中美关系时，他说："我相信"，"和平而又竞争的共存，最终必将成为两国关系的主流"。

12 月　　斯诺在非洲采访时，会见了正在出访亚、非、欧 14 国的周恩来。

1964 年（59 岁）

10 月 18 日—1965 年 1 月 19 日　　作为法国《新直言》周刊记者，第二次访问新中国，会见了毛泽东、周恩来、宋庆龄等中国领导人。

10 月 22 日、12 月 16 日　　周恩来两次会见斯诺，两次谈话共 4 小时。

12 月 8 日　　斯诺拜访了宋庆龄，以后两位老朋友又多次相聚。

1965 年（60 岁）

1 月 9 日　　在人民大会堂北京厅，毛泽东邀请斯诺共进晚餐并谈话。

1 月 10 日　　《人民日报》第一版上刊登了毛泽东同斯诺谈话时的大幅照片，说明斯诺是《西行漫记》的作者。毛泽东同斯诺的谈话，首先发表在巴黎《新直言》①周刊上。2 月 17 日又登在东京的《朝日新闻》上，2 月 27 日华盛顿《新共和》周刊以《访问毛泽东》为题发表。德国、英国、意大利的报纸也刊登了。但是美国各大报，包括《纽约时报》都拒绝发表这篇谈话。在这次旅行中，他搜集了许多资料，开始做纪录片《四分之一的人类》。

1966 年（61 岁）

斯诺去华盛顿，拜会了美国国会外交委员会主席、参议员威廉·富布赖特。后者将他与斯诺的会见视为他正在建筑的反对战争之墙的又一次添砖加瓦的机会。斯诺不带偏见地陈述中国问题和越南问题。富布赖特认为，斯诺"比我们哪一位领导人都接近于承认现实。"

1967 年（62 岁）

斯诺在美国军事学院、圣母大学以及芝加哥外事委员会作演讲。《纽约时

---

① 奚金芳的斯诺与中国革命关系大事记中"2 月 27 日在《新共和》发表《访问毛泽东》一文"待考证。

报》登载了一篇他在康格迪格州首府哈特福德的讲话说，中国不会派部队去越南。

1968 年（63 岁）

3 月　自费制作一部向世界介绍新中国的纪录片《四分之一的人类》。他还到离家乡不远的堪萨斯大学演讲，告诉他的听众们，中美关系想要有什么真正的变化，还需待以时日。

4 月　赴日本作演讲旅行，并放映了他拍摄的中国纪录片，吸引了大量听众。

1969 年（64 岁）

7 月　为现场了解“文化大革命”的情况，斯诺申请访华受到阻碍。斯诺写信给毛泽东说：“我通过外交部门和其他渠道，提出了访问中国的请求，但所有请求没有得到任何回音……让我来与您重温旧谊，并让我目睹伟大的无产阶级‘文化大革命’的成果会有什么危害吗?”

9 月 26 日　一位美国学者在问斯诺为什么他在 1936 年对中国共产党人的个人经历作出如此有利于他们的反应时，斯诺说：“中国的赤色分子所不同他人的，并且比较起其他政党更使外国人印象深刻的，是存在于领导人和下级之间的诚挚，是身体力行的平等和兄弟情谊，是对儿童的爱抚，是军队对于妇女的尊重，是对科学和教育的重视，是他们倡导并加以实践的改革的可能性。……一个简单的事实是，这些赤色分子是比他们的敌人‘更好’的人。”①

1970 年（65 岁）

8 月 14 日—1971 年 2 月　偕夫人洛伊斯·惠勒第三次访问新中国。

9 月　斯诺与洛伊斯重访保安和延安，黄华陪同前往。

10 月 1 日　出席新中国成立 21 周年庆祝大会，应邀登上天安门并与毛泽东肩并肩地一起检阅游行队伍。

10 月 9 日　斯诺到北京大学（原燕京大学旧址）参观访问，并向师生发表演讲。

11 月 5 日　周恩来同斯诺会见谈话，向他表示中美改善关系的门始终是打开的。

12 月 13 日　意大利《时代》周刊发表了斯诺与周恩来谈话的国际部分。同月 28 日，又发表了国内部分。介绍中国对外部世界的看法及关系。周恩来总理谈到了意大利承认中国，实际上是结束了想在“两个中国”上妥协的幻想，同时也表明了中国对西方世界的“开放”态度。

12 月 18 日②　毛泽东在北京中南海书房里，与斯诺共进早餐并作了长达 5 小时的谈话。

---

① 张注洪：《斯诺与中国革命关系纪事》，《民国档案》1989 年第 4 期。

② 万冈的埃德加·斯诺生平、著述简表中“1970 年 10 月 8 日毛泽东同斯诺进行重要谈话，欢迎美国总统尼克松来中国访问”有误。

主要内容是，“文革”问题，个人崇拜问题和中美关系问题。毛泽东告诉斯诺：中国政府不久将让代表美国广泛的政界和新闻舆论界的右、中、左三方面的一些人访问中国，目前中美两国之间的问题要同尼克松商量解决，他本人将高兴同尼克松谈。中美两国总要建交的。

12 月 25 日　《人民日报》头版以“毛泽东主席会见美国友好人士埃德加·斯诺”的通栏大标题刊出十月一日国庆节，毛泽东同斯诺微笑着并肩站在天安门城楼上的巨幅照片。新华社电讯报道说：“中国人民的伟大导师毛主席，最近会见了美国友好人士埃德加·斯诺先生，并同他进行了亲切友好的谈话。”

1971 年（66 岁）

1 月中旬　斯诺与周恩来彻夜长谈。从 3 月开始，美国《新共和》周刊连载斯诺与周恩来的谈话。

2 月初　离开中国。

2 月 28 日　意大利《时代》周刊发表了斯诺《同周恩来的谈话（国内部分）》。编者按说：“这篇文章具有极大的文献价值——在文章里，十年来第一次正式报道了有关中国国内形势的数字和材料。”①

3 月　斯诺夫妇返回瑞士。斯诺准备写《漫长的革命》一书，因病中止。

4 月 18 日　斯诺在意大利《时代》周刊发表《我们同毛泽东谈了话》一文。其中披露了毛泽东讨厌对他的个人崇拜以及他发动“文化大革命”的原委与经过。“《时代》为能以独家新闻向全世界公布这一重要文献而感到高兴”。

4 月 25 日　斯诺在意大利《时代》周刊发表《毛泽东思想指导下的中国医疗革命》的通讯。其中介绍了中国的保健组织的作用，谈到了古老的针灸和大规模的节制生育运动及农村的赤脚医生。

4 月 30 日　在美国《生活》杂志发表《与毛泽东的一次交谈》一文。

5 月 9 日　在美国《生活》杂志发表《中国像一个七亿士兵的大兵营》一文，谈到了中国的军事组织和他访问沈阳市、河北农村以及陕西省南泥湾的“五七干校”的情况。他说“在‘清洗’和‘文化革命’中……国家陷入了几乎可以说是无政府的状态”。②

5 月 16 日　在美国《生活》杂志发表《毛的臣民没有别的前景：艰苦奋斗到 2000 年》。介绍他第三次访问保安和参观大寨大队等地的情形。

7 月份　当尼克松总统公开宣布他已“愉快地”接受中国政府的访华邀请后，在美国《生活》杂志又刊登斯诺的第二篇文章。此文论及尼克松对其访华应有的估计。尼克松说：斯诺的文章“证实了我们所收到的有关中国兴趣所在的私下信号”，史学家们称之为“不容误会的信号”。斯诺提醒人们说：“每一代人都注定要从亲身经历中学习，新的印记根本不可能遮盖基本的

① 《美国友好人士斯诺访华文章》，三联书店 1971 年版，第 60 页。

② 《美国友好人士斯诺访华文章》，三联书店 1971 年版，第 38 页。

“老的误会”。与此同时，《红星照耀中国》新的版本在美国畅销起来，在两个月内售出了11500册。

11月以后　到医院检查发现患胰腺癌，作了手术，但已是晚期。斯诺住院期间，曾收到尼克松总统的一封慰问信，但他没有回信。这一年，英国出版了斯诺的最后一部著作，也是一部未完成的著作《漫长的革命》①。斯诺的夫人洛伊斯·惠勒·斯诺说，“在这部书里，有着中美两国人民之间的一种新关系的种子。如果我们加以培育，它们就会发芽滋长。”

1972年（67岁）

1月　斯诺收到老朋友马海德来信，请他考虑到北京去治病；同时收到周恩来的信，邀请斯诺夫妇赴北京治疗休养。斯诺回信表示：“你的热情和厚意的慰问和毛泽东主席、你夫人、邓颖超女士对我当前困境提出具体援助之建议，使我极为感激。”但因身体状况无法作长途旅行。他还说，“目前不能置身中国当然极感失望，但在以后我也许能发挥更大的作用。”

1月26日　毛泽东、周恩来派遣马海德博士率领的中国医疗小组飞抵日内瓦，原拟护送斯诺及其全家到北京治病，由于斯诺病情严重已无法成行。在斯诺生命的最后日子里，马海德和中国医疗小组尽了最大的努力对斯诺进行了精心护理和治疗。斯诺说：“我完全理解毛主席和周总理的美好心意，他们对于我在当前的困境提出具体援助的建议使我极为感激。我知道在中国土地上我会得到其他地方都不能得到的关怀和爱护，对此我深深感激。就我本人来说，我对中国人民有着深厚的感情，我热爱中国，”接着他又说：“但是……我不愿意作为一个病人到中国去，我不愿意给中国增添累赘。”② 遂改为由中国医护小组会同斯诺私人医生对斯诺就地医疗。中国医疗小组每三天向国内报告一次斯诺病情。正如斯诺夫人所说的：“他们不仅能够使他解除了身体上最严重的痛苦，而且为他带来了安宁，死亡时的尊严，这不仅使他，也使我，使我们的两个孩子，使我们的亲戚朋友比较能够忍受死亡的痛苦。他们以后还感染了遇到他们的每一个人。”

2月8日　中国常驻联合国代表黄华按国内特急电报上周总理的嘱咐，专程从埃塞俄比亚首都亚的斯亚贝巴赴瑞士看望病人。刚昏迷一天多醒过来的斯诺握着

---

① The Long Revolution 一书在1971年由London Hutchinson出版，1972年分别在美国纽约Vintage Books和Random House出版。尹均生、安危的斯诺生平年表及著作中“《漫长的革命》1972年出版”有误。万冈的埃德加·斯诺生平、著述简表中“1972年最后一部未完成的著作《漫长的革命》经洛伊斯·惠勒·斯诺整理出版”有误。武际良的埃德加·斯诺生平年表中“美国兰多姆出版”有误。奚金芳的斯诺与中国革命关系大事记中“1974年斯诺最后一部完成的著作即第十一部著作《漫长的革命》一书经洛伊斯·惠勒·斯诺整理出版”有误。

② 黄国俊：《回忆病中的斯诺》，《人民日报》1982年2月14日第七版。（黄时任中国医学科学院肿瘤研究所外科主任。）

黄华的手语重心长而又幽默地说："三个'赤匪'又到一块儿了。"① 这是斯诺留下他一生中的最后话语。

2月12日　美国总统理查德·尼克松抵北京作国事访问。尼克松曾在来中国之前给生命垂危的斯诺写过一封热情洋溢的信，其中称"你那举世瞩目的卓越事业"②。时任美国国务卿亨利·基辛格回忆说：美国起初忽视了1970年斯诺访华时天安门广场上发出的恢复中美友谊的信号。其时，基辛格和八十七位来访的美国记者都把斯诺的著作作为访华指南来读。

2月15日　（中国春节大年初一）凌晨2时16分，斯诺在瑞士日内瓦郊区埃辛斯村的寓所逝世。斯诺在他的遗嘱中写道："我爱中国。我希望死后有一部分留在那里，就像生前一贯的那样……"③ 毛泽东、周恩来、宋庆龄等领导人闻此噩耗，万分悲痛，分别打唁电表示哀悼。毛泽东在16日的唁电中说："斯诺先生是中国人民的朋友，他一生为增进中美两国人民的友谊进行了不懈的努力，作出了重要的贡献。他将永远活在中国人民心中。"④ 宋庆龄副主席在致斯诺夫人的唁电中说：斯诺"在我们抗战期间，坚定地支持了我们反对国内法西斯反动派和日本军事侵略的斗争。我们的坚强友谊也象征着中美两国人民在正义事业中的互相支持。我确信，你和你的子女将继续完成他的遗志，促进我们两国伟大人民之间的了解和友谊。……埃德加·斯诺在中国人民的记忆中将永葆长青。"周恩来在唁电中指出："斯诺先生的一生，是中美两国人民诚挚友谊的一个见证。早在中国人民进行民族、民主革命时期，他就同中国的革命力量建立了友谊。他冲破当时的重重障碍，热情地把毛泽东主席领导下的中国革命斗争和中国工农红军的二万五千里长征介绍给美国和各国人民。在新中国成立后，他又多次来访，报道了毛主席领导下新中国人民革命事业的进程。他的著作受到中外广泛的重视。甚至在他病重期间，他仍念念不忘为增进中美人民之间的了解和友谊而工作。对这样一位老明友，中国人民是不会忘记的。"⑤

2月19日　国内外各界人士在人民大会堂隆重集会，追悼斯诺。根据斯诺生前的意愿，他的一半骨灰安葬在北京大学未名湖畔，这是他当年前往陕北革命根据地的出发地。另一半安葬在他的故居附近的美国哈得逊河畔树林间的一个花园的空地里。1973年10月19日和1974年5月18日在两地分别举行了安葬仪式。1973年10月19日⑥，在北京大学未名湖畔举行斯诺先生骨灰安葬仪式。我国领导人和有关方面负责人周恩来、李富春、郭沫若、邓颖超、

---

① 《人民日报》，1982年2月14日第七版。

② ［美］罗斯·特里尔：《毛泽东的后半生》，世界知识出版社1989年5月版，第183页。

③ 《人民日报》1982年2月14日第七版。

④ 《人民日报》1972年2月16日头版。

⑤ 《人民日报》1972年2月16日头版。

⑥ 奚金芳的斯诺与中国革命关系大事记中误为"1972年10月19日"。

廖承志、康克清、路易·艾黎等生前友好以及北大师生代表参加了安葬仪式。斯诺夫人洛伊斯·惠勒·斯诺和女儿西安·斯诺，儿子克里斯托佛·斯诺等参加了安葬仪式。宋庆龄副主席派秘书张珏参加了安葬仪式并转达她对斯诺夫人和子女的亲切问候。1974 年 5 月 18 日，斯诺另一半骨灰安葬在美国纽约州哈得逊①河畔斯奈登渡口山姆·齐姆鲍尔斯特旁靠一险峻陡坡的空地上，墓地的一小方花岗石上刻有斯诺姓名的两个缩写字母 E·S，还种植了一株山茱萸，这是斯诺喜欢的密苏里州州树。②

---

① 万冈的埃德加·斯诺生平、著述简表中译为“赫德森”。

② ［美］约翰·马克斯韦尔·汉密尔顿：《埃德加·斯诺传》，学苑出版社 1990 年 6 月第 1 版，第 268 页。

附录二　埃德加・斯诺主要著作版本年表①

1933

Far Eastern Front《远东前线》

NewYork：Harrison Smith & Robert Haas，1933.

London：Jarrolds Publishers，1934.

1936

Living China：Modern Chinese Short Stories《活的中国——现代中国短篇小说选》

With introduction by Edgar Snow and essay by Nym Wales.

New York：Reynal and Hitchcock，1936.

London：George G. Harrap and Co.，Ltd.，1937.

New York：Reynal and Hitchcock，1937.

Westport，Conn.：Hyperion Press，1973.

《活的中国——现代中国短篇小说选》，文洁若译，长沙，湖南人民出版社，1983年。

1937

Red star over China《红星照耀中国》，中译本名为《西行漫记》等

London：Victor Gollancz，Ltd.，1937.

London：Victor Gollancz，Ltd.，1938.

New York：Random House，1938.

New York：Garden City Publishing Co.，Inc.，1939.

London：Victor Gollancz，Ltd.，1944.

New York：Modern Library，1944.

New York：GrovePress，1961.

London：Victor Gollancz，Ltd.，1963.

---

① 按著作出版时间先后顺序；同一著作先列英文版本，后列中文译本。

New York: Grove Press, 1968.
London: Victor Gollancz, Ltd. 1968
Harmondsworth: Penguin Books1972.
London: Victor Gollancz Ltd., 1973.
New York: Grove Press, Inc., 1973.
New York: Bantam Books, 1978.
《西行漫记》，王厂青等译，北京复社，1938年。
《西行漫记》，王厂青等译，北京复社，1939年。
《长征25000里》，史家康等译，上海启明书局，1949年。
《西行漫记》，陈云翩译，香港南粤出版社1976年。
《西行漫记》，王厂青等译，香港广角镜出版社1977年。
《西行漫记》，董乐山译，北京生活·读书·新知三联书店1979年。
《斯诺文集第三卷·西行漫记》，董乐山译，新华出版社1984年。
《红星照耀中国》，李方准、梁民译，河北人民出版社1992年。
《西行漫记》，董乐山译，外语教学与研究出版社，2005年。

1941

The Battle for Asia《为亚洲而战》
New York: Random House, 1941.
Cleveland and New York: The World Publishing Co., 1941.
Cleveland and New York: The World Publishing Co., 1942.
《斯诺文集第三卷·为亚洲而战》，译者不详，新华出版社1984年。

1944

People On Our Side《人民在我们一边》
New York: Edition for the Armed Services, 1944.
New York: Random House, 1944.
Cleveland: World Publishing Company, 1945.
London: Victor Gollancz, Ltd., 1945.（Title for Glory and bondage《繁荣与奴役》）
London: Angus and Robertson, Ltd. 1946.（Title for Glory and bondage《繁荣与奴役》）
无中文译本

1945

Pattern of Soviet Power《苏联力量的格局》
New York: Random House, 1945.
Bombay: Thacker&Co., Ltd., 1946.
无中文译本

1947

Stalin Must Have Peace《斯大林必须要和平》

New York：Random House，1947.

无中文译本

1957

Random Notes on Red China（1936—1945）《红色中国杂记》

Cambridge：Chinese Economics and Political Studies，Harvard University；distributed by Harvard University Press，1957.

Cambridge：Chinese Economic and Political Studies，Harvard University Press，1968.

Cambridge：Eastern Asia Research Center，Harvard University，1971.

Cambridge：Eastern Asia，1974.

《红色中国杂记 1936—1945》，党英凡译，群众出版社 1983 年。

《红色中华散记》，奚博铨译，江苏人民出版社 1991 年。

1958

Journey to the Beginning《复始之旅》

New York：Random House，1958.

London：Victor Gollancz，Ltd.，1959.

New York：Vintage Books，1972.

《斯诺文集第一卷·复始之旅》，译者不详，新华出版社 1984 年。

《我在旧中国 13 年》，夏翠薇译，香港朝阳出版社 1972 年。

《我在旧中国十三年》，夏翠薇译，北京生活·读书·新知三联书店 1973 年。

1962

The Other Side of the River：Red China Today《大河彼岸：今日红色中国》

New York：Random House，1962.

New York：Marzani & Munsell，1962.（*China，Russia and the U. S. A.：Changing Relations in a Changing World. Material from The Other Side of the River.*）

London：Readers Union，Victor Gollancz，Ltd.，1963.

New York：Marzani and Munsell，1963.（*War and Peace in Vietnam. Reprint from The Other Side of the River*，with new introduction.）

London：Victor Gollan Ltd.，1966.

Harmondsworth：Penguin Books，1970.

New York：Random House，1970.

New York：Random House，1971.

New York：Vintage Books，1971.

Harmondsworth：Penguin Books，1976.
《大河彼岸》，新民节译，香港南粤出版社 1973 年。
《斯诺文集第四卷·大河彼岸》，新民译，新华出版社 1984 年。

1971

The Long Revolution《漫长的革命》

London：Hutchinson 1971.
London：Hutchinson 1972.
New York：Random House，1972.
New York：Vintage Books，1973.
《漫长的革命》，陈云翩译，香港南粤出版社 1973 年。
《漫长的革命》，陈云翩译，香港南粤出版社 1977 年。
《漫长的革命》，伍力协译，上海人民出版社 1975 年。

1976

《周恩来》，香港万源图书公司，1976 年。
《周恩来访问记》，香港万源图书公司，1976 年。

1985

《斯诺通讯特写选》，刘力群选编，洪允息等译，新华出版社 1985 年。

2001

《毛泽东自传》，北京解放军文艺出版社，2001 年。
《毛泽东口述传》，翟象俊译，上海复旦大学出版社，2003。

2002

《马帮旅行》，李希文译，云南人民出版社，2002 年。

附录三 埃德加·斯诺书信目录

RECORD	TIME	FROM	TO	STYLE
1	250609	Ed	Mother	typed
2	260808	Ed	Sister	typed
3	270306	Ed	Sister	handwriting
4	270306	Ed	Father	handwriting
5	270321	Ed	Mother	typed
6	270506	Ed	Mother	handwriting
7	270923	Ed	Father	typed
8	271110	Ed	Mother	typed
9	271031	Ed	Mother	typed
10	271202	Ed	Mother	typed
11	271216	Ed	Father	typed
12	271225	Ed	T. E. Snow	typed
13	280109	Ed	All of you	typed
14	280114	Ed	Mildred	typed
15	280202	Ed	Mildred	typed
16	280217	Ed	Folks	typed
17	280307	Ed	Mother	handwriting
18	280316	Ed	Folks	handwriting
19	280326	Ed	Brother	handwriting
20	280405	Ed	Brother	handwriting
21	280511	Ed	Mother	handwriting
22	280523	Ed	Father	handwriting
23	280621	Ed	All	handwriting
24	280621	Ed	Mother	handwriting
25	280629	Ed	Folks	handwriting
26	280702	Howard	Mother	typed
27	280222	Ed	Mr. Dickey	typed

28	280728	Ed	Mother	typed
29	280731	Ed	Sis	handwriting
30	280801	Ed	Father	typed
31	280805	Ed	Howard	typed
32	280815	Ed	Father	typed
33	280821	Ed	Mother	typed
34	280902	Ed	Family	typed
35	280913	Armitage	Mr. Johnstone	typed
36	280917	Ed	Father	typed
37	280922	Ed	Father	typed
38	280928	Ed	Howard	typed
39	281013	Ed	Mother	typed
40	281028	Ed	Brother	typed
41	281104	Ed	Mother	typed
42	281111	Ed	Howard	typed
43	281217	MJH	Snow	typed
44	281228	Ed	Family	typed
45	290107	Ed	Mother	typed
46	290107	Ed	Mother	typed
47	290112	Ed	Family	typed
48	290115	Mother	Howard	typed
49	290107	Mother	Howard	handwriting
50	290117	Ed	Howard	typed
51	290121	Mother	Howard	typed
52	290121	Mother	Edgar	typed
53	290220	Ed	Mother/Dad/Sis	typed
54	290221	Ed	Brother	typed
55	290305	Ed	Mother	typed
56	290401	Ed	Mother	typed
57	290420	Ed	Mother	typed
58	290420	Ed	Mother	typed
59	290506	Ed	Mother	typed
60	290506	Ed	Father	typed
61	290512	Ww	Mother	typed
62	290520	Ed	Mildred Snow	typed
63	290526	Ed	Father	typed
64	290602	Ed	Mother	typed
65	290618	Ed	Mother	handwriting
66	290701	Ed	Father	typed

67	290713	Ed	Father	typed
68	290813	Kelley	Edgar Snow	typed
69	290818	Ed	Family	typed
70	290906	Ed	Folks	typed
71	290914	Ed	Sister	typed
72	290917	Dr. Brown	Mr. Hecht	typed
73	291112	Ed	Mother	typed
74	291103	Ed	Father	typed
75	291122	Ed	Mother	typed
76	291202	Ed	Family	typed
77	291205	Meloney	Edgar Snow	typed
78	291213	Ed	Father	typed
79	291219	Ed	Mother	typed
80	300113	Ed	Howard	typed
81	300122	Ed	Mildred	typed
82	300212	Ed	Mother	typed
83	300215	Ed	Father	typed
84	300315	Father	Ed	typed
85	300328	Ed	Father	typed
86	300411	Ed	Father	typed
87	300503	Ed	Howard	typed
88	300512	Father	Ed	typed
89	300517	Ed	Brother	typed
90	300603	Ed	Brother	typed
91	301208	Ed	Howard	typed
92	301208	Ed	Father	typed
93	310102	Ed	Father	typed
94	310320	Ed	Dorothy	typed
95	310425	Ed	Howard	typed
96	310529	Ed	Sis	typed
97	310805	Ed	Father	typed
98	310818	Ed	Mildred	typed
99	311207	Ed	Howard	typed
100	320102	Ed	Father	typed
101	320112	Ed	Dorothy	typed
102	320302	Ed	Howard	typed
103	320304	Ed	Sis	typed
104	320331	Ed	Sis	typed
105	320517	Ed	Howard	typed

106	320719	Ed	Howard/Dorohty	typed
107	320802	Ed	Sis	typed
108	320817	Ed	Dorothy	typed
109	321027	Ed	Howard	typed
110	321122	Ed	Sis	typed
111	321213	Ed	Father/Mildred	typed
112	321227	Ed	Frere	handwriting
113	330216	Ed	Father	typed
114	330225	Ed	Howard	handwriting
115	330227	HoraceEpes	Mr Snow （Howard）	typed
116	330411	Ed	Father	typed
117	330831	Leila	Edgar	typed
118	330831	C. M. K	Edgar	typed
119	330902	Leila S. E	Mr. Parsons	typed
120	330905	Ed	Father	typed
121	330906	Ed	Howard	typed
122	330027	Peggy	Mr Snow （Howard）	typed
123	331014	H. M. Smith	J. E > Snow	typed
124	331014	Edgar	Charlie	typed
125	221110	Ed	Father	typed
126	331204	Father	Edgar	typed
127	331216	Edgar （Father）	Sister Lela	typed
128	331231	Ed	Father	typed
129	340117	Ed	Sis	typed
130	340303	Ed	Father	typed
131	340321	Ed	Father	typed
132	340321	Ed	Father	typed
133	340508	Ed	Howard	typed
134	350128	J. B. . Powell	Edgar Snow	typed
135	350720	Ed	Howard	typed
136	360110	H. P. Burton	Mr. Snow	typed
137	360317	Ed	Sis	typed
138	370908	Dad	Ed	typed
139	380116	Ed	Dad	typed
140	380428	S. S. Mayerberg	Mackey	typed
141	380801	Ed	Father	typed
142	390126	Ed	Dad/Sis	typed
143	390909	Ed	Father	typed
144	390721	Father （Edgar）	Sister Marian	typed

145	391017	J. E. Sonw	Peggy & Edgar	typed
146	391216	Ed	Father	typed
147	400115	Father（Edgar）	Sister Marian	typed
148	400305	Ed	Father	typed
149	400820	Ed	Sis	typed
150	401019	Ed	Howard	typed
151	411119	Father	Edgar	typed
152	420401	Ed	Sis	typed
153	450117	Howard	Dad	typed
154	430815	Snow	peg	typed
155	431118	Sallie	Edgar	typed
156	431121	Ed	Mildred	typed
156A	431209	Ed	Mildred	typed
157	431216	Ed	Sis	typed
158	431231	Sis	Ed	typed
159	440313	Ed	Mildred	typed
160	440321	Ed	Sis	typed
161	440329	Sis	Howard/Ed	typed
162	440329	Sis	Ed	typed
163	440423	Ed	Sis	typed
164	480217	Ed	Sis	typed
165	480506	Mildred	Ed	typed
166	480902	Ed	Dad	typed
167	481024	Ed	Howard	typed
168	481103	Ed	Sis	typed
169	481123	Ed	Sis	typed
170	481216	Ed	Sis	typed
171	490118	Ed	Dad	typed
172	490531	Ed	Mildred	typed
173	490616	Mildred	Ed	typed
174	490702	Mildred	Ed	typed
175	490718	Ed	Sis	typed
176	490816	Lois	Mildred/Claude	typed
177	490914	C. S. Machey	Ed	typed
178	490922	Ed	Mildred	typed
179	490923	Mildred	Ed	typed
180	491128	Mildred	Howard and All	typed
181	491215	Ed	Mildred	typed
182	491216	Mildred	Ed	typed

183	500101	Howard	Sis	typed
184	500102	Howard	Ed	typed
185	500223	Lois Snow	Mildred/Claude	handwriting
186	501009	Ed	Sis	typed
187	501128	Ed	Howard	typed
188	510202	Ed	Howard	typed
189	510207	Howard	Ed	typed
190	510213	Ed	Mildred	typed
191	510306	Ed	Howard	typed
192	510312	Ed	Father	typed
193	510316	Ed	Howard	typed
194	520317	Ed	Mildred	typed
195	511116	Ed	Mildred	typed
196	520317	Ed	Mildred	typed
197	520707	Ed	Dad	typed
198	520926	Ed	Mildred	typed
199	521002	Ed	Howard	typed
200	521016	Ed	Mildred	typed
201	521027	Ed	Howard	typed
202	521109	Ed	Sis	typed
203	521109	Ed	Mildred	typed
204	521122	Ed	Howard	typed
205	521222	Ed	Mildred	typed
206	521228	Howard	Ed	typed
207	521230	Ed	Howard	typed
208	530105	Ed	Howard	typed
209	530110	Ed	Mildred	typed
210	530118	Ed	Mildred	typed
211	530217	Ed	Sis	typed
212	530321	Ed	Mildred	typed
213	530501	Ed	Howard	typed
214	530511	Ed	Ed	typed
215	530516	Ed	Howard	typed
216	530517	Ed	Howard	typed
217	530525	Ed	Howard	typed
218	530529	Ed	Ed	typed
219	530624	Edgar Snow	Senator Mundt	typed
220	530618	Ed	Howard	typed
221	530617	Howard	Ed	typed

222	530618	Ed	Howard	typed
223	530630	Edgar Snow	President	typed
224	530714	Ed	Sis	typed
225	530803	Ed	Howard	typed
226	530808	Ed	Sis	typed
227	530809	Ed	Father	typed
228	530901	Mildred	Lois & Ed	typed
229	540104	Ed	Howard	typed
230	540127	Ed	Sis	typed
231	540729	Ed	Howard	typed
232	540318	Mildred	Lois & Ed	typed
233	540322	Ed	Dad, Mildred	typed
234	540815	Ed	Howard	typed
235	541213	Ed	Howard	typed
236	541220	Ed	Dad	typed
237	550127	Ed	Howard	typed
238	550524	Ed	Howard	typed
239	550525	Ed	Mildred	typed
240	550531	Howard	Ed	typed
241	550601	Ed	Howard	typed
242	550722	Ed	Sis	typed
243	551025	Ed	Howard	typed
244	551119	Ed	Howard	typed
245	560222	Ed	Howard	typed
246	560422	Ed	Howard	typed
247	560605	Ed	Sis	typed
248	560721	Ed	Howard	typed
249	560721	Edgar Snow	Mr. Welch	typed
250	560827	Ed	Howard & Snows	typed
251	560909	Howard	Ed	typed
252	561104	Ed	Howard	typed
253	561121	Ed	Dad	typed
254	561121	Ed	Dad	typed
255	561202	Ed	Howard	typed
256	570109	Lois Snow	Snows All	handwriting
257	570201	Ed	Howard	typed
258	570401	Ed	Howard	typed
259	570626	Ed	Sis	typed
260	581013	Ed	Mildred	typed

261	581221	Ed	Howard	typed
262	590210	Ed	Howard	typed
263	610205	Ed	Mildred	typed
264	610206	Ed	Howard	typed
265	611208	Ed	Howard	typed
266	620222	Ed	Mildred	handwriting
267	620308	Edgar Snow	Kansas City Times	typed
268	620309	Edgar Snow	Joanie	typed
269	621007	Ed	Aunts Sally	typed
270	630522	Ed	Mildred/Claude	typed
271	621216	Ed	Mildred	typed
272	631004	Ed	Mildred	typed
273	640410	Ed	Howard/everyone	handwriting
274	650413	Ed	Howard	typed
275	650601	Ed	Howard/Dottie	typed
276	650707	Ed	Howard/Dotty	typed
277	650803	Ed	Howard	typed
278	651219	Ed	Howard Jay	typed
279	660810	Ed	Howard J	typed
280	661204	Ed	Howard	handwriting
281	661224	Ed	Howard	typed
282	670106	Lois Snow	Dotty/Howard	handwriting
283	670111	Ed	Howard	typed
284	680215	Ed	Mildred	typed
285	680316	Edgar Snow	Stinson&Lasswel	typed
285A	680516	Edgar Snow	Stinson&Lasswel	typed
286	680628	Ed	Mukdred	typed
287	680715	Ed	Howard	typed
288	680804	Ed	Howard	typed
289	680922	Ed	Howard	typed
290	681103	Ed	Mildred & Co	typed
291	690108	Ed	Mildred, Cherie	typed
292	690000	Ed	Howard	typed
293	690108	Ed	Mildred, Cherie	typed
294	690213	Ed	Dotty/Howard	typed
295	690324	Ed	Howard J/Dotty	typed
296	690421	Edgar Snow	Mr. Levine	typed
297	690430	Ed	Mildred	typed
298	690522	Ed	Howard	typed

299	690528	?	Ed	typed
300	690606	Ed	Howard	typed
301	690612	Ed	Howard	typed
302	690728	Ed	Mildred	typed
303	690900	Mil	Dotty/Howard	handwriting
304	691022	Ed	Howard/Mildred	typed
305	700310	Ed	Mildred	typed
306	700314	Ed	Howard	handwriting
307	700310	Ed	Howard/all	typed
308	700314	Ed	Howard	typed
309	700402	Ed	Howard/Dotty	handwriting
310	700517	Ed	Sis	typed
311	700518	Ed	Howard	typed
312	700529	Ed	Howard	typed
313	700716	Ed	Howard	typed
314	700918	Ed	Howard	handwriting
315	701204	Ed	Sis	typed
316	710618	Ed	Howard	typed
317	710622	Ed	Howard/Dorohty	typed
318	710629	Ed	Mildred	typed
319	710731	Ed	Howard	typed
320	711015	Howard	Ed/Lois	typed
321	711020	Ed	Howard/Dotty	typed
322	720613	Lois	Howard	typed

注：

1. 因从不同渠道收藏，有重复的信件标号后加 A，如 156A。
2. 时间为年份、月份、日期。为了一目了然，年份前面统一不加“19”。
3. 因家人和朋友习惯称呼斯诺为埃德，所以斯诺在信尾的签名大多为“Ed”。
4. 来信者和收信者称呼以信上为准，如“Sis”与“Mildeed”实为同一人。
5. 书信大多为打字，部分为手写。

附录四 海伦·斯诺年表①

1907 年	9 月 21 日，生于美国犹他州塞达城。笔名尼姆·韦尔斯（Nym Wales)，绰号佩格（Peg)。父亲约翰·穆迪·福斯特，母亲汉娜·戴维斯·福斯特。
1917 年	在大拉法耶特学校读书。
1923 年	在犹他州盐湖城读高中。
1925 年	从盐湖城西部高级中学毕业。在犹他大学选修了一些课程。
1931 年	8 月，抵达中国上海。担任美国驻上海领事馆社交秘书。受司克里普斯·坎菲尔德报业联盟委托，任特约驻外记者。一到上海，即与斯诺相识。
1932 年	1 月 28 日，日本海军陆战队侵犯上海华埠，爆发“一·二八”战事，海伦曾随斯诺一起作战地采访。这一年里，她和斯诺结识了宋庆龄并和斯诺、姚克一起初次拜访鲁迅。12 月 26 日，海伦与斯诺在日本东京美国驻日本大使馆举行婚礼，然后去东南亚作蜜月旅行。
1933 年	3 月，和斯诺来到北平，在东城区煤渣胡同 21 号租房安家。这一年，他们开始中国现代小说选《活的中国》一书的选编和翻译。
1934 年	初春，移居北平海淀燕京大学校园南边的军机处 8 号院落。海伦注册参加燕京大学 1934—1935 年学年的学习，选修了大部分用英语教学的课程，包括著名哲学家张东荪的“黑格尔逻辑学”。
1935 年	3 月 14 日至 29 日，在法国巴黎毕列美术馆举办了中国画展，全部是左翼画家的作品。是海伦帮助王钧初等 4 名中国青年画家搜集的，选送到纽约《今日中国》杂志展览，后送巴黎。为此，海伦与王钧初合作撰写了《中国新艺术》的论文，发表在 1935 年 12 月的《亚洲》杂志上。秋，斯诺夫妇移居北平城内盔甲厂 13 号。她家中的小客厅成为中国进步学生经常秘密聚会的场所。12 月 9 日，北平爆发抗日救亡爱国学生运动，她和斯诺到学生

① 本年表参考了以下关于海伦·福斯特·斯诺的 3 个年表：《海伦·福斯特·斯诺生平年表》，武际良著：《十个美国人的中国情缘》，华艺出版社 2000 年 10 月第 1 版。《海伦·斯诺生平大事年表》，安危主编：《伟大的女性》，陕西旅游出版社 1997 年 10 月第 1 版。《海伦·斯诺与中国“工合”大事记》，安危主编：《伟大的女性》，陕西旅游出版社 1997 年 10 月第 1 版。

集会、游行的现场采访，并向世界作了报道。12月16日，爱国学生再次举行声势浩大的游行示威，她和斯诺又去采访。她写出《北平学生运动的进一步发展》的现场报道，发表在12月18日的《密勒氏评论报》上。

1936年 美国诗歌年鉴收录了海伦的《老北京》一诗。5月，为撰写《现代中国文学运动》论文，她委托斯诺携带她提出的23个问题的单子，去上海向鲁迅请教，鲁迅把问题逐个作了回答。6月，斯诺秘密赴陕北苏区，海伦去日本侵略者占领下的东北和朝鲜旅行采访。8月，她写的赞美“一二·九”运动的长诗《青春和那古老的中国》，发表在美国《亚洲》杂志1936年8月号上。她还在该杂志上发表了关于“一二·九”运动的详尽报道文章。9月，她赴西安打算进入陕北苏区与正在那里访问的斯诺会合，未能走出西安。10月3日，在西安采访了统帅东北军的张学良将军。她写出《宁可要红军，不要日本人，中国将军要团结》谈话纪要。10月8日，伦敦《每日先驱报》发表了这条独家新闻。10月9日，英文《华北明星报》转发了消息；10月20日，上海《密勒氏评论》周刊，全文发表了她的采访记。10月5日，从西安返回北平途中，在火车上邂逅了东北军团长万毅并采访了他。她写出《东北军想打回老家去》的长文，由上海出版的英文《中国呼声》半月刊发表。这一年，她写成《中国现代文学运动》的长篇论文，发表在伦敦的《今日生活与文学》杂志上，并作为附录收入《活的中国》一书。

1937年 1月，斯诺夫妇创办英文杂志《民主》，共出版5期。“七七”事变，日军侵占北平后，把该杂志的最后一期从印刷机上抢走，《民主》杂志被迫停刊。4月21日，再次从北平经西安去延安。4月30日到达云阳红一方面军司令部，会见了彭德怀，翌日，参加了庆祝“五一”劳动节的群众大会。5月3日①，到达延安，毛泽东、朱德立即看望了她。5月15日，采访毛泽东，回答了她提出的关于国共合作、阶级斗争、争取民主、准备抗战等问题。毛泽东的这个谈话，原载北平出版的《人民之友》，题为《抗日民主与北方青年》，后转载于1937年8月20日出版的《救国时报》。6月22日，海伦陪同毛泽东会见美国记者拉铁摩尔、比森、杰非等。6月，海伦托从延安返回北平的王福时，给斯诺捎回她在延安采访朱德等人的材料和拍摄的14盒胶卷，为斯诺正在写作的《红星照耀中国》一书补充了大量内容和照片。7月4日，是美国独立纪念日，毛泽东向她作了关于“中国革命的性质”的谈话。8月13日，毛泽东再次会见她，给她一份中共中央提出的抗日救国十大纲领草案。9月18日②，返回西安，第一次会见了由斯诺帮助离开日军占领下的北平返回陕西的邓颖超。9月下旬，同来西安迎接她的斯诺赴青岛。10月，斯诺赴上海采访“八一三”淞沪抗战，海伦于10月17日返回北平，处理完家务立即去上海同斯诺会合。11月下旬，到达上海。

---

① 安危的年表中为5月2日到达延安，待考证。

② 安危的年表中为9月20日，有误。

提出组织建立工业合作社，得到斯诺、路易·艾黎的赞同和宋庆龄的支持。

1938 年　4月3日，“中国工业合作促进委员会”在上海锦江饭店成立。由11位中外人士组成，梁士纯任主席，约翰·亚历山大任书记。海伦和斯诺参加了宣传委员会。5月14日，在《密勒氏评论报》上发表《中国后方的工业防卫线》一文，介绍工业合作社运动情况。8月，中国工业合作社协会在武汉正式成立，宋美龄任名誉理事长，国民政府财政部长孔祥熙任理事长，路易·艾黎任技术顾问，海伦·斯诺担任副理事长。9月，在《中国周报》上发表《日本的吸血政策》① 一文，美国纽约《读者文摘》转载。完成《续西行漫记》的创作。秋，与斯诺在香港会合赴菲律宾，在那里完成《阿里郎之歌》的创作。11月2日，在菲律宾《先驱中国杂志》上，发表图文并茂的长篇报道《通过合作搞工业》；5日，她和斯诺向新四军提出组织“工合”的建议，并寄去华侨捐助的启动资金6万元；7日，她通过马尼拉的中国妇女救济会，给中国“工合”寄去12万元。12月24日，她在《密勒氏评论报》上发表《工业合作社必须加强中国的国力》一文。当年，《中国的工业防线》由菲律宾马尼拉的《福建日报》社出版。海伦在《福建日报》上多次发表文章。

1939 年　2月，把在菲律宾碧瑶筹集的第一笔资金寄给安徽，在中共领导的地区成立“国际中心”。2月12日，路易·艾黎受斯诺夫妇委托，在延安成立了“工合”办事处。边区用1500元赠款和2万元贷款，在5个月后办起了15个“工合”项目。4月20日，菲律宾中国“工合”协会正式成立，海伦和斯诺任名誉理事；会长先后由美国驻菲律宾高级专员的夫人们担任。4月20日，在《密勒氏评论报》上发表《菲律宾支持中国工业合作社》一文。8月16日，为在中国西北成立“国际中心”，她向延安寄出第一笔资金。9月，在《太平洋事务》季刊上发表《中国工业防卫的新战线》一文。《红色中国内幕》(Inside Red China)（中译本《续西行漫记》)，由美国纽约双日——多兰书店出版。《纽约先驱论坛报》评论：“她为旅行叙事送来一份礼品。这是一个有坚实资料幽默和富有色彩的轶事叙述……在盎格鲁撒克逊国家是极端稀少的。”《老爷》月刊写道：“《红色中国内幕》是有戏剧性色彩的，惊险的新材料，应该成为一本畅销书。”这一年，海伦的《革命人物传》一书，由华侃译成中文，以《西行访问记》为书名，由上海译社出版。

1940 年　1月15日，她通过成都基督教女青年会秘书安妮·格恩里，为陕甘宁边区提出创办“四方友好合作学校”的建议，并寄去15，000元创办资金。2月14日，在马尼拉出版的《福建时报》上发表《中国的培黎少年》一文。4月20日，在美国纽约《民族》周刊发表《中国如何自立自助》一文；4月22日，在《时代》周刊上发表《崭新的工业》一文。6月24日，在《密勒氏评论报》上以驻马尼拉记者身份发表《菲律宾人民支持中国工业合

---

① 《海伦·斯诺与中国“工合”大事记》中译为《日本的螨蝠政策》。

作社》一文。7月22日，她和斯诺同其他旅居亚洲的美国人一起，上书罗斯福总统，要求总统发放工业合作社生产救济款，以支持“工合”运动。8月6日，路易·艾黎接受海伦的建议，办起了“工合培黎学校”，建校资金是海伦筹措的。11月1日，菲律宾《碧瑶纪事报》发表该报主编的署名文章，称“凡关注中国工业合作社的人们，都盛赞菲律宾的“工合”组织。正在本市访问、创作的著名作家埃德加·斯诺先生和夫人，就是工业合作思想的创始人……”12月，海伦经上海返回美国。这一年，她写的关于中国工业合作社运动的专著《中国为民主奠基》一书在香港出版，1941年又在美国纽约出版。

1941年 1月，《旧金山纪事报》发表署名文章《作家海伦·斯诺谈中国战胜的可能》；加利福尼亚《金融先驱报》发表温索·乔斯林的文章《中国需要的是美元，不是物资—作家海伦·斯诺谈“工合”》。2月，斯诺返回美国在洛杉矶与海伦团聚。2月，为支持中国“工合”，海伦在好莱坞成立了一个小组委员会。这个委员会向美国总统罗斯福请愿，要求给中国“工合”拨款5000万美元。2月6日，好莱坞报纸发表海伦在当地为中国“工合”筹集资金的报道。4月，海伦和埃德加在康涅狄格州麦迪逊买下1752年建造的一所农舍和两个玉米仓，在这里安家写作。5月31日，美国费城《星期六晚邮报》发表署名文章，报道海伦和埃德加回到美国的消息，并介绍他们在中国开创“工合”的事迹。12月7日，《波士顿先驱报》发表马丁·谢里丹的文章《美国女性策划了中国的游击工业》，文图并茂地介绍了海伦对中国“工合”的贡献。这一年，她与金山合著的《阿里朗之歌——一个朝鲜造反者的生平》英文版，由美国纽约的约翰·戴公司出版。此书是她1937年在延安采访朝鲜革命者金山（张致洛）的谈话整理而成。

1942年 1月25日，《纽黑文纪事报》发表署名文章《帮助中国抵抗—美貌的斯诺夫人开导受困的民族实行工业化》。2月7日，《星期六晚邮报》发表文章，介绍海伦的《中国为民主奠基》一书的出版。2月26日，海伦和埃德加应埃莉诺·罗斯福邀请，到白宫讨论中国及“工合问题”。27日，《华盛顿每日新闻》发表了罗斯福总统夫人的专栏《我的一天》：“回到白宫后，与埃德加·斯诺夫妇进行了最有趣的谈话。他们从中国回来大约已有一年，斯诺夫人对中国工业合作运动兴趣极浓……看起来，合作是提高人民生活水平的最好基础。”11月26日，罗斯福总统经济顾问朗林·科里给海伦·斯诺写信：“多谢您给我寄来尼赫鲁的讲话。得到这份材料，我高兴极了。我应当考虑到，印度是办合作社的理想国度。我确实希望您能在印度把合作社很好地搞起来。”这一年，《中国为民主奠基》一书在印度出版，尼赫鲁为此书作序。在印度开始建立工业合作社，到1972年达5万个。

1943年 3月4日，印度知名人士给海伦·斯诺写信称：“印度在经济方面的唯一出路是办合作社。”

1944年 2月，波士顿《基督纪事报》发表海伦的《中国与民主》一文。12月，俄亥俄《安蒂奥克评论报》发表她的《中国能不能重新组织起来?》一文。

同月，《中国为民主奠基》一书在英国伦敦出版，副标题是“中国‘工合’运动的故事”。

1945 年　4 月，海伦以知名记者身份出席在旧金山举行的联合国成立大会。接受欧洲一家广播公司采访，以“中国劳工运动”为题发表了广播讲话。8 月，美国《读书杂志》发表署名文章《妇女能不能既有家庭，又有事业?》，作者以海伦·斯诺为例进行阐述。9 月，在《美国学者》季刊秋季号上发表《两个截然不同的中国》一文。同月，她撰写了小册子《中国的工合》，在伦敦出版。这一年，海伦和父母、兄弟等家人从犹他州盐湖城出发，去爱达荷、怀俄明看望家人，访问家史。海伦积极支持由美国进步人士卡尔逊等人组织的“争取远东民主政策委员会”。这个委员会反对美国支持蒋介石独裁政权。

1947 年　2 月，埃德加·斯诺离开他和海伦·斯诺在麦迪逊的家后再未回来住。从此，他俩分居。

1949 年　5 月，海伦和斯诺离婚。10 月，海伦穿她 1937 年去延安时穿的蓝色中式旗袍，在麦迪逊家中拍下一张照片，庆祝新中国的诞生。这一年里，海伦撰写的《中国劳工》和《中国工业合作社》被收入美国纽约出版的《劳动大百科全书》。

1951 年　“美国支援中国工业合作社委员会”宣布解散，当时海伦担任副主席，阿尔弗莱德·希德韦担任主席。到此时为止，该委员会为中国“工合”共集资 350 万美元。

1953 年　10 月，海伦的《阿里郎之歌》一书由安藤资郎译成日文，在东京朝日书房出版。之后，1965 年，三铃书房出版了第二版增订本；1986 年，辽宁民族出版社出版了朝鲜文译本；1987 年，日本东京岩波书店出版了由松平五百子翻译的日文新版本。1993 年 6 月，新华出版社出版了由赵仲强翻译的中文本《阿里郎之歌——中国革命中的一个朝鲜共产党人》。

1958 年—1961 年　整理、编印了《“工合”之初》文件汇编。她把有关“工合”的所有资料、信件等，连同她浩大的《尼姆·韦尔斯文库》一起，送到胡佛研究所。

1966 年　在英国土壤协会会刊《大地母亲》上发表长文《“工合”：亚洲合作社的故事》，介绍中国“工合”最初是怎样诞生的。

1967 年　《近代中国妇女》一书在荷兰出版。

1971 年　9 月，美国家谱学协会向海伦·斯诺颁发了家谱学家证书。此前她出版了这方面的著作 20 多种，包括一本 700 页写自己家庭的书。这一年，她还写过一篇关于“一二·九”运动骨干、爱国女学生李敏的文章，发表在《瑞典国际开发署报道》上。

1972 年　2 月 15 日，她的 30 年代中国摄影在纽约大都会博物馆展出。《基督教科学箴言报》于当天发表《中国图书难觅，海伦·斯诺帮助读者解渴》的文章。11 月 21 日，离开纽约，经伦敦，赴印度新德里，以《中国为民主奠基》的作者身份，参观访问了印度的一些工业合作社，被誉为印度的“合作社之母”。12 月 1 日，经香港进入中国，3 日到达北京。作为中国人民对外友好协会的客人，以《续西行漫记》作者身份访问3个月。会见了许多“一二·九”运动时期和在延安访问时结识的老朋友和在中国的外国朋友。12月14日，朱德在人民大会堂会见了海伦·斯诺。一同参加会见的还有邓颖超、康克清、龚普生、陈翰伯等。她访问了北京、南京、上海、长沙、韶山、浏阳等许多地方，于1973年2月10日离华返美。在北京期间，她写信给毛泽东问候，到长沙时，收到毛泽东、周恩来分别给她的信，欢迎她再来中国访问。

1978年　9月，率领一个电视摄影小组，第二次访问新中国，追寻30年代斯诺和她在中国从北京到西安、保安、延安的足迹，拍摄一部电视片。历时6周。

1979年　中美两国正式建交后，邓小平访问美国。海伦赶到华盛顿会见邓小平，并亲手把1937年毛泽东写给任弼时和邓小平的介绍信交给了他。

1980年　10月，海伦的老朋友、中国著名作家萧乾赴美访问，专程探望了她，并写出《斯诺夫人海伦访问记》，发表在《中报》1980年第7期上。12月，美国南加州大学政治科学系主任乔治·奥克利·托顿三世（即陶慕廉）给挪威诺贝尔委员会写信，梁士纯教授给该委员会主席约翰·萨尼斯写信，翌年1月，安东安尼博士给该委员会写信，均提名支持海伦·斯诺为1981和1982年度诺贝尔和平奖的候选人。

1981年　3月，海伦患心脏病，不得不在床头安置了供氧设备，随时进行自我抢救。8月，她的《七十年代西行漫记》一书，由安危、剑华译成中文，在陕西人民出版社出版。① 同月，著名女作家丁玲访美，专程看海伦。之后写了《海伦的镜子——会见尼姆·韦尔斯女士》一文，发表在1982年3月7日《人民日报》上。这一年，海伦·斯诺恢复“美国支援中国工业合作社委员会”。

1984年　回忆录《我在中国的岁月》一书，由美国纽约威廉·莫罗公司出版。

1985年　10月，《我在中国的岁月》一书，由华谊译成中文，以《旅华岁月》为书名，由世界知识出版社出版。

1986年　8月，《我在中国的岁月》另一个中译本《一个女记者的传奇》，由汪溪、方云、阎绍尘翻译，新华出版社出版。9月，中国新闻出版社也出版了安危、杜夏译的中译本。此后，八一电影制片厂曾根据此书部分内容拍摄了一部影片。

1987年　7月，中国西安举行海伦·斯诺80华诞庆祝活动，纪念她访问延安50周年，举办了《海伦·斯诺在中国》图片实物展览。

1988年　6月30日，《人民日报》发表了1937年海伦访问延安时担任过翻译的余建亭写的《回忆毛泽东在延安会见海伦·斯诺》一文。

1989年　《红色女战士——康克清》一书，由中国和平出版社出版。《延安采访录》由安危译成中文，由贵州人民出版社出版。当年，海伦·斯诺写信给美国总统布什，要求取缔对中国的经济制裁，建议美国政府给中国工合国际委

① 安危的年表中为1980年出版，有误。武际良的年表为1981年11月，有误。

员会贷款5000万美元，帮助中国发展地方合作企业。

1991年　3月，三联书店重印海伦的《续西行漫记》一书。9月，中国作家协会、中华文学基金会和中国国际友人研究会，向海伦·斯诺颁发第一个“理解与友谊”国际文学奖①。同月，《重返中国》一书由麦少楣翻译，中国发展出版社出版。12月25日，中国第一个“埃德加和海伦·斯诺研究中心”在西安正式成立，安危任主席。

1993年　中国北京出版的《诗刊》1月号发表了海伦的6首诗。其中《友谊》和《报应》，在美国荣获1989年“金诗人”奖，《永恒》被收入美国名诗人诗集，《向大地俯耳聆听》获得1992年荣誉提名奖，另外两首是《随风飞扬》、《水手的妻子》。多年来，海伦的诗作荣获过美国各种奖项10多次。此6首由诗人、译诗家顾子欣译成中文，著名作家、诗人朱子奇著文作了评介。8月，首次“工合”国际研讨会在中国陕西宝鸡市举行。大会向海伦发了致敬信。10月，《毛泽东的故乡》一书由剑华、安危译成中文，武汉华中师范大学出版社出版。

1994年　9月，中国人民对外友好协会会长齐怀远代表友协向海伦发出生日贺电。

1995年　海伦将自己保存了几十年的珍贵纪念物：斯诺在北平写作《红星照耀中国》一书使用的打字机，斯诺1939年访问延安时，陕甘宁边区政府发给他的护照和其他文稿，交由安危带回中国，现存于西安八路军办事处纪念馆。

1996年　6月，陕西省举办“斯诺月”系列活动，历时20余天。6月7日，在西北大学举行了“纪念埃德加和海伦·斯诺访问中国西北60周年报告会。”6月17日，中国人民对外友好协会授予海伦·斯诺“人民友好使者”称号。9月，中国工农红军长征胜利60周年之际，海伦特意发来贺词，高度评价长征的伟大意义。

1997年　1月11日，海伦·斯诺在康涅狄格州吉尔福德镇福勒养老院逝世。中华人民共和国国务院副总理兼外交部长钱其琛、驻美国大使李道豫、驻联合国大使秦华孙、纽约总领事邱胜云、中国人民对外友好协会会长齐怀远等代表中国政府和中国人民分别向海伦的亲属，海伦·福斯特·斯诺文化托管会主席谢莉尔·福斯特·毕绍夫夫人发去唁电表示哀悼，高度评价了海伦·斯诺为中美人民的了解和友谊做出的突出贡献。美国犹他州州长迈克尔·李维特、美国参议员约瑟夫·李伯曼·坎贝尔先生、美国斯诺纪念会主席格雷·戴蒙德都发去了唁电。美国报界纷纷发表纪念文章。1月14日，康州首府《哈特福德日报》报道了海伦逝世的消息，刊登了她的大幅照片。报道在回顾了她传奇的一生后写道：“海伦生前曾说过：她在中国的岁月是她一生中最幸福的时光。”《纽约时报》署名文章的题目《89岁月的海伦，中国工合事业的奠基人》。1月15日，《纽黑文纪事报》的文章题目是《一

① 这一奖项由中国作家协会和中华文学基金会主办，旨在褒奖那些以文学的方式介绍中国、传播中国文化，功绩卓著的外国人士。自1991年创立以来，先后有美国作家海伦·F·斯诺、英籍华人韩素音、泰国诗琳通公主、日本作家池田大作获奖。

位永远令人怀念的先驱记者》。5 月 2 日，在康涅狄格州麦迪逊镇郊外的一座乡间公墓为海伦举行了葬礼，并为她举行了追思仪式，她的中国老朋友黄华偕夫人何理良、龚普生女士专程前往参加并在会上讲话。7 日，在洛杉矶南加州大学教堂举行了由海伦生前密友陶慕廉教授主办的追悼会和研讨会。中国《炎黄春秋》杂志 1997 年 7 月号发表中国国际友人研究会理事武际良为悼念海伦·斯诺逝世的长篇文章《海伦·斯诺的中国情结》。10 月 14 日，在北京人民大会堂隆重举行了有数百名中外人士和国家领导人及生前友好参加的海伦·斯诺纪念会。

附录五 海伦·斯诺采访笔记目录①

HISTORICAL NOTES ON CHINA②

By

Nym Wales

Ⅰ Notes on the Left-wing Painters and Modern Art in China

Ⅱ Notes on the Chinese Student Movement, 1935—1936

Ⅲ Notes on the Sian Incident, 1936

Ⅳ Notes on the Beginnings of the Industrial Cooperatives in China

Ⅴ My Yenan Notebooks

NOTES ON THE LEFT-WING PAINTERS AND MODERN ART IN CHINA③

(1) THE FIRST EXHIBITION OF LEFT-WING CHINESE ART IN PARIS

(2) CHINESE ARTISTS TURN TO THE MASSES

(3) REVOLUTIONARY ART IN CHINA

(4) LEFT-WING POETRY IN CHINA

(5) WANG CHUN-CHU, LEFT-WING PAINTER OF PEKING

(6) MODERN PAINTING IN CHINA

NOTES ON THE CHINESE STUDENT MOVEMENT, 1935—1936④

---

① 笔记目录保留原文的格式，包括英文的大小写、编号、标点等。四本笔记共计800多页，约100多万字。

② Prepared from the Original Files of the "Nym Wales Collection on the FarEast" in the Hoover Institution, Stanford University, Stanford, California.

③ 59pages.

④ 201pages.

PART ONE：

1. FASCISM IN CHINA
2. AN OPEN LETTER...... NOVEMBER 1, 1935
3. THE DEMONSTRATION OF DECEMBER 9 TH, 1935
4. DAVID YUI—THE MARXIST
5. THE DEVELOPMENT OF THE STUDENT MOVEMENT, 1935—1936
6. THE MEMORIAL FOR KUO CH'ING, MARCH 31, 1936
7. APRIL DAYS IN PEKING
8. ON THE STUDENT FRONT IN PEKING
9. THE CHANGE OF POLICY OF THE STUDENT MOVEMENT
10. THE SOUTHWEST REBELLION , 1936
11. THE STUDENTS AND THE SIAN INCIDENT OF DECEMBER 12, 1936
12. "DEMOCRACY" AND THE STUDENT MOVEMENT
13. POSTSCRIPT

PART TWO：

1. FACULTY MEMBERS AND THE STUDENT MOVEMENT
   a. Teacher and Students, the Old and the New
   b. The Situation at Peita University in Peking
   c. Pingta University—Law and Commerce
   d. The Tungpei University Students
2. LIU TSUI AND TSINGHUA
3. WANG JU-MEI (HUANG HUA), OF YENCHING UNIVERSITY
4. COMMUNIST COMMENTARY
   a. Comment by Mo Tse-tung on the Student Movement
   b. Talks with David Yui (Yu ch' i-wei)
   c. The Trotskyists in 1935—1936
   d. Kuo ta—Political Prisoner of the First Model Prison, Peking
5. CHINA AND INTERNATIONAL STUDENT ACTIVITIES

PART THREE：

1. LETTERS FROM THE STUDENTS TO THE SNOWS
2. NOTES FROM EDGAR SNOW'S FILE ON THE STUDENT MOVEMENT
3. EXCERPTS FROM ARTICLES BY NYM WALES; WITH PERSONAL LETTERS
4. RADOM INTERVIEWS AND NOTES
5. CHRONOLOGY

NOTES ON THE SIAN INCIDENT, 1936①

PART ONE：THE STAGE SETTING, 1936.

---

① 201pages.

1. Youth, Art and Revolution in China: Informal Essays
2. My Trip to Peitaiho, Manchuria and Korea, 1936.
3. My First Trip to Sianfu, 1936.
   (1) My Famous Interview With the Young Marshal
   (2) A Talk with Colonel Wan Yi of the Tungpei Army, October 5, 1936.
4. "red Star Over China" —Return of Edgar Snow from the Soviets, October, 1936
   (1) The Chinese Communist Armies on the Eve of the Sian Incident, 1936
   (2) News on the Student Movement

PART TWO: THE FIFTY-FIVE DAYS

1. December 12th, 1936.
2. Pravda and Izvestia Attack Chang Hsueh-liang and the Sian Revolt.
3. Miao Feng-shan and James Bertram.
4. Talks, Interviews and Press Comments.
5. The Release of Chiang Kai-shek, Christmas Day, 1936
6. Dispatches from Sian, 1936—1937
   (1) James Bertram's Special Correspondence

PART THREE: THE AFTERMATH.

1. January and February Days, 1937.
2. Literature and Revolution in China.
3. Our Magazine "Democracy" in Peking.
4. Post-Mortems.
   (1) Comments from Communist China, 1937
   (2) Kuomintang China, 1936—1937: A Study in Colonial Sub-Fascism.

NOTES ON THE BEGINNINGS OF THE INDUSTRIAL COOPERATIVES IN CHINA①

1. THE BEGINNINGS OF THE INDUSTRIAL COOPERATIVES IN CHINA
   a. The First Months-Excerpts from correspondence
   b. The Protestant Influence
   c. Foreign Comment on Indusco
2. THE BEGINNINGS OF THE INDUSTRIAL COOPERATIVES IN THE COMMUNIST
   a. The International Cooperative Centers
      (1) The Northwest International Cooperative Center
3. THE PHILIPPINE ASSOCIATION FOR INDUSTRIAL COOPERATIVES IN CHINA

MY YENAN NOTEBOOKS②

APRIL 21, 1937. SIAN—ARRIVAL AND DEPARTURE

---

① 82 pages.

② 270pages.

(1) Personal Snow Letters.

APRIL 30, YUN YANG, SHENSI. AT P'ENG TEH-HUA'S FIRST FRONT RED ARMY HEADQUARTERS.

(2) Interview with P'eng The-huai on the Sian Incident, the Third Plenary Session of the Kuomintang and democracy in China.

MAY 1. INTERVIEW WITH P'ENG TEH-HUAI ON STRATEGY FOR A WAR AGAINST JAPAN.

MAY 2, AT YAO HSIEN. INTERVIEW WITH LIN MO-YUAN, T'ANG WEN-FU AND OTHERS.

MAY 4, YENAN, SHENSI. INTERVIEW WITH PO KU ON THE SIAN INCIDENT.

MAY 5, YENAN. TALKS WITH NIEH HO-T'ING, PIEN CHANG-WU AND HO CH'ANG-KUNG OF THE RED ACADEMY.

MAY 6, YENAN. INTERVIEW WITH HSU HAI-TUNG.

(1) Interview with the Editors of Chieh Fang Magazine.

(2) Interview with Dr. Fu Lien-chang.

(3) Autobiography of Miss K'ang K'e-ching.

(4) Talk with Liu Shao-wen, Second Front Army Political Department.

MAY 7, YENAN. SECOND INTERVIEW WITH DR. FU LIEN-CHANG, CENTRAL HOSPITAL.

(1) Lunch with K'ang K'e-ching and Theatre with Chu Teh.

(2) Interview with Wu Liang-p'ing on the Trotskyists.

MAY 8, YENAN. TALK WITH DAVID YUI OF PEKING, STUDENT MOVEMENT LEADER.

MAY 10. TALKS WITH MISS TSAI CH'ANG AND LI TEH.

MAY 11. MISS TING LING ON CHINESE LITERATURE.

MAY 12. THE LIFE STORY OF HSIAO k'EH.

(1) Discussion with Li Teh on Spain.

MAY 13. THE DEPARTMENT OF NATIONAL ECONOMY, TSAI TZE-WEI.

(1) Interview with Hsu Teh-lieh on education.

MAY 14. INTERVIEW WITH MAO TSE-TUNG ON SPAIN.

MAY 15. INTERVIEW WITH WANG CHENG OF THE 6th ARMY UNDER HO LUNG.

MAY 16. INTERVIEW AT THE MINISTRY OF FINANCE.

(1) Interview with the National Economic Department.

(2) Chu Teh's History of the Red Army.

(3) Talk with Li Teh on Marxist Theory.

MAY 17. LIFE STORY OF LO P'ING-HUI, COMMANDER OF THE 32D ARMY.

MAY 18. LO P'ING-HUI LIFE STORY CONTINUED.

(1) The Life Story of Ting Ling.

(2) The Life story of Wu Liang-p'ing.

MAY 19. LO P'ING-HUI'S STORY CONTINUED.

MAY 20. THE LIFE STORY OF WEN T'AO, DRAMATICS TEACHER.

MAY 20 – 21. UNDATED TALK WITH DAVID YUI ON THE HISTORY OF THE 1911 AND 1925—1927 REVOLUTONS: ON THE TRANSFORMATION TO SOCIALISM, AND ON THE CHANGES

IN THE NANKING GOVERNMENT.

MAY 21. INTERVIEW WITH CHU TEH-HIS LIFE STORY. HIS COMMENTS ON WOMEN.

(1) Life Story of Liao Cheng-chih, son of Liao Chun-k'ai.

MAY 22. LIFE STORY OF WU LIANG-P'ING CONTINUED.

MAY 24. TALK WITH TSAI CH'ANG, LEADING WOMAN COMMUNIST: HER LIFE STORY.

MAY 25. THE LIFE OF TING LING CONTINUED.

MAY 26. YENAN, SHENSI. LIFE STORY OF TSAO P'ING-SAN OF THE DRAMATICS SOCIETY.

(1) The Story of Liu Chih, boy actor of Sian.

MAY 27. PERSONAL NOTES.

MAY 28. LIFE STORY OF DR. CHI P'ENG-FEI OF THE MEDICAL DEPARTMENT.

MAY 29. TALK WITH KUAN SHANG-YIN—BIOGRAPHICAL SKETCH OF HO LUNG.

(1) Arrival of the Nanking Commission.

MAY THIRTIETH IN YENAN. TING LING'S LIFE STORY CONTINUED.

(1) Personal Life.

MAY 31. AT THE LU HSUN LIBRARY.

(1) Agnes Smedley on Chu Teh. Dinner with Mao Tse-tung.

JUNE 1. LIFE STORY OF HSU MENG-CH'IU.

(1) Interview with Miss Li Chun-chen, Chief of Women's Department.

JUNE 2. INTERVIEW WITH TSAI SHU-FAN, COMMISSAR OF THE INTERIOR.

JUNE 3. INTERVIEW WITH TSAI SHU-FAN: HIS LIFE STORY.

JUNE 5. INTERVIEW WITH MISS LIU CHIEN-HSIEN ON WOMEN WORKERS, LABOR ORGANIZATION, WORKING CONDITIONS, MINING ETC.

JUNE 6. INTERVIEW WITH LI TEH ON THE ECONOMIC BASIS OF REVOLUTION AND TROTSKYIST ERRORS.

(1) Interview with Wu Liang-p'ing on Trotskyism.

JUNE 7. VISIT TO THE BRICKIAYERS' UNION MEETING WITH LIU CHIEN-HSIEN

(1) Trial and Execution of Bandits in Yenan.

JUNE 8. INTERVIEW WITH LO MAN AND CH'ENG FANG-WU, AT THE COMMUNIST PARTY SCHOOL.

(1) Minorities at the Communist Party School.

(2) June 8 or 9. CONTINUED INTERVIEW WITH WU LIANG-P'ING ON TROTSKYISTS.

(3) LIU CHIEN-HSIEN TELIS ME HER STORY.

JUNE 10. YENAN, SHENSI. INTERVIEW WITH HSU MENG-CH'IU ON THE LONG MARCH.

JUNE 12. INTERVIEW WITH MISS TSAI CH'ANG: THE STORY OF HSIANG CHIN-YU AND OF TSAI CH'ANG.

JUNE 13. LIU CHIEN-HSIEN AND A VISIT TO THE LABOR UNIONS.

(1) Discussion with Li Teh on Questions of Leninism.

(2) Talk with Po Ku about the Missionaries named Siam.

(3) Interview with Feng Wen-ping, Communist Youth Leader.

JUNE 15. INTERVIEW WITH CHOU YANG-CH'ING.

JUNE 16. INTERVIEW WITH LIU TING ON THE FASCISTS IN CHINA.

(1) Interview with my Bodyguard, Teng Ming-yuan, of Szechuan: His Life Story.

JUNE 18. INTERVIEW WITH LIN PEI-CH'U, MINISTER OF FINANCE.

(1) Interview with Lin Piao, President of the Red Academy.

(2) Interview with the Korean, Kin San (Chiang Ming).

(3) Life story of Tung Pi-Wu.

JUNE 20. INTERVIEW WITH LO P'ING-HUI ON THE LONG MARCH.

(1) Interview with Po Ku on the Sian Incident.

JUNE 21. INTERVIEW WITH WU LIANG-P'ING ON CHIANG KAI-SHEK AND THE SIAN INCIDENT, 1936.

(1) Talk with Hsu Meng-ch'iu on the Long March continued.

JUNE 22. INTERVIEW WITH CHOU EN-LAI ON THE UNITED FRONT SITUATION AND NEGOTIATIONS WITH NANKING.

(1) Interview with Mao Tse-tung on Nanking Policy and Japan.

JUNE 24. INTERVIEW WITH MAO TSE-TUNG ON INTELIECTUAIS SOCIALISM, DEMOCRACY, AMERICAN ISOLATIONGISM ETC.

(1) Interview with Hsu Meng-ch'iu on the Long March.

(2) Interview with Liu Ting on Fascism and the Sian Incident. (see end of mss.)

JUNE 29. LIFE STORY OF CHU KUANG AND HISTORY OF LEFT-WING ART AND LITERATURE.

(1) Life Story of Hsu Hsiang-ch'ien.

(2) Undated Interview on Opium Growing.

JULY 3. YENAN, SHENSI. LIU SHAO-CH'I ON THE CHINESE LABOR MOVEMENT.

JULY 4. INTERVIEW WITH MAO TSE-TUNG ON THE NATURE, STAGES AND PRESENT STATUS OF THE CHINESE REVOLUTION: ALSO ON THE POLITICAL PROBLEMS AT THE PARTY DELEGATES' CONGRESS MAY 1 TO MAY 15, 1937.

JULY 13. INTERVIEW WITH WU LIANG-P'ING ON HOW TO TRANSFORM TO SOCIALISM.

JULY 14. INTERVIEW WITH LO FU ON THE STAGES OF THE CHINESE REVOLUTION.

JULY 16. WU LIANG-P'ING ON TACTICS FOR DEMOCRACY.

AUGUST 8. WU LIANG-P'ING ON THE RED ARMY AND A WAR WITH JAPAN, AND MOBILIZATION OF THE POPULATION.

AUGUST 9. LIFE STORY OF CHANG WEN-PING, OGPU.

AUGUST 13. INTERVIEW WITH MAO TSE-TUNG ON NEGOTIATIONS WITH NANKING AND THE WAR WITH JAPAN.

AUGUST 14. INTERVIEW WITH HU LIN-KUEI ON THE CHILDREN'S PROPAGANDA TOUR TO THE VILIAGES.

AUGUST 15. INTERVIEW WITH MISS TING LING ON THE FRONT SERVICE GROUP.

(1) Decisions of the Central Party Regarding Recent Situation.

AUGUST 18. INTERVIEW WITH TUNG PI-WU, CHAIRMAN OF THE GOVERNMENT.

AUGUST 19. TALK WITH CHANG WEN-PING.

SEPTEMBER 1. THE LIFE STORY OF TENG FENG OF THE HUFEH-HUNAN-KIANGSI SOVIET.

JUNE TO SEPTEMBER. PRESONAL SNOW LETTERS.

SEPTEMBER TO OCTOBER 15, 1937. TRAVEL DIARY OF MY TRIP FROM YENAN TO SIAN AND TSINGTAO.

NOTES AND COMMENT.

UNPUBLISHED MANUSCRIPTS AND UNDATED TALKS.

(1) More about the Trotskyist Marx-schism. Interview with Wu Liang-p'ing.

(2) The Fascist Tendency in China, by Liu Ting.

(3) Interview with Hsu Meng-ch'iu.

(4) Lo Fu Answers some Questions.

(5) Appeal from Dr. Fu Lien-chang for Medical Aid.

(6) Letter from Fullsea Wang.

(7) Talk with Chu Teh on the Nanchang Uprising and the Forming of the Red Army.

(8) A Living Theatre at Work in Yenan.

(9) Mao Tse-tung and His Revolutionary Theories.

JULY, 1938, SHANGHAI, CHINA. TALK WITH LIU SHAO-WEN OF THE EIGHTH ROUTE ARMY

JULY 27, 1938, SHANGHAI. LIFE STORY OF TSAI TSO-YIN, HAILOFENG.

UNDATED, SHANGHAI. WAR REFUGEES AMONG THE TOBACCO WORKERS IN SHANGHAI.

JULY 15, 1938, SHANGHAI. TALK WITH LIU SHAO - WEN OF THE SECOND FRONT RED ARMY.

RANDOM NOTES ON THE CHINESE COMMUNISTS.

THE GUERRILLAS AT SHANGHAI'S BACKDOOR, 1938.

APPENDICES.

(Note: In my Yenan notebooks the interviews are not always chronological. The bibliography of articles by me and about me is not complete, but only what I have been able to collect at this time.)

附录六　海伦·斯诺主要著作目录[①]

1. *Inside Red China*（《红色中国内幕》英文版），尼姆·威尔斯著，美国纽约双日－多兰书店 1939 年出版。
《西行访问记》，尼姆·威尔斯著，华侃译，上海译社，1939 年出版。
《延安采访录》，海伦·斯诺著，安危译，贵州人民出版社，1989 年出版。
《红色中国内幕》，尼姆·威尔斯著，马庆平、万高潮译，华文出版社，1991 年 3 月第 1 版。
《续西行漫记》，尼姆·威尔斯著，陶宜、徐复译，生活·读书·新知三联书店 1991 年 3 月第 1 版。
《西行访问记：红都延安秘录》，尼姆·威尔斯著，华侃译，中国青年出版社，1994 年 9 月第 1 版。
《红都延安采访实录》，海伦·福斯特·斯诺著，张士义、张存香译，中国社会出版社，2004 年 1 月第 1 版。
Inside Red China, Nym Wales, Foreign Languages Press, Beijing, 2004.

2. 《中国为民主奠基》，海伦·斯诺著，香港 1940 年出版，纽约 1941 年出版。印度 1942 年出版。1944 年在英国伦敦出版，副标题是“中国‘工合’运动的故事”。
China Builds for Democracy: *A Story of Cooperative Industry*, Nym Wales, Foreign Languages Press, Beijing, 2004.

3. 《阿里郎之歌——一个朝鲜造反者的生平》英文版，尼姆·威尔斯、金山合著，美国纽约约翰·戴公司，1941 年出版。1953 年由安藤资郎译成日文，在东京朝日书房出版。1965 年，三铃书房出版了第二版增订本；1986 年，辽宁民族出版社出版了朝鲜文译本；1987 年，日本东京岩波书店出版了由松平五百子翻译的日文新版本。
《阿里郎之歌——中国革命中的一个朝鲜共产党人》，尼姆·威尔斯（海伦·斯诺）［朝］金山合著，赵仲强译，新华出版社，1993 年 6 月第 1 版。

---

① 海伦写作了 63 部著作或手稿，题材广泛，内容包括中国、新英格兰、家史、妇女、文论、诗歌、歌词等。本附录主要收集了已经出版的关于中国的作品，不同版本以首次出版年月先后为序。

4. *Red dust*: *autobiographies of Chinese communists*, Nym Wales, Stanford, Calif. : Stanford University Press, 1952.

5.《近代中国妇女》，海伦·福斯特·斯诺著，荷兰 1967 年出版。
《中国新女性》，海伦·福斯特·斯诺著，中国新闻出版社，1985 年 7 月第 1 版。
Women in Modern China, Helen Foster Snow, Foreign Languages Press, Beijing, 2004.

6.《七十年代西行漫记》，海伦·福斯特·斯诺著，安危、剑华译，陕西人民出版社，1981 年 8 月第 1 版。

7.《我在中国的岁月》，美国纽约威廉·莫罗公司，1984 年出版。
《旅华岁月》海伦·斯诺著，华谊译，世界知识出版社，1985 年出版。
《一个女记者的传奇》，海伦·斯诺著，汪溪、方云、阎绍尘翻译，新华出版社，1986 年 8 月出版。
《我在中国的岁月》，海伦·斯诺著，安危、杜夏译，中国新闻出版社，1986 年 9 月第 1 版。
My China Years, Helen Foster Snow, Foreign Languages Press, Beijing, 2004.

8.《红色女战士——康克清》，海伦·斯诺著，中国和平出版社，1989 年出版。

9.《重返中国》，海伦·福斯特·斯诺著，麦少楣译，中国发展出版社，1991 年出版。
《重返中国》，海伦·福斯特·斯诺著，刘炳章、王中一、隋丽君、卢佩文、王培清、房志平译，中国发展出版社，1991 年 9 月第 1 版。
Return to China—Thirty Years After, Helen Foster Snow, Foreign Languages Press, Beijing, 2004.

10.《毛泽东的故乡》，海伦·斯诺著，剑华、安危译，华中师范大学出版社，1993 年 10 月第 1 版。

附录七　美国斯诺纪念基金会名誉主席戴蒙德的来信①

Dear Sun Hua:

I am pleased to know your group has gathered at the University to note and honor the life of Edgar Snow.

Nineteen seventy-two was also the year that China and the United States began establishing a mutual understanding. What remarkable changes have resulted. Ed Snow is surely smiling, laughing, enjoying it all.

Ed was not only my friend, but also my teacher. He convinced me that our two great countries had the chemistry to change, to improve our world.

My lesson from Ed's teaching? Thank the Chinese and Americans for carrying out the perfect and needed experiment:

Take the oldest continuous functioning people and civilization, and stir in generous amounts of a people never before invented:

Here: a new invention, conceived by man, a mix of races, colors, languages, beliefs, religions, non-religions, monarchies, anarchies, and announce that each person is equal, each has one inalienable right: one personal vote for choosing their leadership. This mix has no antecedents. It is a new humankind invented: a still evolvingexperiment that lets each member find their own destiny.

There: China, the larger, older partner, carries forward the weight and privilege of 5000 years of humankind's story: foreign attacks, flaws, cruelty, but brings forward treasures, experiences, wisdom.

---

① 由陕西翻译协会主席安危译为中文。

It has withstood attempts to destroy it, change it, but the very marrow of its civilization survived; it is a powerful mixture of the old, the tested, the full-matured humankind, not invented but created.

What a wonderful time to be part of this grand experiment.

May I close by extending my warmest regards to all of you gathered in Ed Snow's memory. Snow and Huang Hua shared a special adventure that formed each man's life. The American, Ma Haide (George Hatem) was part of that special adventure.

If He Li liang and Chou Su Fei are in the audience, I reach out and embrace them each. They and my Mary Dwight Dimond formed a remarkable trio.

Sincerely,

E. Grey Dimond, M. D.
Former President
Edgar Snow Memorial Foundation
University of Missouri-Kansas City
Kansas City, Missouri 64108

孙华教授:

得知你们研究中心在北大集会，纪念和表彰埃德加·斯诺的生平业绩，我感到非常高兴。

1972 年，也是中美两国开始建立相互理解的一年。自那以后所发生的变化，是多么的非同凡响！如今，埃德·斯诺一定是面有喜色，开怀大笑，对这一切感到高兴。

埃德不仅是我的朋友，也是我的导师。他使我相信，我们两个伟大的国家，有能力改变我们这个世界，使它变得越来越好。

何谓埃德加永恒的遗言？感谢中国人和美国人进行共同需要的、尽善尽美的实验：把地球上一直延续下来的最古老的民族和文明，与从前一直没有过的崭新的民族和新创立的文明溶合在一起。

在这儿：一个名符其实的“大熔炉”，由许多不同种族、不同肤色、不同语言、不同宗教信仰和文化背景的人群构成。尽管有这么多的差异，所有的人一律平等，每一个人都有不可剥夺的权利，每一个人都有选择国家领导人的一张选票。这种融合是没有先例的，是人类的创新，而且仍在实验之中，它力图使每一个人感到自己掌握着自己的命运。

在那儿：一个更大、更古老的伙伴——中国，传承着人类 5 000 年文明的厚重和优势。历经了外强侵略、破坏和残酷掠夺，她所拥有的是宝藏、经验和智慧。她抵挡住了被破坏、被改变的企图，然而她的文明精华却被保留了下来。这种古老的、久经考验的、完全成熟的人类融和，是无比强大的，她不是发明而是创造出来的。

能够成为这一宏大实验的一部分，这是一个多么美好的时代啊！

最后，请允许我向出席埃德加·斯诺纪念会的所有代表表示最热忱的问候。斯诺和黄华有着一个特殊的冒险经历，铸成了他们各自的一生。美国人马海德，是那个特殊冒险经历的一部分。

如果何理良和周苏菲出席会议，我伸出双臂，拥抱她们每一个人。她们和我的玛丽·戴蒙德一起，组成了一个出色的“三重唱”。

格雷·戴蒙德 敬上
埃德加斯诺基金会前主席
密苏里大学堪萨斯城分校
堪萨斯城，密苏里州 64108

附录八 美国斯诺纪念基金会主席詹姆斯·希尔的来信[①]

February 11, 2012

Dear Sun Hua:

"I am homesick," Edgar Snow wrote from India to his sister in May of 1931. "But my dilemma is that I can't quite decide whether it is nostalgia for China or for America. I am strongly inclined to believe it is China." We now know how strong his feelings were for both countries, with half of his body buried in China and the other half in America.

Edgar Snow's long and distinguished career as a journalist and tireless ambassador of friendship must be a source of great pride for you and for all in China. **The spirit of Edgar Snow exemplifies how one person can make a difference in advancing friendship between China and the United States.**

On behalf of the Board of Directors of the Edgar Snow Memorial Foundation we will continue with passionate efforts to sustain and celebrate the legacy of Edgar Snow by promoting friendship between the peoples of China and the United States.

I regret that I did not know Edgar Snow personally but that same spirit lives within me for the friendship of our peoples. You are included in our thoughts and prayers on this day of reflection and remembrance for all those who knew and supported him.

Sincerely,

Jim Hill, President,
and Board of Directors, Edgar Snow Memorial Foundation, Inc.

---

① 由陕西翻译协会主席安危译为中文。

2012 年 2 月 11 日

孙华教授：

“我想家了”，1931 年 5 月，埃德加·斯诺从印度给他的姐姐写信道，“但是我进退两难，我确定不下来，我是在想念中国，还是想念美国。我比较肯定地相信，我是在想中国”。我们现在知道，他对这两个国家的感情是多么的强烈：他把自己的一半葬在中国，一半留在美国。

埃德加·斯诺作为一名新闻记者和不知疲倦的友好使者，他漫长而卓越的业绩，一定是你们和中国人民甚感自豪的缘由。埃德加·斯诺的精神证明，一个人在发展中美两国友谊方面，如何才能够做到有所作为。

我们代表美国埃德加·斯诺纪念基金会理事会，将继续以饱满的热情和持续不懈的努力，继承和弘扬埃德加·斯诺的精神遗产，发展中美两国人民之间的友谊。

我感到遗憾的是，我个人无缘结识埃德加·斯诺，然而，我身上也有为发展我们两国人民友谊的同一种精神。今天，当我们追思斯诺、回忆斯诺的时候，我们的心和你们在一起，和所有认识他、支持他的人们在一起。

吉姆·希尔 敬上

埃德加·斯诺纪念基金会理事、主席

附录九 斯诺母校美国密苏里大学副校长汉迪·威廉姆逊的来信①

February 12th, 2012
China Society for People's Friendship Studies
The Edgar Snow Research Center at Peking University
Dear Chinese Fellows:

It gives me pleasure to respond to the requests for reflections on Edgar Snow, on the occasion of the Year-2012 Commemoration. Especially, since they were extended by the China Society for People's Friendship Studies and the Edgar Snow Research Center at Peking University. I consider your request an esteemed honor.

As you might know, we at the University of Missouri and others have invoked the name of Mr. Edgar Snow, many times. Especially, since my first visit to China some six years ago. Prior to my visit his name had been periodically evoked among colleagues in the Journalism circles and elsewhere. But upon hearing about him from colleagues in China, an effort was made to gather a fuller understanding of Edgar Snow, the Man, the time he spent in China and of the engulfing worldwide events. That effort has turned into a river of understanding and awareness that flows without ceasing.

Edgar Snow as you know, was a fellow seeker of knowledge at the University of Missouri long before my arrival in 1969. He spent a year here in 1926, horning his skills as a reporter and writer in the world's first School of Journalism. Later he used those skills and sensibilities well. What he accomplished to the benefit of the people of both China and the US, through his writings about Communist China, can only be comprehended and appreciated with a good dose of time and change. His book, *Red Star over China—The Rise of the Red Army and the book written by Lois Wheeler Snow*, *A Death with Dignity—When the Chinese Came*, portray much about the historical period and the contemporary sociopolitical dynamics

① 由美国密苏里大学孔子学院院长，副校长办公室国际事务交流翻译专家欧阳文博士译为中文。

subsequent to his meeting with Chairman Mao Tse-tung.

Recently, I travelled to Kansas City Missouri at the invitation of colleagues there who have intimate knowledge of and respect for Edgar Snow. While there, we visited his childhood school and home site. We also visited the Edgar Snow archives and reviewed many of his books and writings by and about him and also had a look at the vestments he wore to receive the well-deserved Honorary Doctorate Degree from the University of Missouri at Kansas City. Hearing about Edgar Snow through the memories, imagination and eyes of our colleagues in Kansas City brought forth another level of understanding.

I have now travelled to many provinces, cities and universities across China over the last six years and have come to understand the impact Edgar had through their memories, minds and reflections. I must say that while Edgar Snow cast a big shadow during his lifetime, his shadow grows longer and wider with each passing day. To me, it seems that the Edgar Snow experience undergirds the possibilities now unfolding for greater and richer collaboration, today between the people of China and the People of the United States.

The lesson to be learned is that those seeds of kindness sewn during difficult time and watered with courage and conviction do germinate, grow and blossom into the fragrance of greater friendship. So, on the occasion of this auspicious commemoration, I am happy to convey my thoughts and wish for the organizers the best of success.

With sincere regards,

Handy Williamson, Ph. D.
Vice Provost for International Programs
And Strategic Initiatives and Director of
The MU/SHNU Confucius Institute

致中国国际友人研究会和北京大学埃德加斯诺研究中心：

亲爱的中国朋友们，我非常高兴接受中国国际友人研究会和北京大学埃德加斯诺研究中心的邀请，为埃德加斯诺先生逝世40周年纪念会写一些感想，这对我而言，是一种非常崇高的荣耀。

正如你们所知，我们在密苏里大学以及其他一些地方，特别是六年前我第一次访问中国的时候，经常多次地援引“埃德加·斯诺”的名字。在访问中国之前，我在同事们之间和新闻圈内都能听到斯诺的名字。但是直至到了中国，听了中国同仁们对斯诺的介绍，才试图努力去对斯诺本人，对他在中国度过的时光以及对他进行的一系列世界性的事件报导有一个完整的了解。也正是在这种努力之下，对斯诺的理解和认识才在脑海里渐渐形成了一股淙淙的河流，奔腾不息。

早在我1969年来到密苏里大学之前，斯诺已经完成了他在密苏里大学的求学。1926年，斯诺在世界上成立的第一所新闻学院，也就是我们密苏里大学的新闻学院学习了整整一年，掌握了一个记者和作家所必备的技能和素质。在后来的记者生涯中，斯诺的写作采访技能和作为记者的敏感性都发挥得淋漓尽致。斯诺对中美两国人民的贡献主要是体现在他的一系列介绍中国的作品之中，而他的这种贡献只有在经历了一定的时间和变迁，才能逐渐被人们理解和感悟。在和毛泽东见面之后，斯诺写下了《红星照耀的中国》，介绍了中国红军的发展与壮大；他的第二任夫人洛伊惠勒斯诺写的《一个有尊严的死亡——当中国人到来的时候》，这两本书都记载了特定历史时刻下所发生的事件以及反映了当时的社会与政治的动态状况。

最近，应同仁们的邀请，我访问了堪萨斯城，这些同仁们对斯诺都有着深刻的了解和深深的敬意。在访问期间，我们参观了他孩提时代读过的学校，参观了他的故居遗址，我们还参观了斯诺档案馆，看到了很多他写的书籍以及别人写他的文献资料，还看到了他在密苏里大学－堪萨斯分校接受荣誉博士学位时穿的博士服。在访问中，通过聆听大家对他的回忆，想象和评价，让我们对斯诺的认识又上了一个新的台阶。

在过去的六年了，我去过中国的很多省份，城市和大学，在此期间，通过中国同仁们对斯诺的回忆以及他们发表的一些感想，我也渐渐领悟到了他在中国的影响。我可以断言，埃德加·斯诺在他的那个时代投下的一个影子，随着岁月的流逝，这个影子变得越来越长，越来越宽。对于我而言，斯诺的存在加强了中美两国人民更为广泛和多样化合作的可能性。

埃德加斯诺带给我们的收益是他在艰难的年代里播下了友谊的种子，然后我们大家用勇气与信念去灌溉着它，让友谊的种子发芽，成长和开花，让它长大成了一棵散发着芳香的友谊之树。所以今天在这个纪念埃德加斯诺逝世的特别的日子里，我非常高兴地向组织者表达我的良好祝愿，祝愿纪念大会取得圆满成功。

祝大家一切顺利！

汉迪威廉姆逊博士
美国密苏里大学负责国际项目的副校长
密苏里大学孔子学院理事会主席

附录十　海伦·斯诺的侄女谢里尔·比绍夫的来信①

February 13, 2012

To the PFS and the Edgar Snow Studies Center Beijing University

Re: 40th anniversary of the death of Edgar Snow

At this time, I pause to remember Edgar Snow as I knew him through my aunt, Helen Foster Snow. Of Ed, she spoke to me only with respect and in positive terms.

Helen wrote, "He was the most famous foreign correspondent in the East in the 1930's, and even after his death in 1972 was still the most admired foreigner who ever worked in China, arguable, of course. . . . He was Mr. America for Mao Zedong and also for the Chinese in general, to some extent, the only one."

Of her relationship with Ed, she wrote, "I admired Ed for being. . . . not afraid to stand alone. By myself, I was not big enough or strong enough or talented enough or with resources enough to do the things I subsequently did in China, nor could I have done them except as a part of a team with my husband."

The friendships the Snows' developed in China through their writings and contributions to the Chinese people in the 1930's have continued to bear fruit. Helen reminds us, "Yet from 1935, it was these Yenching-Tsinghua students who were the liaison with the West for the left-wing and Communist elements in China, and they were the engineers of the rapprochement of 1972—when it was Edgar Snow who got Mao Zedong's permission for President Nixon to come to Peking. Thus the "New China" —A-

---

① 由陕西翻译协会主席安危译为中文。

merica friendship was born in the December 9th movement of 1935 in Peking."

In the world of today's precarious international relations, we can be grateful to Edgar Snow who played a unique and vital role in laying the foundation for, and in strengthening the bridge of U. S. —China relations.

With very best regards,

Sheril F. Bischoff

致：中国国际友人研究会暨北京大学斯诺研究中心
　　埃德加·斯诺逝世40周年纪念大会

我是通过我的姑母海伦·福斯特·斯诺认识埃德加·斯诺的。姑母向我谈起埃德时，总是怀着敬意、用肯定的词语评价他，对此，我至今记忆犹新。

海伦曾经写道："在三十年代的东方，他是最有名的外国记者，即就是在他1972年逝世以后，他依然是最受钦佩的在华工作过的外国人…… 他是毛泽东的美国先生，在某种程度上，也是中国人民的美国先生，也是唯一的一位。"

当谈及她与埃德的关系时，海伦写道："我钦佩埃德，因为他不怕孤立。就我自己而言，我后来在中国所做的那些事情，并不是因为我多么重要，或多么坚强，或多么有才华，或多么有办法，那是我们这个'二人工作队'的一部分，否则，我是不可能做得到的。"

上世纪三十年代，斯诺夫妇通过他们的著作和对中国的贡献，同中国人民建立了深厚的友谊，而这种友谊仍在持续不断地开花、结果。海伦提醒我们："然而从1935年起，是燕京大学和清华大学的那些青年学生，成为中国共产党和'左派'力量与西方世界的联系，他们是1972年两国复交的工程师—— 那时，是埃德加·斯诺首先得到毛泽东的许可，才有尼克松总统的北京之行。所以说，'新中国'与美国的友谊，诞生于1935年北京的'一二·九'学生运动。"

埃德加·斯诺在他的一生中，为建立美中关系、为加强美中两国之间的桥梁，发挥了独一无二的重要作用。在国际关系很不确定的当今世界，我们要感激埃德加·斯诺。

顺致最良好的祝愿。

谢莉尔·福斯特·毕绍夫
2012年2月13日